Goethe und Hofmannsthal

Facetten analogischer Dichtkunst
oder
Wo versteckt man die Tiefe?

von

Katrin Scheffer und Norman Rinkenberger

Tectum Verlag
Marburg 2005

Umschlagabbildung © Scheffer/Rinkenberger

Scheffer, Katrin und Rinkenberger, Norman:
Goethe und Hofmannsthal.
Facetten analogischer Dichtkunst oder Wo versteckt man die Tiefe?
von Katrin Scheffer und Norman Rinkenberger
- Marburg : Tectum Verlag, 2005
ISBN 978-3-8288-8850-0

© Tectum Verlag

Tectum Verlag
Marburg 2005

Ich fand leicht den großen Kanal und die Hauptbrücke Rialto; sie besteht aus einem einzigen Bogen von weißem Marmor. Von oben herunter ist es eine große Ansicht, der Kanal gesäet voll Schiffe, [...] dazwischen wimmelt es von Gondeln. [...] Die beiden Hauptteile von Venedig, welche der große Kanal trennt, werden durch die einzige Brücke Rialto miteinander verbunden, doch ist auch für mehrere Kommunikation gesorgt, welche in offenen Barken an bestimmten Überfahrtspunkten geschieht.
Johann Wolfgang Goethe: Italienische Reise (HA 11, S. 68-69)

„Das geht gut", dachte der junge Herr Andres von Ferschengelder, als der Barkenführer ihm [...] seinen Koffer auf die Steintreppe gestellt hatte und wieder abstieß, „das wird gut, läßt mich da stehen mir nichts dir nichts, einen Wagen gibts nicht in Venedig, das weiß ich, [...] es ist ein öder Winkel, wo sich die Füchse einander gute Nacht sagen. Als ließe man einen um 6ʰ früh auf der Rossauerlände oder unter den Weißgärbern aus der Fahrpost aussteigen, der sich in Wien nicht auskennt.

Der Platz lag menschenleer da wie vorhin; unter der Brücke hing regungslos die leere Barke und Andres glaubte darin ein Zeichen zu sehen das ihn ermutigte. [...] Dies Geheimnisvolle war für ihn nichts vergangenes, sondern ein etwas, das sich kreisförmig wiederholte und es lag nur an ihm in den Kreis zurück[zu]treten, daß es wieder Gegenwart würde.
Hugo von Hofmannsthal: Andreas (XXX, S. 40 und 97)

Aber mit nicht geringer Bewunderung sah die Gesellschaft, als sie zu dem Flusse gelangte, einen herrlichen Bogen über denselben hinübersteigen, wodurch die wohltätige Schlange ihnen einen glänzenden Weg bereitete. Hatte man bei Tage die durchsichtigen Edelsteine bewundert, woraus die Brücke zusammengesetzt schien, so erstaunte man bei Nacht über ihre leuchtende Herrlichkeit. Oberwärts schnitt sich der helle Kreis scharf an dem dunklen Himmel ab, aber unterwärts zuckten lebhafte Strahlen nach dem Mittelpunkte zu und zeigten die bewegliche Festigkeit des Gebäudes. [...]
„Gedenke der Schlange in Ehren!" sagte der Mann mit der Lampe; „du bist ihr das Leben, deine Völker sind ihr die Brücke schuldig, wodurch diese nachbarlichen Ufer erst zu Ländern belebt und verbunden werden. Jene schwimmenden und leuchtenden Edelsteine, die Reste ihres aufgeopferten Körpers, sind die Grundpfeiler dieser herrlichen Brücke; auf ihnen hat sie sich selbst erbaut und wird sich selbst erhalten."
Johann Wolfgang Goethe: Das Märchen (HA 6, S. 232 und 238)

Inhaltsverzeichnis

Vorwort... 7

Katrin Scheffer und Norman Rinkenberger:
Goethes Gedicht „An Werther" aus der „Trilogie der Leidenschaft" als
Auseinandersetzung mit dem eigenen dichterischen Werk und dessen leidheilender
Funktion im Angesicht des Scheidens... *13*
   Entstehungsgeschichte und äußere Form 19
   Gegensatzpaare 22
   Lebensmodell Jüngling 28
   Erfüllter Augenblick und tödliches Scheiden 32
   Leidenschaften 38
   Instanzen I: Begegnung des lyrischen Ichs mit dem Du....................................... 40
   Instanzen II: Das Wir als Zusammenführung verschiedener Personen 45
   Instanzen III: Der Verweis auf ein Er in den letzten Gedichtversen..................... 47
   Bezüge I: Die Leiden des jungen Werther 48
   Bezüge II: Torquato Tasso 55
   Bezüge III: Zueignung aus Faust 60
   Dichten über Dichten – Intertextualität 62
   Literatur... 69

Katrin Scheffer:
Goethes und Hofmannsthals produktive Anverwandlung des Erlebnisses des Marschalls
von Bassompierre.. *71*
   Bassompierre – Goethe – Hofmannsthal 71
   Wahl der Perspektive und die Konsequenzen... 75
      Goethes Fassung als Teil eines größeren Rahmens... 75
      Isolierung und Psychologisierung des Erzählens in Hofmannsthals Version..... 85
   Vorausdeutungen... 93
   Immanente Motivstruktur bei Hofmannsthal: Flammen und die Verwendung von Gegensatzpaaren.... 98
   Literatur... 108

Norman Rinkenberger:
Musik und ‚Gebärdensprachen' als alternative Ausdrucksmöglichkeiten bei Hugo von
Hofmannsthal und Johann Wolfgang von Goethe *111*
   Das mimische Wort.. 111
   Die Körpergebärde und die Bedeutung ihrer Absenz in Hofmannsthals Lustspiel „Der Schwierige" und
   in „Das Theater des Neuen"... 118
      Karis ‚Schubladenspiel' als möglicher Reflex der (begriffs-)sprachkritischen Momente des Lord
      Chandos'... 121
      Die Dienerszene.. 132
      Absenz der Gebärde.. 135
      Die Begegnung als ‚erotische Pantomime'... 152
   Goethes und Hofmannsthals Arbeit an Singspiel und Pantomime – zur Durchdringung von Oper und
   Drama.. 159
      Das Singspiel und die Musik.. 159
      Gebärdensprache und Sprachgebärde im „Clavigo" nebst einem Seitenblick auf die dramaturgische
      Funktion der Musik... 164
   Literatur... 191

Siglen.. *197*

> Wir haben keine neuere Literatur. Wir haben Goethe
> und Ansätze. Hofmannsthal (RA III, S. 281)

VORWORT

Wer bereits einmal in Venedig war, hat gewiss auch den Fuß auf die bekannteste venezianische Brücke gesetzt, die die beiden Hauptteile der Lagunenstadt in einem eleganten Bogen über den Canal Grande hinweg verbindet: Die Rialto-Brücke, aus weißem istrischen Marmor erbaut, ist auch ein für Goethe und Hofmannsthal vertrauter Ort. Auf Goethes italienischer Reise erscheint ihm die Brücke als ein verbindendes sowie kommunikatives Element, wie das erste vorangestellte Zitat dieses Bandes veranschaulicht. Hindernisse überbrückend und Räume wie Menschen (und bildlich auch Zeiten) verbindend, ermöglicht ein solches Bauwerk Zusammenführung und Verständigung und ist gleichfalls Symbol dafür. In diesem Sinne verfolgt der vorliegende Band die Spuren der ‚Wahlverwandschaft' Hofmannsthals und Goethes, wie sie die Jahrzehnte gleich einem Bogen überschlägt.

Hofmannsthal, für den Venedig ein nahezu magischer Ort war, der sich wiederkehrend in seinem Schaffen manifestiert, ist nicht allein über seine umfängliche und langjährige Goetherezeption mit diesem verbunden, sondern steht in seiner poetischen Arbeit sehr wohl auch neben Goethe. Das vielgestaltige Werk des deutschen Dichters bildet dabei für Hofmannsthals Auseinandersetzung mit der Weltliteratur das glänzende Zentrum und diese gestaltet sich als lebendige Kommunikation, produktive Anverwandlung und Verbindung mit der Tradition.

Über Hofmannsthals Umgang mit der – schriftlich überlieferten – Tradition ergibt sich auch ein produktiver Weg zu Goethe als ‚Ahnen'.

> Es gibt keinen ewigen Vorrat, kein auch nur in der Idee noch denkbares deutsches Lesebuch. Wohl aber eine Beziehung zur Vergangenheit, die nicht konserviert, doch manchem durch Unbestechlichkeit zum Überleben verhilft. Bedeutende Traditionalisten der vergangenen Generation wie [...] Hofmannsthal [...] haben, bei aller restaurativen Absicht, davon etwas gefühlt, wofern sie dem Nüchternen, Gedrungenen den Vorzug gaben vor dem Idealischen. Sie schon klopften die Texte ab nach dem, was hohl klingt und was nicht.[1]

Auch wenn gerade Adorno bereits eine gedankliche Versammlung

---

[1] Adorno, Theodor W.: Über Tradition. In: Theodor W. Adorno. Gesammelte Schriften. Hrsg. von Rolf Tiedemann. Band 10.1. Frankfurt a. M. 1997, S. 311-320; hier: S. 315f.

bedeutender deutscher Texte und Gedanken für unwägbar hält, verbindet doch Hofmannsthal auf einer anderen Ebene eben solche zu einem tatsächlichen ‚Lesebuch'. Allerdings bescheinigt der geachtete Kulturkritiker Hofmannsthal eine lebendige und nicht konservierende Beziehung zur Vergangenheit und mit diesem Impetus vereinigt der Dichter Erzähltexte in dem von ihm herausgegebenen Band „Deutsche Erzähler", für den er ganz bewusst Goethes „Novelle" an den Anfang stellt. Im „Deutschen Lesebuch" ist dann „Goethes Präsenz [...] vielfach, und sie dominiert die Auswahl. Goethe ist nicht ein Autor unter anderen, sondern Zentrum und Halt."[2] Es bleibt allerdings anzumerken, dass dieser Weg nicht zum Behuf, sich am Vergangenen zu laben, gewählt wird, sondern immer noch Distanz wahren will.

Das bescheidene Anliegen im Rahmen dieser Publikation besteht nun zuvörderst darin, dem Leser einen skizzenhaften Einblick in das Zeiten überbrückende Verhältnis zweier Dichter zu gewähren; mitnichten zielt sie auf eine gar erschöpfende Behandlung dieses facettenreichen und vielschichtigen Gegenstandes. Hofmannsthal und Goethe in einem Aufsatzband zu vereinigen, erscheint dabei keinesfalls als abwegiges Thema, ist doch bereits Hofmannsthals Zeitgenossen seine enge Bezugnahme auf Goethe aufgefallen, so unter anderem Karl Kraus, der ihn zwar vor dem Plagiatsvorwurf im Zusammenhang mit der Veröffentlichung seiner Erzählung „Das Erlebnis des Marschalls von Bassompierre" schützt, andererseits aber die ‚Epigonenhaftigkeit' kritischironisch bespiegelt:

> Will Hofmannsthal Goethes Entwicklung begleiten,
> so wirkt es noch in die fernsten Zeiten.
> Was immer auch dieser jenem leiht,
> es reicht für beider Unsterblichkeit.
> Müssen die, die späterhin beide lesen,
> denn wissen, welcher der Ältere gewesen?
> Die hundert Jahre, welche dazwischen,
> werden weitere hundert wieder verwischen.

---

[2] „Leuchtendes Zauberschloß aus unvergänglichem Material." Hofmannsthal und Goethe. Ausstellung im Freien Deutschen Hochstift. Frankfurter Goethe-Museum 12. November 2001 bis 13. Januar 2002. Eggingen 2001, S. 330. Wenn Hofmannsthal von Goethe spricht ist auch „stets die gegenwärtige Schwierigkeit der Tradierung mitbedacht." (Ebd., S. 327) Vgl. insgesamt zur Problematik der Tradition: Adorno: Über Tradition, S. 311-320 (siehe Anm. 1).

Nach tausend aber ist's schon egal,
ob Goethe oder Hofmannsthal.[3]

Positiv gewendet betrachtet Hofmannsthal Goethe als Leitbild in verschiedenen Schaffensphasen und Lebenslagen; seine „geliebten vierzig Bände" (RA III, S. 415) der Ausgabe letzter Hand von Goethes Werken sind ihm eine fortwährende Quelle von Inspiration und polyphoner Begegnung. Gleichfalls ganz direkt hat sich Hofmannsthal mit dem großen Dichter beschäftigt, wenn er über ihn Vorträge hält und sich in Aufsätzen sowie erfundenen Gesprächen mit unterschiedlichen Phänomenen seines Schaffens auseinandersetzt, wobei es sich dabei stets auch um eine Selbstbespiegelung handelt. Dies gilt für seine Herausgebertätigkeit und nicht minder etwa für die von ihm verfasste Einleitung zu der Ausgabe von Goethes Singspielen, in der er interessanterweise gleichfalls den ‚Wilhelm Meister', „Das Märchen" oder „Faust II" anvisiert. Hofmannsthals Beschäftigung und Kenntnisse sind umfassend, doch begegnet er Goethe nicht als Literaturwissenschaftler – diesen Weg hat Hofmannsthal nicht zuletzt mit dem Rückzug seiner Habilitationsschrift über Victor Hugo verlassen –, sondern als Dichter, d.h. als (auch anverwandelnder) Künstler, was er etwa in der Rede „Über Goethes dramatischen Stil in der ‚Natürlichen Tochter'" betont.[4] Doch nicht nur vermittels Hofmannsthals ‚virtuellem Gespräch', Aneignung und Rezeption sind die beiden Literaten miteinander zu verbinden; beide verfolgen zuweilen auch verwandte Spuren.

Als Künstler setzt sich Goethe ebenfalls mit seinem Werk auseinander, wenn er beispielsweise in dem Gedicht „An Werther", das der „Trilogie der Leidenschaft" zugehörig ist, eigene Produktionen reflektiert und in einer komplexen, intertextuellen Struktur lebendig werden lässt. So ist nicht nur der offensichtliche Bezug zu den „Leiden des jungen Werther" relevant, sondern weitere textimmanente Verweise lassen „Torquato Tasso", die „Zueignung" aus „Faust" sowie die dichterische Verarbei-

---

[3] Kraus, Karl: Goethe und Hofmannsthal. In: Die Fackel. Nr. 622-631. Mitte Juni 1923, S. 73.
[4] Vgl. Hofmannsthal in Heumann, Konrad: „Die Wege und die Begegnungen" sowie Reden und Aufsätze zwischen 1901 und 1907. Kritische und kommentierte Edition. Diss. Univ. Wuppertal 2001, S. 21. In: http://www.bib.uni-wuppertal.de/elpub/fb04/diss2001/heumann (zuletzt besucht am: 23.10.2004).

tung allgemein aufscheinen. Die Untersuchung dieses selten unabhängig von der Trilogie beachteten Gedichts soll daher auch den Auftakt zu der folgenden Aufsatzsammlung bilden, wobei an diesem Spätwerk die Selbstreferentialität, aber auch andere Aspekte zu analysieren sind. Die „Trilogie der Leidenschaft" vermittelt dabei für Hofmannsthal wie schon für Goethe offenbar eine Funktion des Leidheilens, wenn jener neben einigen Märchen der Gebrüder Grimm gerade auch die „Trilogie der Leidenschaft" im Angesicht des ausgebrochenen Ersten Weltkriegs im November 1914 in Wien vorliest.[5]

Ebenfalls für das Thema des zweiten Aufsatzes spielt eine verwandte Herangehensweise der Autoren an ein Thema eine Rolle. So ist in beiden Fällen von einer Anverwandlung in dem bereits erwähnten Beispiel des ‚Erlebnisses des Marschalls von Bassompierre' zu sprechen: Goethe zitiert, übersetzt und arbeitet eine Passage der Vorlage der Memoiren des Marschalls von Bassompierre aus dem 17. Jahrhundert um, um sie in „Die Unterhaltungen deutscher Ausgewanderten" aufzunehmen. Hofmannsthal seinerseits behält wiederum jenen Text im Hintergrund und greift in seiner Bearbeitung der Geschichte auf Goethes Version zurück, eine stark erweiterte und neu akzentuierte Erzählung schaffend. Mittels Ausdifferenzierung und Herauslösung aus einem direkten Kontext ist Hofmannsthals Erzählung bestimmt durch eine interne Motivstruktur und gleichfalls psychologisch ausgestaltete Elemente. Goethe hingegen verleiht der Geschichte einen neuen Sinn, indem sie nicht wie bei Bassompierre in die Reihe von Erlebnisberichten – eben Memoiren – gefügt ist, sondern durch Rahmenhandlung und Kontext neu belebt und intentional ausgerichtet wird. Es bleiben zwar große Teile des Textkorpus erhalten, doch schaffen Goethe wiewohl auch Hofmannsthal im Verhältnis zum Ausgangstext eigenständige Varianten, welche hier ein-

---

[5] Die „Neue Freie Presse" schrieb am 23.11.1914 über diese Lesung. „Der Bericht der Zeitung ist knapp, läßt aber durchaus Hofmannsthals Absichten durchscheinen. Die Auswahl war auf die geschichtliche Stunde zugeschnitten. Während *draußen*, wie Hofmannsthal in der Zeitung zitiert wird, *Tausende als Helden noch im Tode den Tod überwinden, wollen wir uns der Kunst zuwenden, die, aus dem Leid geboren, das Leid überwindet.*" Dabei sucht er gerade in Werken zeitloser Kunst und nicht in denen der Gegenwart Erbauung (vgl. und zitiert: Zauberschloß, S. 328f, Herv. i. Orig.; auch Kat.-Nr. 157 [siehe Anm. 2]). Goethe selbst hatte sich durch Zelter immer wieder die „Elegie" vorlesen lassen, zur Selbstkur in einer desaströsen Situation.

ander gegenübergestellt werden sollen.

Von einem nahezu ausschließlich Goethe betrachtenden über ein eher vergleichendes Thema verschiebt sich der Horizont des letzten Aufsatzes zunächst auf Hofmannsthal und sein Lustspiel „Der Schwierige". Gleichermaßen sind in diesem Kontext jedoch Bezüge zu Goethe herstellbar und bereichernd, indem beide Dichter nach Möglichkeiten suchen, das poetische Wort mit außersprachlichen Ausdrucksformen zu kombinieren – allerdings immer noch innerhalb der sprachlichen Dichtung.

Der Weg zum außersprachlichen Ausdruck, zur Gebärde scheint in der dramatischen Form gerade einen Höhepunkt zu erreichen, wobei jene bei Hofmannsthal noch mehr als bei Goethe zum integralen Bestandteil seiner Dramatik wird.

Musik und opernhafte Elemente, wie sie Hofmannsthal für Werke Goethes betont hatte, von denen sie zunächst weniger bis kaum erwartet werden, spielen in beider Schaffen eine – gerade Goethe betreffend oft unbeachtete – Rolle. Speziell im „Schwierigen" wird aber eine Tendenz Hofmannsthals sichtbar, Körper und Gebärde in den Text einzubinden und als alternative Ausdruckskräfte zu mobilisieren. Dies lässt sich darüber hinaus in seinem Gesamtwerk nachvollziehen, findet sich aber auch schon in Goethes Dichtung, wenn etwa in der Pantomime des Clavigo eine Gebärde vergleichbar der des Schwierigen auftaucht, die u.a. das Innere der Figur – z.T. gegen deren Willen – nach außen, in eine erlebbare Sphäre zu wenden vermag.

Mit Goethes wie auch Hofmannsthals dichterischem Bezug zur Musik wird ein erweiternder Aspekt des Nonverbalen und Sinnlichen illustriert, der sich in ihren Singspielen bzw. Libretti, aber auch in ihrem dramatischen Schaffen immer wieder niedergeschlagen hat – mitunter einen kritischen Grenzbereich der (Wort-)Sprache markierend. Die Durchdringung von Drama und Oper, Wort und Musik ist beiden Dichtern Anliegen.

Hofmannsthals Beziehung zu Goethe ist vielfältig und komplex und zweifelsohne nicht mittels knapper Aussagen erschöpfend nachzuvollziehen. Versuche zu diesem Thema haben bereits diverse Autoren unternommen.⁶ Anschaulich und materialreich hebt sich davon vor allem der Band „,Leuchtendes Zauberschloß aus unvergänglichem Material.' Hofmannsthal und Goethe" ab, der vom Freien Deutschen Hochstift herausgegeben wurde und sich auf eine dort in den Jahren 2001-2002 ausgerichtete Ausstellung bezieht. Allein die Institutionen des Hochstifts und des Goethe-Hauses machen eine recht enge Bindung Hofmannsthals und Goethes greifbar, wenn etwa das Hochstift große Teile des Nachlasses von Hofmannsthal verwaltet und die historisch kritische Werkausgabe veranstaltet.

         Marburg im April 2005, Norman Rinkenberger und Katrin Scheffer

---

⁶ Als wenige Beispiele mögen hier dienen: Schaeder, Grete: Hugo von Hofmannsthal und Goethe. Hameln 1947; Schultz, Stefan: Hofmannsthal's „Der Schwierige" and Goethe's „Torquato Tasso". In: Publications of the English Goethe Society. 33(1963), S. 130-149; Heinze, Hartmut: „Metamorphosen des Geistes". Hofmannsthals Hinweise auf Goethe. In: Hofmannsthal-Forschungen. 8(1985), S. 153-161; Schmidt, Martina: „Wo ist dein Selbst zu suchen?" Zur Funktion der Verweise auf Goethe in Hofmannsthals Essays. Diss. Univ. Wien 1988. Ergänzend ist das Verzeichnis aller verbalen Bezüge Hofmannsthals auf Goethe zu nennen, das Richard Exner geliefert hat: Exner, Richard: Index nominum zu Hugo von Hofmannsthals gesammelten Werken. Heidelberg 1976.

Katrin Scheffer und Norman Rinkenberger:
Goethes Gedicht „An Werther" aus der „Trilogie der Leidenschaft" als Auseinandersetzung mit dem eigenen dichterischen Werk und dessen leidheilender Funktion im Angesicht des Scheidens

Trilogie der Leidenschaft

An Werther

Noch einmal wagst du, vielbeweinter Schatten,
Hervor dich an das Tageslicht,
Begegnest mir auf neu beblümten Matten,
Und meinen Anblick scheust du nicht.
Es ist, als ob du lebtest in der Frühe, 5
Wo uns der Tau auf Einem Feld erquickt,
Und nach des Tages unwillkommner Mühe
Der Scheidesonne letzter Strahl entzückt;
Zum Bleiben ich, zum Scheiden du erkoren,
Gingst du voran – und hast nicht viel verloren. 10

Des Menschen Leben scheint ein herrlich Los:
Der Tag wie lieblich, so die Nacht wie groß!
Und wir, gepflanzt in Paradieses Wonne,
Genießen kaum der hocherlauchten Sonne, 15
Da kämpft sogleich verworrene Bestrebung
Bald mit uns selbst und bald mit der Umgebung;
Keins wird vom andern wünschenswert ergänzt,
Von außen düstert's, wenn es innen glänzt,
Ein glänzend Äußres deckt mein trüber Blick,
Da steht es nah – und man verkennt das Glück. 20

Nun glauben wir's zu kennen! Mit Gewalt
Ergreift uns Liebreiz weiblicher Gestalt:
Der Jüngling, froh wie in der Kindheit Flor,
Im Frühling tritt als Frühling selbst hervor, 25
Entzückt, erstaunt, wer dies ihm angetan?
Er schaut umher, die Welt gehört ihm an.
Ins Weite zieht ihn unbefangne Hast,
Nichts engt ihn ein, nicht Mauer, nicht Palast;
Wie Vögelschar an Wäldergipfeln streift,
So schwebt auch er, der um die Liebste schweift, 30
Er sucht vom Äther, den er gern verläßt,
Den treuen Blick, und dieser hält ihn fest.

Doch erst zu früh und dann zu spät gewarnt,
Fühlt er den Flug gehemmt, fühlt sich umgarnt,
Das Wiedersehn ist froh, das Scheiden schwer, 35
Das Wieder-Wiedersehn beglückt noch mehr,
Und Jahre sind im Augenblick ersetzt;
Doch tückisch harrt das Lebewohl zuletzt.

Du lächelst, Freund, gefühlvoll, wie sich ziemt:
Ein gräßlich Scheiden machte dich berühmt; 40
Wir feierten dein kläglich Mißgeschick,
Du ließest uns zu Wohl und Weh zurück;
Dann zog uns wieder ungewisse Bahn
Der Leidenschaften labyrinthisch an;
Und wir, verschlungen wiederholter Not, 45
Dem Scheiden endlich – Scheiden ist der Tod!
Wie klingt es rührend, wenn der Dichter singt,
Den Tod zu meiden, den das Scheiden bringt!
Verstrickt in solche Qualen, halbverschuldet,
Geb' ihm ein Gott zu sagen, was er duldet. 50

Elegie

Und wenn der Mensch in seiner Qual verstummt
Gab mir ein Gott zu sagen, was ich leide.

Was soll ich nun vom Wiedersehen hoffen,
Von dieses Tages noch geschloßner Blüte?
Das Paradies, die Hölle steht dir offen;
Wie wankelsinnig regt sich's im Gemüte! –
Kein Zweifeln mehr! Sie tritt ans Himmelstor, 5
Zu ihren Armen hebt sie dich empor.

So warst du denn im Paradies empfangen,
Als wärst du wert des ewig schönen Lebens;
Dir blieb kein Wunsch, kein Hoffen, kein Verlangen,
Hier war das Ziel des innigsten Bestrebens, 10
Und in dem Anschaun dieses einzig Schönen
Versiegte gleich der Quell sehnsüchtiger Tränen.

Wie regte nicht der Tag die raschen Flügel,
Schien die Minuten vor sich her zu treiben!
Der Abendkuß, ein treu verbindlich Siegel: 15
So wird es auch der nächsten Sonne bleiben.
Die Stunden glichen sich in zartem Wandern

Wie Schwestern zwar, doch keine ganz den andern.

Der Kuß, der letzte, grausam süß, zerschneidend
Ein herrliches Geflecht verschlungner Minnen. 20
Nun eilt, nun stockt der Fuß, die Schwelle meidend,
Als trieb' ein Cherub flammend ihn von hinnen;
Das Auge starrt auf düstrem Pfad verdrossen,
Es blickt zurück, die Pforte steht verschlossen.

Und nun verschlossen in sich selbst, als hätte 25
Dies Herz sich nie geöffnet, selige Stunden
Mit jedem Stern des Himmels um die Wette
An ihrer Seite leuchtend nicht empfunden;
Und Mißmut, Reue, Vorwurf, Sorgenschwere
Belasten's nun in schwüler Atmosphäre. 30

Ist denn die Welt nicht übrig? Felsenwände,
Sind sie nicht mehr gekrönt von heiligen Schatten?
Die Ernte, reift sie nicht? Ein grün Gelände,
Zieht sich's nicht hin am Fluß durch Busch und Matten?

Und wölbt sich nicht das überweltlich Große, 35
Gestaltenreiche, bald Gestaltenlose?
Wie leicht und zierlich, klar und zart gewoben
Schwebt, seraphgleich, aus ernster Wolken Chor,
Als glich' es ihr, am blauen Äther droben,
Ein schlank Gebild aus lichtem Duft empor; 40
So sahst du sie in frohem Tanze walten,
Die lieblichste der lieblichsten Gestalten.

Doch nur Momente darfst dich unterwinden,
Ein Luftgebild statt ihrer festzuhalten;
Ins Herz zurück! dort wirst du's besser finden, 45
Dort regt sie sich in wechselnden Gestalten;
Zu vielen bildet Eine sich hinüber,
So tausendfach und immer, immer lieber.

Wie zum Empfang sie an den Pforten weilte
Und mich von dannauf stufenweis beglückte; 50
Selbst nach dem letzten Kuß mich noch ereilte,
Den letztesten mir auf die Lippen drückte:
So klar beweglich bleibt das Bild der Lieben
Mit Flammenschrift ins treue Herz geschrieben.

Ins Herz, das fest wie zinnenhohe Mauer 55
Sich ihr bewahrt und sie in sich bewahret,
Für sie sich freut an seiner eignen Dauer,

Nur weiß von sich, wenn sie sich offenbaret,
Sich freier fühlt in so geliebten Schranken
Und nur noch schlägt, für alles ihr zu danken.   60

War Fähigkeit zu lieben, war Bedürfen
Von Gegenliebe weggelöscht, verschwunden;
Ist Hoffnungslust zu freudigen Entwürfen,
Entschlüssen, rascher Tat sogleich gefunden!
Wenn Liebe je den Liebenden begeistet,   65
Ward es an mir aufs lieblichste geleistet;

Und zwar durch sie! – Wie lag ein innres Bangen
Auf Geist und Körper, unwillkommner Schwere:
Von Schauerbildern rings der Blick umfangen
Im wüsten Raum beklommner Herzensleere;   70
Nun dämmert Hoffnung von bekannter Schwelle,
Sie selbst erscheint in milder Sonnenhelle.

Dem Frieden Gottes, welcher euch hienieden
Mehr als Vernunft beseliget – wir lesen's –,
Vergleich' ich wohl der Liebe heitern Frieden   75
In Gegenwart des allgeliebten Wesens;
Da ruht das Herz, und nichts vermag zu stören
Den tiefsten Sinn, den Sinn, ihr zu gehören.

In unsers Busens Reine wogt ein Streben,
Sich einem Höhern, Reinern, Unbekannten   80
Aus Dankbarkeit freiwillig hinzugeben,
Enträtselnd sich den ewig Ungenannten;
Wir heißen's: fromm sein! – Solcher seligen Höhe
Fühl' ich mich teilhaft, wenn ich vor ihr stehe.

Vor ihrem Blick, wie vor der Sonne Walten,   85
Vor ihrem Atem, wie vor Frühlingslüften,
Zerschmilzt, so längst sich eisig starr gehalten,
Der Selbstsinn tief in winterlichen Grüften;
Kein Eigennutz, kein Eigenwille dauert,
Vor ihrem Kommen sind sie weggeschauert.   90

Es ist, als wenn sie sagte: „Stund' um Stunde
Wird uns das Leben freundlich dargeboten,
Das Gestrige ließ uns geringe Kunde,
Das Morgende, zu wissen ist's verboten;
Und wenn ich je mich vor dem Abend scheute,   95
Die Sonne sank und sah noch, was mich freute.

Drum tu wie ich und schaue, froh verständig,

Dem Augenblick ins Auge! Kein Verschieben!
Begegn' ihm schnell, wohlwollend wie lebendig,
Im Handeln sei's, zur Freude, sei's dem Lieben;   100
Nur wo du bist, sei alles, immer kindlich,
So bist du alles, bist unüberwindlich."

Du hast gut reden, dacht' ich, zum Geleite
Gab dir ein Gott die Gunst des Augenblickes,
Und jeder fühlt an deiner holden Seite   105
Sich augenblicks den Günstling des Geschickes;
Mich schreckt der Wink, von dir mich zu entfernen –
Was hilft es mir, so hohe Weisheit lernen!

Nun bin ich fern! Der jetzigen Minute,
Was ziemt denn der? Ich wüßt es nicht zu sagen;   110
Sie bietet mir zum Schönen manches Gute,
Das lastet nur, ich muß mich ihm entschlagen;
Mich treibt umher ein unbezwinglich Sehnen,
Da bleibt kein Rat als grenzenlose Tränen.

So quellt denn fort und fließet unaufhaltsam!   115
Doch nie geläng's, die innre Glut zu dämpfen!
Schon rast's und reißt in meiner Brust gewaltsam,
Wo Tod und Leben grausend sich bekämpfen.
Wohl Kräuter gäb's, des Körpers Qual zu stillen;
Allein dem Geist fehlt's am Entschluß und Willen,   120

Fehlt's am Begriff: wie sollt' er sie vermissen?
Er wiederholt ihr Bild zu tausendmalen.
Das zaudert bald, bald wird es weggerissen,
Undeutlich jetzt und jetzt im reinsten Strahlen;
Wie könnte dies geringstem Troste frommen,   125
Die Ebb' und Flut, das Gehen wie das Kommen?

Verlaßt mich hier, getreue Weggenossen!
Laßt mich allein am Fels, in Moor und Moos;
Nur immer zu! euch ist die Welt erschlossen,
Die Erde weit, der Himmel hehr und groß;   130
Betrachtet, forscht, die Einzelheiten sammelt,
Naturgeheimnis werde nachgestammelt.
Mir ist das All, ich bin mir selbst verloren,
Der ich noch erst den Göttern Liebling war;
Sie prüften mich, verliehen mir Pandoren,   135
So reich an Gütern, reicher an Gefahr;
Sie drängten mich zum gabeseligen Munde,
Sie trennen mich, und richten mich zu Grunde.

Aussöhnung

Die Leidenschaft bringt Leiden! – Wer beschwichtigt
Beklommnes Herz, das allzuviel verloren?
Wo sind die Stunden, überschnell verflüchtigt?
Vergebens war das Schönste dir erkoren!
Trüb' ist der Geist, verworren das Beginnen;   5
Die hehre Welt, wie schwindet sie den Sinnen!

Da schwebt hervor Musik mit Engelschwingen,
Verflicht zu Millionen Tön' um Töne,
Des Menschen Wesen durch und durch zu dringen,
Zu überfüllen ihn mit ew'ger Schöne: 10
Das Auge netzt sich, fühlt im höhern Sehnen
Den Götterwert der Töne wie der Tränen.

Und so das Herz erleichtert merkt behende,
Daß es noch lebt und schlägt und möchte schlagen,
Zum reinsten Dank der überreichen Spende   15
Sich selbst erwidernd willig darzutragen.
Da fühlte sich – o daß es ewig bliebe! –
Das Doppelglück der Töne wie der Liebe.

Entstehungsgeschichte und äußere Form

Grund der Entstehung des Gedichtes „An Werther" ist ein äußerer Anlass: Der Verleger Christian Friedrich Weygand in Leipzig, der 1774 die Erstausgabe der „Leiden des jungen Werther" herausgegeben hat, plant zum 50jährigen Jubiläum eine Sonderausgabe, zu der er Goethe um ein Vorwort bittet. Auf diese Anfrage verfasst Goethe im März 1824 anstelle einer Einleitung das hier zu behandelnde Gedicht, das zuerst in der „Neuen Ausgabe der Leiden des jungen Werther, von dem Dichter selbst eingeleitet" in Leipzig 1825 ohne Angabe des Titels publiziert wurde. Goethe fasst dieses Gedicht mit der „Elegie" (entstanden 5. bis 12. September 1823) und der „Aussöhnung" (Mitte August 1823) unter dem Titel „Trilogie der Leidenschaft" in der Zeit zwischen 1824 und 1827 zusammen, welche so zuerst in der Ausgabe letzter Hand, Bd. 3 von 1827 erscheint.[1]

Goethes Beschäftigung mit dem griechischen Drama, der aristotelischen Poetik und den griechischen Trilogien führte laut Wilkinson zu der Herausbildung der Trilogie als Einheit.[2] Zentral ist das Motiv des Scheidens bzw. einer Art von Verarbeitung dessen im letzten Gedicht der Trilogie. Mit dieser so vollzogenen „aussöhnende[n] Abrundung"[3] lässt sich die Verbindung zu Goethes Auffassung von dem kathartischen Moment in der Tragödie herstellen.

Goethe nimmt die Form der dramatischen Trilogie auf, zu der er

---

[1] Die drei Gedichte sind zu unterschiedlichen Anlässen und Zeitpunkten entstanden und achronologisch zusammengefügt (vgl. Goethe, Johann Wolfgang von. Goethe-Handbuch, in 4 Bänden. Hrsg. von Bernd Witte. Bd. 1. Gedichte. Stuttgart 1996, S. 481-490, hier S. 481 [künftig zitiert: Goethe-Handbuch Bd. 1 1996]). Der genaue Zeitpunkt der Zusammenfügung der Einzelgedichte bleibt dabei unklar, doch erwähnt Goethe den Titel erstmals am 21. Januar 1825 in seinem Tagebuch (vgl. Müller, Joachim: Goethes ‚Trilogie der Leidenschaft'. Lyrische Tragödie und „aussöhnende Abrundung". Versuch einer genetischen Interpretation. In: Jahrbuch des Freien Deutschen Hochstifts. 1978, S. 85-159, hier S. 144 [künftig zitiert: Müller 1978]).
[2] Vgl. Wilkinson, Elisabeth M.: Goethes Trilogie der Leidenschaft. Als Beitrag zur Frage der Katharsis. Frankfurt a. M. 1957 [Vortrag gehalten im Freien Deutschen Hochstift in Frankfurt am Main], S. 9-10 [künftig zitiert: Wilkinson 1957].
[3] Goethe, Johann Wolfgang: Nachlese zu Aristoteles` Poetik. In: Johann Wolfgang von Goethe. Werke. Hamburger Ausgabe in 14 Bänden. Band 12, Schriften zur Kunst und Literatur, Maximen und Reflexionen. München 1998, S. 342-345, hier S. 343 [künftig zitiert: HA 12].

Folgendes sagt und die im Fall der „Trilogie der Leidenschaft"
abwandelnd ins Lyrische transformiert wird:
> In der Tragödie geschieht sie [die aussöhnende Abrundung; Anm. d. Verf.] durch eine Art Menschenopfer, es mag nun wirklich vollbracht oder unter Einwirkung einer günstigen Gottheit durch ein Surrogat gelöst werden [...]; genug, eine Söhnung, eine Lösung ist zum Abschluß unerläßlich, wenn die Tragödie ein vollkommenes Dichtwerk sein soll. [...]
>
> Ferner bemerken wir, daß die Griechen ihre Trilogien zu solchem Zwecke benutzt; denn es gibt wohl keine höhere Katharsis als der „Ödipus von Kolonus", wo ein halbschuldiger Verbrecher, [...] sich selbst und die Seinigen in das tiefste, unherstellbarste Elend stürzt und doch zuletzt noch aussöhnend ausgesöhnt und zum Verwandten der Götter [...] erhoben wird.[4]

Die Charakterisierung des Ödipus als ‚halbschuldigen Verbrecher'
erinnert unweigerlich an das Ende von „An Werther", wo es heißt:
„Verstrickt in solche Qualen, halbverschuldet, / Geb` ihm ein Gott zu
sagen, was er duldet."[5]

Die drei Gedichte sind motivisch und durch Zitation verklammert. So
lassen sich etwa für die „Elegie" und „An Werther" neben dem auffäl-
ligen Motiv des Scheidens die Sinnbereiche des Augenblicks und des
Äthers nennen. Deutlich wird die beide Gedichte verbindende Zitation
im variierenden Rückgriff auf den Tasso-Ausspruch am Ende: „Wohl-
durchdacht ließ Goethe daher auch das 1824 geschriebene Gedicht „An
Werther" in das Tasso-Zitat ausmünden: In der Anordnung als Trilogie
wird das Zitat dann sogar zur Fuge zwischen den beiden ersten

---

[4] HA 12, S. 343-344.
[5] Goethe, Johann Wolfgang: Trilogie der Leidenschaft. In: Johann Wolfgang von Goethe. Werke. Hamburger Ausgabe in 14 Bänden. Band 1, Gedichte und Epen I. München 1998, S. 380-386, hier S. 381 V. 49-50; siehe vorn abgedruckt [künftig wird ausschließlich die Trilogie unter Angabe der Seite und des Verses im laufenden Text zitiert, wobei „An Werther" nur unter Nennung des Verses aufgeführt ist.] Für die anderen Gedichte zeigt Wilkinson diesen Zusammenhang auf (vgl. Wilkinson 1957, S. 9).

Gedichten"[6] und gestaltet den Rahmen der „Elegie"[7] mit.

Im Verhältnis von „Elegie" und „An Werther" fällt die verhältnismäßige Lockerheit der äußeren Form des einleitenden Gedichtes auf. So zeichnet sich einmal nicht nur der Wertherroman als Bezugspunkt von „An Werther", sondern auch das Werthergedicht selbst durch eben diese geringere Formstrenge aus, denn „An Werther" setzt sich aus fünf unterschiedlich langen Strophen mit verschiedenen Reimanordnungen zusammen. Es bildet in dieser Hinsicht einen deutlichen Kontrast zu den zwei folgenden recht streng gefügten Stanzengedichten der „Trilogie". Die erste, zehnzeilige Strophe des Werthergedichtes hat zwar noch – nach Stanzenart – vier Kreuzreime und einen Paarreim am Ende, die übrigen vier – in der Länge ungleichen – Strophen weisen hingegen durchgängig Paarreime auf. Die erste Strophe ist von den folgenden somit durch diesen Wechsel des Reimschemas abgesetzt, doch wird die Schärfe der Zäsur abgemildert, indem bereits die letzten beiden Verse der ersten Strophe durch einen Paarreim gekennzeichnet sind. In dieser Weise ergibt sich ein noch vermittelter Übergang auf inhaltlicher Ebene von der Anrede an Werther hin zur allgemeinen Reflexion.[8] In der fünften Strophe kehrt die Anrede an den „Freund" zurück, weshalb sich durch diesen Anredegestus die Annahme einer Zusammengehörigkeit von Strophe 1 und 5 unter Absehung vom Reimschema anbietet.

---

[6] Mayer, Mathias: Dichten zwischen Paradies und Hölle. Anmerkungen zur poetologischen Struktur von Goethes Elegie von Marienbad. In: Zeitschrift für deutsche Philologie. 105 (1986), S. 234-256, hier S. 235 [künftig zitiert: Mayer 1986]. Zwar weist Mayer hier nicht darauf hin, dass der Titel „Trilogie der Leidenschaften" erst 1825 erstmals Erwähnung findet und damit nicht eindeutig ist, ob Goethe bei der Niederschrift von „An Werther" gleich deren Konzeption mitbedacht hat, doch zeigt sich, dass eine Zusammengehörigkeit über die bloße motivische Vergleichbarkeit hinaus vorliegt, indem das Ende des einen sich in dem direkt darauf folgenden Rahmen des anderen widerspiegelt.

[7] Bei der ersten Reinschrift der „Elegie" waren Motto und erste Strophe sowie die letzten beiden Strophen zunächst auf eigenständige Seiten geschrieben, später durch Voluten abgesetzt. Die dadurch entstehende Rahmung erläutert Mayer (vgl. Mayer 1986, S. 238-239).

[8] Vgl. abweichend dazu auch: Hinck, Walter: „Die Leidenschaft bringt Leiden". Das Pathos der Tragödie. In: Gedichte von Johann Wolfgang Goethe. Hrsg. von Bernd Witte. Stuttgart 1998, S. 238-254 [= Universal-Bibliothek; Nr. 17504: Literaturstudium. Interpretationen], hier S. 241 [künftig zitiert: Hinck 1998]. Hinck betont allerdings stärker die Zäsur als den (vermittelten) Übergang.

Der regelmäßige Rhythmus von „An Werther", der sich in fünfhebigen Jamben manifestiert, die nur in der ersten Strophe mit vierhebigen alternieren, wird am Ende der „Trilogie" durch das Aufgreifen der Funktion von Musik weitergeführt. In Goethes „Nachlese zu Aristoteles` Poetik" wird der Musik die Fähigkeit zugesprochen, Leidenschaften ins Gleichgewicht bringen zu können.[9] Da es in dem dritten Gedicht der „Trilogie" um Musik geht und ihr durch den Titel die Aussöhnung zugesprochen wird, wird ihre Funktion auf das Kathartische erweitert, wenngleich die aussöhnende Abrundung nicht verspricht, ewig zu währen: „Da fühlte sich – o daß es ewig bliebe! – / Das Doppelglück der Töne wie der Liebe." (S. 386, V. 17-18). So wie das Liebesglück als endlich erfahren wurde und Schmerz ausgelöst hat, weist die Formulierung im Konjunktiv, die aus dem Wissen um die Unmöglichkeit entspringt, darauf hin, dass auch die Musik nicht ewig Linderung bereiten kann, obwohl dies wünschenswert wäre.

Gegensatzpaare

Auffällig sind in dem Gedicht „An Werther" die vielen Gegensatzpaare. Auf personaler Ebene kann das bereits für das Ich und das Du gelten, die einander gegenüber stehen und aus grundsätzlich anderen Bereichen kommen: Als Schatten ist das Du womöglich als Toter zu verstehen, der dem lebendigen Ich begegnet. Auch ist die Fiktion des Du eine doppelte, erkennt man in ihm den Werther des goetheschen Romans, während das lyrische Ich nur auf der Ebene dieses Gedichtes fiktiv ist. Besonders deutlich wird die Kontrastierung der beiden Gestalten, wenn es heißt: „Zum Bleiben ich, zum Scheiden du erkoren, / Gingst du voran – und hast nicht viel verloren." (V. 9-10). Ist das Ich dazu erkoren zu bleiben, hieß es für das Du zu gehen. Handelt es sich bei dem Du um einen Toten als Schatten (und darüber hinaus um die Romanfigur Werther), stellt dieses Gehen eine Umschreibung, sogar einen Euphemismus für das Sterben dar, was auch durch Werthers Schicksal im Roman belegt wird. Hier zeigen sich die Alternativen an dem ultimativen Scheideweg, an dem der eine Weg den Tod bedeutet, der andere zum Weiterleben führt.

---
[9] Vgl. HA 12, S. 344.

Spätestens an dieser Stelle führte der Pfad für Ich und Du auseinander, was auch durch die parallele Satzstruktur des neunten Verses unterstrichen wird, durch die Ich und Du miteinander eng verglichen werden und ihr Unterschied dann anschaulich hervortritt, der im ‚Vorangehen' des Du liegt. Vorangehen impliziert in diesem Zusammenhang, dass der Weg dem Ich irgendwann noch sicher bevorsteht und dass das Ich noch eher verharrt. Geht das Du voran, wird damit die Dynamik dessen betont, die dem Ich (noch) nicht zuteil geworden ist. Indem aber angedeutet ist, dass das Ich folgen wird, nähern sich in Bezug auf diesen zukünftigen Punkt die beiden wieder an. Vielleicht aus der Gewissheit des Folgenmüssens und der Einschreibung des Todes in das Leben, wohl eher aber wegen der an sich schon vorhandenen Unleidlichkeit des Lebens, konstatiert das Ich nach der Zäsur im zehnten Vers, das Fortgehen habe zu keinem Verlust für das Du geführt. So liegt jetzt nur noch ein unbestimmtes „nicht viel" zwischen Du und Ich, jenes nämlich, das das Ich erleben durfte oder musste, was dem Du durch seinen Tod versagt war. Dieses „nicht viel", was das Du verpasst hat, deutet auch auf einen Altersunterschied hin. Indem das Ich überlebt hat, durfte es einiges erleben und erfahren und ist in dem Zuge älter geworden. Aus dieser gealterten Position heraus wird nun ein scheinbar junggebliebenes Du angesprochen, das aufgrund seiner Abwesenheit all jene Erfahrungen nicht machen konnte.

In der anfänglichen Personenkonstellation werden Gegensätze aufgemacht, die aber für einen zukünftigen Punkt eine Annäherung erwarten lassen, welche die deutliche Differenz in sich aufhebt. Zwar kommt es zu keiner Gleichheit oder einer Rücknahme der Unterschiede, doch scheint gerade die Differenz eine Ähnlichkeit zu enthalten oder auf diese hinzudeuten. Angemahnt wird dieser Aspekt schon in dem Begriff „Scheidesonne" (V. 8), der zwei gegensätzliche Pole enthält und damit beides in ihm aufs Engste aufgehoben ist. Deutet das Scheiden in diesem Kompositum auf das Tödliche hin, steht die Sonne dazu gerade im Gegensatz und konnotiert lebensspendende Kraft. Auch hier schließen sich die Gegensätze nicht aus, bilden keinen Widerspruch, sondern gehen eine Einheit auf höherer Ebene ein. Sie wirken zusammen und sind gerade in der paradoxen Struktur erhellend. „Der Scheidesonne letzter Strahl" weist zudem auf das Ende des Tages, das durch die zuvor erwähnte „*Frühe*, Wo uns der Tau auf Einem Feld erquickt" (V. 5-6; Herv.d.Verf.) kontrastiert wird. Der zwischenliegende Tag voll „unwillkommner Mühe" wird nur kurz angedeutet und negativ charakterisiert. So werden also Beginn und Ende des Tages als Gegenpole betont.[10]

In Verbindung mit dem Gegenüber von Ich und Du steht die Entgegensetzung des Innen und Außen:

> Da kämpft sogleich verworrene Bestrebung
> Bald mit uns selbst und bald mit der Umgebung;
> Keins wird vom andern wünschenswert ergänzt,
> Von außen düstert´s, wenn es innen glänzt,
> Ein glänzend Äußres deckt mein trüber Blick,
> Da steht es nah – und man verkennt das Glück. (V. 15-20)

An dieser Stelle ist von einem Wir („uns") die Rede, in das das Ich aber mit eingeschlossen ist, denn dieses spricht es aus und sieht sich selbst in dem Kreis. Mit dem Selbst und damit wohl in dessen Innern kämpft genauso die hier personifizierte verworrene Bestrebung wie mit der außenliegenden Umgebung. Beide stehen sich derart entgegen, dass sie sich aus keiner Richtung wünschenswert ergänzen, auch wenn Vervollständigung an sich nicht ausgeschlossen ist. Somit scheint es auf einer Reflexionsebene ein Bewusstsein über ein ‚richtiges' Ergänzen zu geben, eine Vorstellung von einem Idealzustand, der durch ausgleichendes Ineinander von Innen und Außen gekennzeichnet wäre. Dieser Zustand wirkt in der Formulierung des Gedichtes unerreichbar, zumal die Gegensätzlichkeiten voneinander abzuhängen scheinen. Wenn es innen glänzt, düstert es außen, oder aber der trübe Blick verhindert das Erkennen der äußeren Helligkeit. Hell und Dunkel, Trüb und Klar wirken wie zwei Pole, die einander bedingen und nur durch die Grenze

---

[10] Moeller weist ebenso auf diesen Kontrast hin (vgl. Moeller, Hans: Differenz und Bewegung. Untersuchungen zu Goethes „Trilogie der Leidenschaft". Paderborn 1998 [zugl. Paderborn Univ., Diss. 1996], S. 110 [künftig zitiert: Moeller 1998]). Dadurch, dass Moeller beabsichtigt die System-Umwelt-Differenztheorie von Niklas Luhmann auf die Analyse von Kunstwerken anzuwenden, wirken seine Aussagen oft wie in einen zu engen Zusammenhang mit dieser Theorie gezwungen. Daher ist teilweise seinen Prämissen bereits nicht zuzustimmen, zumal seine Thesen oft nicht hergeleitet oder belegt werden.

zwischen Ich und Welt getrennt sind. Außen- und Innenwelt scheinen grundlegend voneinander abgeschieden, da Helligkeit und Klarheit immer nur auf einer Seite vorherrschen, was letztendlich einen ausschließlichen Rückbezug des Ich auf sich selbst und sein Inneres zur Folge hat. Wenn zumindest im eigenen Innern teilweise Klarheit herrscht, können diese Momente zur Selbsterkenntnis genutzt werden, falls diese ohne den Bezug zur Außenwelt überhaupt möglich ist, da der Blick in die Außenwelt als trüb charakterisiert wird. Dennoch scheint das Ich, das hier aus der Position des verallgemeinernden Wir spricht, die Möglichkeit zu haben, etwas über die Außenwelt sagen zu können, denn es weiß um das ‚glänzend Äußre'.

Das Bemerken der düsteren Außenwelt hingegen ist nicht so erstaunlich, da das glänzende Innere wohl erkennen kann und in ein Außen strebt, doch nur durch die Finsternis dort gehindert wird. Somit scheint das Ich verstrickt in ein womöglich ausweglose Bemühen um einerseits Selbst-, andererseits aber auch Welterkenntnis, die sich ähnlich bedingen wie das alternierende Hell und Dunkel im Selbst und in der Außenwelt. Dieses Bemühen wird als verworrene Bestrebung erläutert, die wohl ebenso dem Annehmen der ‚Paradieses Wonne' entgegensteht. Eigentlich ist das Unwissen und die nicht erlangte Selbst- und Welterkenntnis Bedingung dafür, im Paradies weilen zu dürfen und zu können, da Erkenntnis oder bereits der Wille bzw. die ‚verworrene Bestrebung' zu Erkennen genau die Vertreibung daraus verursacht, wie die Bibel (Gen. 3,21-24) zeigt.

> Der des Paradieses verlustige Mensch tritt aus der Bewußtlosigkeit paradiesischer Gegenwart in die Bewußtheit der Welt über und muß sich in dieser Bewußtheit vor allem seiner selbst vergewissern, und zwar durch die Vermittlung der Natur: der Mensch erkennt sich selbst im Gegenüber.[11]

In „An Werther" scheint zumindest das Bestreben nach Erkenntnis schon vorhanden zu sein, so dass das Paradies trotz mangelnder Erkenntnis nicht genutzt werden kann, da ein entscheidender Schritt schon getan ist: Es reicht nicht mehr aus, nur anzunehmen und gepflanzt zu sein, dieser Status wird hinterfragt. Ein Streben zerstört die Zufrieden-

---

[11] Mayer 1986, S. 243.

heit, die kindliche Seinsfülle.[12] Da dies für ein Wir ausgesprochen ist, wird postuliert, dass für jeden irgendwann dieser Punkt des Strebens und damit der Verlust des Paradieses eintritt. So wird eine einzelne Erfahrung gültig für ein Kollektiv.[13]

Im Zusammenhang mit dem Paradies lässt sich auch das nahe, doch verkannte Glück ansprechen. Für die „Elegie" hat Mathias Mayer eine poetologische Analyse der Paradiesmetapher geliefert, die in diesem Kontext interessant ist. Er erläutert, dass die erkenntnisfreie, nichts von sich wissende Gegenwart im Paradies, wie es etwa durch die Liebe erzeugt wird, Dichten ausschließt:

> Dichten ist nicht Sache der paradiesischen Gegenwart, sondern Dichten ist erst möglich mit der Vertreibung des Menschen aus dem Paradies, wie sie durch den Sündenfall der Erkenntnis notwendig geworden ist. Erneut werden Liebe und Dichtung als Erkenntniskonflikt identisch.[14]

Die „Vertreibung [macht] den Menschen zum Menschen und analog die Trennung den Dichter zum Dichter [...]"[15]. So ist dem Menschen die Möglichkeit der Erkenntnis gegeben, wohingegen der Dichter darüber hinaus zu sagen befähigt wird. Anhand des Mottos der „Elegie", das als leicht verändertes Tasso-Zitat schon in den letzten beiden Versen des Gedichtes „An Werther" präludiert wird und damit hier eine modifizierte Übertragung ermöglicht, stellt Mayer dann auch Dichter und Mensch in Opposition:

---

[12] Diese Tendenz zeigt sich wohl auch in den „Leiden des jungen Werther" zu Beginn, wenn Werther im Brief vom 10. Mai beschreibt, wie er im Gras liegt und „die Gegenwart des Allmächtigen, [...] das Wehen des Alliebenden" zu spüren glaubt, doch dieses Empfinden nicht wirklich innerste Befriedigung auslöst. Denn sogleich nimmt Werther Bezug auf ein Streben, auf den aufkeimenden Wunsch, dieses dichterisch verarbeiten zu können, der aber als unmöglich gekennzeichnet ist. (Vgl. und zit.: Goethe, Johann Wolfgang: Die Leiden des jungen Werther. In: Johann Wolfgang von Goethe. Werke. Hamburger Ausgabe in 14 Bänden. Band 6, Romane und Novellen I. München 1998, S. 7-124, hier S. 9 [künftig zitiert: HA 6]).
[13] Für diese Verallgemeinerung gibt es bei Goethe laut Wünsch drei Strategien: Abstraktion, Vervielfältigung und Serienbildung sowie metatextuelle Elemente im Text selbst, die über kommentierende Aussagen dem Fall Repräsentativität zuschreiben (vgl. Wünsch, Marianne: Zeichen – Bedeutung – Sinn. Zu den Problemen der späten Lyrik Goethes am Beispiel der „Trilogie der Leidenschaft". In: Goethe-Jahrbuch. 108 (1991), S. 179-190, hier S. 188 [künftig zitiert: Wünsch 1991]).
[14] Mayer 1986, S. 241.
[15] Mayer 1986, S. 243.

Die Verse aus dem *Tasso* eröffnen eine Differenz zwischen Mensch und Dichter, die zugleich eine Aussage über das Dichten selbst ist. Dichtung ist nur als Ausdruck des Leides möglich, sie setzt, insofern Dichten für Goethe ein „Liebeswerk" ist, die Trennung vom geliebten Gegenüber voraus.[16]

Damit stehen sich ebenfalls Dichter und Mensch gegenüber, was rückbezüglich auf das Gedicht „An Werther" übertragen werden kann, da auch hier am Ende der Dichter angesprochen und für ein Er die Kraft zu sagen, und damit die Kraft zu dichten, gewünscht wird. Dieses Merkmal, sich ausdrücken zu können, wird ein wichtiges Unterscheidungskriterium, das möglicherweise über Leben und Tod, zunächst aber wohl über Liebe und Leid, entscheidet. Mit diesem letzten Gegensatzpaar ergibt sich die Grundvoraussetzung für die Möglichkeit zu dichten und damit auch sich vom verstummenden Menschsein abheben zu können. Das Leid, der Abschied sind demnach nötig, um sagen oder dichten zu können.

Immer wieder werden die Gegensätze dann letztlich eng geführt. Sie schließen sich nicht aus, sie bedingen sich. Etwa wird dem Jüngling zunächst ein Drang ins Weite zugeschrieben (vgl. V. 27-28), doch wird sein Flug gehemmt (vgl. V. 34). In dieser Passivform wird nicht klar, was das begrenzende oder hemmende Moment darstellt, doch ist vorher angedeutet, dass der Jüngling den Äther gern verlässt (vgl. V. 31). Somit sorgen sowohl eine äußere Macht als auch sein eigener Wunsch, zumindest seine nicht gerade abwehrende Haltung dafür, dass er sich einschränken lässt. Die Vorstellung bei Goethe, dass wahre Freiheit gerade durch freiwillige Beschränkung erreicht werden kann und diese der willkürlichen Lebensweise entgegensteht, weist wieder auf eine paradoxe Form und findet neben vielen anderen Stellen in Goethes Werk in der verwandten „Elegie" ihren (poetischen) Ausdruck: „[...] Sich freier fühlt in so geliebten Schranken [...]" (S. 383, V. 59). Ähnlich paradox können sich eigentlich gegensätzliche Zeiteinheiten aufeinander beziehen und sind nicht unvereinbar: „Und Jahre sind im Augenblick ersetzt" (V. 37).

Auch auf struktureller Ebene werden Gegensätzlichkeiten betont, indem in den ersten beiden Strophen jeweils der letzte Vers durch eine sehr

---

[16] Mayer 1986, S. 239.

deutliche Zäsur, markiert durch Gedankenstriche, gekennzeichnet ist, was in abgeschwächter Form noch auf die dritte Strophe zutrifft. In der ersten Strophe stehen sich die verschiedenen Wege von Ich und Du entgegen, wobei aber das Fortleben nicht als Gewinn bewertet wird (vgl. V. 10). Die Nähe des Glücks und das dem nicht entsprechende Verkennen werden in der Gegenüberstellung der zweiten Strophe thematisiert (vgl. V. 20) und auch die dritte Strophe enthält im Bau des letzten Verses ein Innehalten (vgl. V. 32). Erst in der vierten Strophe weist eine durchgehende Zeile auf das entscheidende Motiv dieses Gedichtes: das Lebewohl, wie es zuletzt tückisch harrt (vgl. V. 38). Indem hier keine Gegenüberstellung vermittels einer Zäsur stattfindet, steht das Scheiden als nicht abwägbar oder ausgleichbar dar und macht ein Hauptmotiv aus.

Lebensmodell Jüngling

Vornehmlich die dritte Strophe des Gedichts bildet diese Phase des Lebens ab. Unvermittelt und durch eine recht irritierende zeitliche Bestimmung eingeleitet, wendet sich der Blick von der „verworrene[n] Bestrebung" ab und im Anschluss an die Verse „Nun glauben wir`s zu kennen! Mit Gewalt / ergreift uns Liebreiz weiblicher Gestalt" (V. 21-22), die für die umfassende, allgemeine Gruppe des Wir gesprochen sind, dem frühlingshaften „Jüngling" zu, der auch ein Kollektiv repräsentiert.

Das Zeitadverb „Nun" legte eigentlich die Vermutung nahe, dass es sich um das Jetzt als den Bezugszeitpunkt handelt. Ihm folgt die Schilderung einer geistigen Haltung – nämlich zu glauben, es zu kennen –, die vom Nun aus gesehen gleichzeitig stattfindet und doch als dem Jetzt vorangegangene erscheint: Denn es ist die generalisierende Reflexion eines lyrischen Ichs, das sich in einen Punkt der Erkenntnis im Nun zusammen mit dem Wir hineindenkt. Das Nun steht also einer Überlegung voran, die aus der gealterten Perspektive des Ich gesprochen wird und sich auf die Erlebnisse bezieht, die den Jüngling erst noch altern lassen werden. Dadurch, dass das Ich aber die von diesem Punkt aus für den kollektiven Jüngling[17] zukünftigen Geschehnisse kennt, weiß es um den Irrtum in der Erkenntnis und stellt sie – aber eben nur rückblickend – als scheinbare dar: „Nun glauben wir`s zu kennen!" (V. 21). Und so zeigt sich schließlich in der darauf folgenden ‚Geschichte' des „Lebensmodells Jüngling"[18], dass sich die hypothetische Erkenntnis auch nicht bewahrheitet: „Doch erst zu früh und dann zu spät gewarnt, / Fühlt er [= der Jüngling] den Flug gehemmt, fühlt sich umgarnt" (V. 33-34).

Da aber ein reflektierendes und an dieser Stelle implizites Ich diese Aussage verallgemeinernd für ein Wir trifft, wird keine spontane Einsicht des Wir vermittelt, die als miterlebbar gedacht sein könnte, da die Verbindung ausschließlich über das im Hintergrund wertende, kommentierende Ich mit seinen Erfahrungen hergestellt wird.

Dennoch gab es eine Zeit, die nämlich, die aus der Reflexion heraus mit „Nun" vage umschrieben ist, in der die Erkenntnis für das Wir nicht in Frage gestellt und der kollektive Jüngling von ihr erfüllt war. Durch das reflektierende Ich ist diese Erkenntnis des Wir insofern authentisch dargestellt, als dass das Ich die Aussage aus dem Bewusstsein heraus trifft, dass in dem Moment, als das Nun für das Ich gegenwärtig war, auch diese Erkenntnis für das Ich selbst zweifelsfrei bestand.

Nur handelt es sich schon an dem Punkt nicht um erlangte Erkenntnis, da das gerade der sinnlichen Gewalt, die über eine Intuition den Eindruck einer Gewissheit im Empfindenden abbildet, entgegenstünde. Das „kennen" deutet also keine und auch kaum vermeintliche Erkenntnis an, sondern weist auf ein mächtiges Gefühl, das gerade keinen Platz lässt für kognitive Reflexion, die dann dem gealterten Ich entspricht. Indem die Spontaneität und Unvermitteltheit des im Nun erlebenden Wir aus der Perspektive des alten Ich gesehen wird, ergibt sich eine eindrucksvolle Überlappung von sinnlicher Direktheit und reflexiver Erkenntnis.

---

[17] In der zweiten und dritten Strophe von „An Werther" ist ausschließlich die Perspektive auf den verabsolutierten, männlichen Halberwachsenen gewählt. Die analoge Situation der weiblichen Gefährtin ist nur durch die Brille dieses „kollektiven Jünglings" gegenwärtig, gleichwohl (oder gerade deswegen) wirkt die „Liebste" aktiver, bestimmender und selbstbewusster. Der Begriff kollektiver Jüngling soll verdeutlichen, dass es sich bei dem in der Reflexion vergegenwärtigten Zustand, um einen generalisierten handelt, für Jünglinge schlechthin geltend.
[18] Wünsch 1991, S. 180.

Andernfalls wäre die – ohne Zweifel dargebrachte – bildhafte Veranschaulichung des Jünglingseins gegenstandslos. „Mit Gewalt / Ergreift uns Liebreiz weiblicher Gestalt" (V. 21-22). Das *Liebes*glück widerfährt dem Jüngling geradezu mit sinnlicher Vehemenz. Im Gegensatz zum bewusst Handelnden, der seinem Handeln selbst einen (subjektiven) Sinn geben kann, zeigt der Jüngling an dieser Stelle ein eher unbewusstes Verhalten auf. Von außen wirkt die „Gewalt" der erotischen Liebe auf ihn und sein Verhalten ein und fordert Reaktionen. Der Jüngling entgegnet darauf mit Verzückung und staunender, fragender Unwissenheit ob der äußeren Quelle dieser affektiv-intimen Regung in ihm selbst („Entzückt, erstaunt, wer dies ihm angetan?" V. 25).

Den Jüngling kennzeichnet ein Entwicklungsstadium, das zwischen Kind und Mann liegt, von beiden etwas in seinem Dasein vereinigt und doch verschieden von beiden ist:

> Der Jüngling, froh wie in der Kindheit Flor,
> Im Frühling tritt als Frühling selbst hervor,
> Entzückt, erstaunt, wer dies ihm angetan? (V. 23-25)

Der „als Frühling selbst" hervortretende Jüngling ist mit einer unreflektierten und daher unmittelbaren Natur- und Selbsterfahrung (nicht -erkenntnis) begnadet, die in ihm Entzücken und Erstaunen gleichermaßen auslöst. Es ist für den der Kindheit gerade Entwachsenen noch nicht zu ergründen, was sich eventuell hinter den Lebensreizen verbergen könnte. Dies liegt sogar weit jenseits des Interesses des Jünglings, der sich vergleichbar der kindlich-naiven, aber wahrhaftigen Freude in die Welt begibt, die ihm angehört. „Nichts engt ihn ein, nicht Mauer, nicht Palast" (V. 28). So entwickelt sich das ehemalige Kind zum baldigen Mann, und weder durch massive Hindernisse, noch durch prunkvolle Verlockungen des materiellen Reichtums lässt er sich in seiner „[i]ns Weite" (V. 27) zielenden Eile eingrenzen. Der Statik dieser Hemmnisse wird die lebendige, „unbefangne Hast" gegenübergestellt, doch erscheint sie durch ihre innere Widersprüchlichkeit – einerseits frei und andererseits hektisch getrieben – ziellos und nahezu zum Selbstzweck verkommen.

Goethes jahreszeitlicher Verweis („Im Frühling") wird dem Jüngling als lebenszeitlicher („als Frühling selbst") zugesprochen, woraus die Analogie zwischen der Art des Auf- bzw. Heraustretens des Jünglings und der Gegenwärtigkeit des entsprechenden Zeitpunktes im Jahr resultiert. Der Jüngling befindet sich (noch) ganz in der Bewusstlosigkeit frühlingshafter, freudevoller Gegenwart, es scheint, als habe er vom Baum der Erkenntnis bislang nicht sündig gekostet, denn erst dadurch, d. h. mittels des Verlustes dieser Seinsweise an-sich, erlangt er Bewusstsein von sich und wird damit im Für-sich erst zum Menschen.[19] Überraschenderweise scheint aber der Jüngling in „An Werther" fast noch in einer Seinweise an-sich gegeben, bis sein Erstaunen und der Blick darauf in die Umwelt (V. 25-26) ihn zu einer wirklichen, d. h. bewussten Auseinandersetzung mit einem Außen bringen.

Goethe vergleicht den ungezwungen auflebenden Jüngling mit der aufkeimenden und sprießenden Natur der Frühlingszeit. Beiden wohnt ein Streben inne, nach winterlicher Schlafensphase bzw. kindlicher Unbewusstheit, sich zu entwickeln. Übertragen auf den Jüngling heißt das, die nun eigene Welt zu ‚erobern', sich seiner wirklich bewusst zu werden und neugierig auf all das Fremdartige zu reagieren. Es ist die Gegenwart der wechselseitigen Liebe, die den Jüngling (anfangs) aus-

---

[19] Die oben eingeführten Begriffe beziehen sich auf das Hauptwerk Sartres, „Das Sein und das Nichts". (vgl. Sartre, Jean-Paul: Das Sein und das Nichts. Versuch einer phänomenologischen Ontologie. In: Jean-Paul Sartre. Gesammelte Werke in Einzelausgaben. Philosophische Schriften. Bd. 3. Hrsg. von Traugott König. Hamburg 1993 [künftig zitiert: SN 1993]). Sartre unterscheidet in seiner Analyse der Bewusstseinsstrukturen zwei ontologisch ursprüngliche Seinsweisen: bewusste Seinsformen, die er als Für-sich-sein bezeichnet, die ihre eigene Existenz selbst wahrnehmen können, und Seinsformen, die er als An-sich-sein (Objekte in der Welt) kennzeichnet, welche an sich existieren für ein fremdes Bewusstsein, ohne von sich selbst Bewusstsein zu haben. Das Für-sich-Sein (das Selbst) kann aber das An-sich-Sein nicht hervorbringen, denn An-sich existiert nur aus sich selbst heraus, es ist sich selbst „opak, eben weil es von sich selbst erfüllt ist". Nur durch den Akt der Nichtung (Negation) kann das Für-sich sich selbst vom An-sich abgrenzend bestimmen, es ist also abhängig von einem immer schon gegebenen An-sich (vgl. SN 1993, S. 42). Sartre bestimmt so das An-sich-Sein aufgrund seiner Seins-Fülle positiv und als mit sich identisch, das Für-sich-Sein des Bewusstseins hingegen durch den Seins-Mangel negativ als in seinem Wesen unbestimmt. Sehnsucht bzw. „Begierde" treibt – laut Sartre – den Menschen zur Verbindung der beiden entgegengesetzten Seinsweisen in der Form des An-sich-für-sich (vgl. SN 1993, S. 185f.). Das Für-sich entwirft ein ideales (Bewusst-)Sein, das das sei, was es ist; der grundlegende Wert, der diesen Entwurf leitet, ist das An-sich-für-sich; dieses Ideal des ‚selbstbewussten An-sich' bezeichnet Sartre mitunter auch als Gott (vgl. SN 1993, S. 191).

füllt.[20] Sie ist das Mittel seiner Welterfahrung und spendet seiner „unbefangne[n] Hast" (V. 27) eine zuverlässige Richtung, ein begehrliches Ziel und eine freiwillige Beschränkung, die seinem ungehemmten Schweifen eine Art Heimat bei der Geliebten verheißt:

> Wie Vögelschar an Wäldergipfeln streift,
> So schwebt auch er, der um die Liebste schweift,
> Er sucht vom Äther, den er gern verläßt,
> Den treuen Blick, und dieser hält ihn fest. (V. 29-32)

Der um die Liebste schweifende Jüngling befindet sich hier abermals in einem Zwischenraum. Wie die Vögel, die an den – gegensätzliche Elemente in der Höhe verbindenden – Wäldergipfeln streifen und so zwischen Himmel und Erde wechseln, jedoch ohne die Gipfel direkt zu berühren, schwebt auch der liebende Jüngling kontinuierlich um die Liebste, ohne an einem Orte zu verweilen. Neben dem Aspekt der Geborgenheit durch freiwillige Selbstbegrenzung kehrt an dieser Stelle auch ein Moment der Ruhelosigkeit wieder, welches in der „Hast" bereits impliziert war.

In der sich daran anschließenden – nur sechs Verse umfassenden – vierten Strophe wird dann die vorab skizzierte vermeintliche Erkenntnis als eine solche entlarvt. Die scheinbar absolute Freiheit, die der Jüngling paradoxerweise gerade in geliebter Beschränkung genoss, und die nicht nur für ihn einmal, sondern auch für *alle* anderen Jünglinge vorgeblich das alles erfüllende Glück bedeutete, ist überschattet von dem unabwendbaren Scheitern der Liebe und damit der Freiheit am Ende: „Doch tückisch harrt das Lebewohl zuletzt." (V. 38)

Erfüllter Augenblick und tödliches Scheiden

Das endgültige Scheitern des ‚Lebensmodells Jüngling', d.h. sein definitives Scheiden-Müssen von der Geliebten, lauert „tückisch" wie ein hinterlistiger Feind im dunklen Gesträuch dem Jüngling auf und überfällt ihn rücklings, da dieser noch unvorbereitet in einem launischen Wechselspiel von „Wiedersehen", „Scheiden" und „Wieder-

---

[20] Wünsch vertritt diese These durch die Gleichsetzung: „Liebesbesitz = Selbstbesitz = Weltbesitz" (Wünsch 1991, S. 182). Wünsch schlussfolgert daraus, dass bei Scheitern der Liebesbeziehung Welt- und Selbstverlust einhergehen, was der These Mayers (vgl. Mayer 1986, S. 241-243) widerspricht.

Wiedersehen" (V. 35-36) mit der Geliebten begriffen ist. So konnte den Jüngling doch das beglückende „Wieder-Wiedersehen" der Liebsten noch in ein Stadium des Hochgefühls versetzen: „Und Jahre sind im Augenblick ersetzt" (V. 37). Einerseits ist ein derart erfüllter Augenblick bei der Geliebten aufgeladen und durchdrungen von einer liebevollen Intensität, die den eigentlich eher flüchtigen Zeitraum dazu befähigt, ganze „Jahre" in sich zusammenzuschmelzen, ihren Gehalt in nur einem einzigen Moment zu überhöhen und dadurch zu „ersetzen". Auf diese Weise erfährt der Augenblick der Liebe eine enorme Aufwertung und gewinnt zentrale Bedeutung für den Jüngling. Andererseits werden aber die „Jahre", die der flüchtige, aber so intensive Liebesaugenblick zu ersetzen vermag, deutlich abgewertet. Es wächst der Wunsch, die Vergänglichkeit des Moments zu überwinden, den ekstatischen Augenblick der Liebe dauernd zu halten, den das „Wieder-Wiedersehen" verheißt.[21] Der *höchste* Augenblick, d. h. die Gegenwart der Geliebten, bedeutet den Moment höchster Daseinsfülle für den liebenden Jüngling. Er ist nicht bloß Vision und vermag Vergangenheit und Gegenwart in sich zu

---

[21] Vgl. dazu Schlussmonolog von Faust im zweiten Teil der Tragödie:
„Das ist der Weisheit letzter Schluß: / Nur der verdient sich Freiheit wie das Leben, / Der täglich sie erobern muß. / Und so verbringt, umrungen von Gefahr, / Hier Kindheit, Mann und Greis sein tüchtig Jahr. / Solch ein Gewimmel möcht' ich sehn, / Auf freiem Grund mit freiem Volke stehn. / Zum Augenblicke dürft' ich sagen: / Verweile doch, du bist so schön! / Es kann die Spur von meinen Erdetagen / Nicht in Äonen untergehn. - / Im Vorgefühl von solchem hohen Glück / Genieß' ich jetzt den höchsten Augenblick." Goethe, Johann Wolfgang: Faust. Eine Tragödie. In: Johann Wolfgang von Goethe. Werke. Hamburger Ausgabe in 14 Bänden. Band 3, Dramatische Dichtungen I. München 1998, S. 9-364. Hier: S. 348. In diesem Augenblick, da Faust ganz bei seiner Zukunftsvision ist, stirbt er. Ginge sie in Erfüllung, dann könnte er zufrieden zum *höchsten* Augenblicke sagen, was er für den Augenblick in Faust I noch ausschließt, denn dort wird es nach Fausts Einschätzung zu keiner für ihn verweilenswerten Augenblickserfahrung kommen, die er im fortlaufendem Taumel rauschartig erlebter Zeit auch gar nicht will. Faust erwartet aber andererseits nicht, dass Mephistopheles überhaupt in der Lage wäre, ihm einen Augenblick zu verschaffen, der ewig währen soll oder von Vollkommenheit geprägt sein wird. Die Erfüllung der Vision liegt auch am Ende von Faust II fern, Faust spricht im Irrealis von ihr, was Mephistopheles neben dem Unterschied zum Genuss des höchsten Augenblicks allein im *Vorgefühl* des hohen Glücks verkennt und deshalb fälschlicherweise glaubt, die Wette gewonnen zu haben. Vgl. HA 3, S. 720f. Für den Jüngling in „An Werther" ist eine Art *höchster* Augenblick real im Beisammensein mit der Geliebten und nicht nur Utopie.

vereinen.

Die Reflexion über jenen Augenblick ist aber nur möglich durch ein Ich, welches zeitlich und empfindungsmäßig distanziert ist von jenem. Gegenüber des Jünglingshaften und Unreifen bedarf es demnach des Standpunktes des mündigen Ichs, das einer unreflektierten Vergangenheit gedenkt. In der „Elegie" finden sich vergleichbare Situationen, nur ist hier wohl die Geliebte die im Augenblick Lebende.[22] Sie spricht folgende Worte, die sie durch ihr Leben zwar ausdrückt, aufgrund ihres minimalen Reflexionsgrades aber nicht selbst formulieren kann. Und so legt ihr das lyrische Ich diese Worte in den Mund:

> Es ist als wenn sie sagte: „Stund` um Stunde
> Wird uns das Leben freundlich dargeboten,
> Das Gestrige ließ uns geringe Kunde,
> Das Morgende, zu wissen ist's verboten; [...]
> Drum tu wie ich und schaue, froh-verständig,
> Dem Augenblick ins Auge! Kein Verschieben! [...]" (S. 384, V. 91-94, 97-98)

Der liebende Jüngling befindet sich beim „Wieder-Wiedersehen" allein in diesem Moment, für ihn gibt es dann keine Zeitlichkeit, Jahre werden zum Augenblick. Doch dem eventuellen Glück in diesem Augenblick steht zuletzt das unwiderrufliche Scheiden entgegen. Das lyrische Ich, das sich im Wir mitdenkt, kann als leidvoll Wissender seine Erkenntnis dem Jüngling oktroyieren und ihn so in die unabwendbare Trennung hineinmanövrieren, die am Ende der vierten Strophe als ein unumstößliches Fazit den Versuchen des Jünglings von vornherein Vergeblichkeit unterstellt und seinem Glück jegliche Grundlage entzieht.

Die Bilanz, die der Liebe des Jünglings keine dauernde Chance gibt und nur den „Augenblick" erfüllt, mutet wie ein Postulat an und scheint allgemeine Gültigkeit zu beanspruchen, da es sich hier nicht um einen speziellen Jüngling handelt, dessen besondere Liebe so schmerzlich und „tückisch" im „Lebewohl" enden muss, sondern um den kollektiven. Folglich wird aus dem Sonderfall des individuellen Jünglings der Regelfall. Die Modalität der Aussage „Nun glauben wir`s zu kennen!" (V. 21) ist die vorläufige Gewissheit, die alle Jünglinge betrifft, doch diese löst sich auf in der endgültigen Gewissheit des absoluten Lebewohls.

---

[22] Vgl. dazu Mayer 1986, S. 246ff. Er stellt dort eine sehr ähnliche Betrachtung für die kindliche Freundin in der „Elegie" an (hier: Mayer 1986, S. 247).

Scheiden behält immer das letzte Wort.
Mit dem Begriff des Scheidens ist das zentrale Motiv von „An Werther" benannt. Zunächst scheint es sich also bei diesem Komplex ausschließlich um ein Motiv des Scheidens von der Geliebten zu handeln. Erst von der Position am Ende des Gedichtes tritt dann deutlich auch das Todesmotiv heraus: „Dem Scheiden endlich – Scheiden ist der Tod!" (V. 46)
Das Werthergedicht durchzieht eine Vielzahl von Abschiedsszenen, die leitmotivisch fungieren. Allein das Wort „Scheiden" kommt insgesamt sechsmal in dem Gedicht vor, dabei ist die Häufung in der letzten Strophe sehr auffällig (viermalige Verwendung). Hinzu kommen das – in die gleiche Richtung weisende – „Lebewohl" und das Kompositum „Scheidesonne" (V. 8). Diese Wortschöpfung am Ende der ersten Strophe leitet auch den Motivkomplex ein. In ihr gehen „Sonne" als lebensspendende und „Scheiden" als letztlich todbringende Kraft eine paradoxe Einheit ein. Mit einem Wort wird so die Grundstruktur des Gedichtes und dessen Aussage bildlich eingekleidet. Es ist der „Scheidesonne letzter Strahl" (V. 8), der das lyrische Ich und den „vielbeweinten Schatten" (V. 1) am Tagesende „entzückt". Die untergehende Sonne scheidet aus dem hiesigen Tag und spendet Licht und Wärme einem anderen Erdteil, Entzücken löst ihr Untergang aus, weil damit auch „des Tages unwillkommne[...] Mühe" (V. 7) schwindet. Soweit reicht die ‚natürliche' Erklärung der dichterischen Schöpfung. Vielmehr deutet aber der bipolare Begriff „Scheidesonne" schon zu Beginn des Gedichts auf das Dilemma Lieben und Scheiden voraus. Ihr „letzter Strahl" weiß noch zu entzücken, aber bereits im Bild der untergehenden Sonne und der damit zusammenhängenden, herannahenden Dunkelheit ist das letzte und bedrohliche „Lebewohl" der vierten Strophe angesprochen und die lebensspendende Kraft nochmals (auf ein Minimum) reduziert. Die Notwendigkeit des Abschieds erscheint in diesem Zusammenhang wie der naturgesetzliche Sonnenuntergang am Ende eines jeden Tages, beide sind in „An Werther" gleich gewiss.[23]

---

[23] Müller weist darauf hin, dass die astronomischen Tageszeiten hier – wie in der „Elegie" – zugleich Tageszeiten der Liebe (des Jünglings) sind, vom Verliebtsein in der Frühe bis zum unerbittlichen Scheiden in der Nacht. Vgl. Müller 1978, S.149.

„Zum Bleiben ich, zum Scheiden du erkoren" (V. 9). Das Scheiden des Du wird in der letzten Strophe spezifiziert, es handelt sich nämlich um ein „gräßlich Scheiden" (V. 40). So gerät das Scheiden durch das ihm zugesprochene Adjektiv – den Schrecken herausstreichend – schon in die unmittelbare Nähe der Todesmetaphorik, die einige Verse später direkt betont wird. Das lyrische Ich fühlt sich des Nicht-Scheidens berufen, wohingegen das Du ebenso berufen scheiden musste. Mittels dieser Kenntnis, dass das Scheiden dem Tod gleichgestellt ist, die im Werthergedicht erst in den Schlussversen explizit benannt wird, ist der tiefere Sinn des neunten Verses auch den Rezipienten rückblickend zugänglich, die den Wertherroman nicht gelesen haben. Das Aus-dem-Leben-Scheiden des Du wird hier mit dem Fortleben des Ich zunächst kontrastiert, um in dem darauf folgenden Vers gleich wieder relativiert zu werden: „Gingst Du voran – und hast nicht viel verloren." (V. 10) Leben und Sterben werden auf diese Weise als fast äquivalent behandelt. Das Ich ‚musste' bleiben, das Du ‚musste' gehen, und doch ist beides im Fazit der ersten Strophe einander angeglichen. Das Ich räumt dem Am-Leben-Bleiben nur einen vermeintlichen Vorzug ein. Es erweckt den Anschein, als sei das Leben bestenfalls das kleinere Übel gegenüber dem Tod. Wiederum hat das Ich in seiner vergleichenden Bewertung, in der ein wenig Bitterkeit mitschwingt, eine reflektierende Distanz zum Zu-Bewertenden eingenommen.[24]

„Wie klingt es rührend, wenn der Dichter singt, / den Tod zu meiden, den das Scheiden bringt!" (V. 47-48) Die Unbedingtheit und Auswegslosigkeit des Scheidens wird in diesen Versen nochmals betont: Scheiden bringt in jedem Falle Tod. Selbst die kathartische, heilende Kraft der Dichtung wird angesichts dieser Unumstößlichkeit in Frage gestellt, sogar ironisiert. Es klingt „rührend", wenn der Dichter – als Orpheusnachfolger[25] – „singt", d. h. das dichterische Verarbeiten des Scheidens, das dem Schmerz eine Gestalt gibt in Form einer produktiven Kanalisierung und Bändigung des Leids, wirkt entweder allenfalls noch (an-)rührend-rührselig oder tatsächlich ergreifend; eine Lösung

---

[24] Vgl. Müller 1978, S. 149f; vgl. auch Wünsch 1991, S. 180.
[25] In der Figur des Orpheus sind die Vorstellung des machtvollen Dichtens und des letztlich todbringenden Scheidens im Verlust seiner Frau Eurydike eng verwoben.

scheint aber am Ende von „An Werther" äußerst schwierig geworden zu sein.

Angeklungen ist der Aspekt des therapeutischen Schreibens bzw. Dichtens bereits in der dieses Motiv einleitenden Wortschöpfung „Scheidesonne". An ihr zeigt sich schon ein kreativer Umgang mit dem Scheiden selbst und damit eine Art der heilenden und gegen die Todesbedrohung wirksamen Verarbeitung, die man Werther wohl absprechen muss.

Dichten als Liebesdichtung stellt einen Kampf auf Leben und Tod dar, (da Liebe der Inbegriff des Lebens ist,) der

> nicht einfach im Sinne von Sieg oder Niederlage entschieden [wird], sondern er wird auf eine paradoxe Weise in wechselseitiger Durchdringung der Entgegensetzungen offengehalten. [...] Somit entzieht die Voraussetzung des Dichtens – die Trennung – dem Dichter das Leben: „Sie trennen mich, und richten mich zu Grunde." [S. 385, V. 138] Tödliche Trennung ermöglicht Dichtung, umgekehrt bedeutet lebendige Nähe den Tod des Dichtens.[26]

Es ist allerdings festzuhalten, dass es sich bei „An Werther" nicht um ein Liebesgedicht handelt und Mayers Aussagen auf die „Elegie" bezogen sind. Doch erscheint vielleicht auch wie hier für den Fall Werthers eine Todesbedrohung oder doch zumindest der Schmerz der Trennung vom geliebten Gegenüber durch Dichtung überwindbar. So formuliert Mayer an anderer Stelle etwas allgemeiner: „Die Durchdringung von Nähe und Ferne wird zur entscheidenden Einsicht der Marienbader Lyrik und bildet hier das Gelenk zwischen Liebe und Dichtung."[27]

Zwar stellt der Tod die zwingende Konsequenz des Scheidens dar, aber nur für Werther ist es ein realer Tod, für ihn gilt wörtlich: „Scheiden ist der Tod!" (V. 46), denn zumindest das lyrisches Ich lebt weiter – auch nach dem tückischen Lebewohl. Das lyrische Ich stirbt also nur einen metaphorischen Tod, so wie es Werther nicht gefolgt ist. Dem Weiter-

---

[26] Vgl. und zitiert: Mayer 1986, S. 249.
[27] Mayer 1986, S. 240. Vgl. zu dem Aspekt des Verhältnisses von Nähe und Distanz bei Goethe auch: Pickerodt, Gerhart: Willkommen *ist* Abschied. Zum Verhältnis von Nähe und Distanz bei Goethe. In: Ewert, Michael und Martin Vialon: Konvergenzen. Studien zur deutschen und europäischen Literatur. Festschrift für E. Theodor Voss. Würzburg 2000, S. 46-56. Demnach kann die von Mayer konstatierte Einsicht erweitert werden, indem sie nicht nur für die Marienbader Lyrik gilt, sondern auch in anderen Schaffensperioden Goethes zu finden ist.

lebenden ist allerdings nur eine kurze Phase jünglingshaften Glücks beschieden, bis abermals die schmerzliche Erfahrung der Trennung sich einstellt. Die Frage, warum Wir uns dennoch immer wieder – trotz ‚Zwischentoden' – fassen und nach mannigfaltigen Zielen streben, leitet über zu einem neuen Aspekt: „Dann zog uns wieder ungewisse Bahn / Der Leidenschaften labyrinthisch an" (V. 43-44).

Leidenschaften

Allein durch den Übertitel „Trilogie der Leidenschaft", zu der „An Werther" den Auftakt bildet, wird die Beziehung zum Komplex der Leidenschaft deutlich. Im Grimmschen Wörterbuch finden sich fünf Erläuterung des Begriffs, wobei die erste die Nähe zu dem französischen Begriff „passion" deutlich macht. Hier sollte durch „Leidenschaft" der Begriff eines leidenden Zustandes schärfer als durch bloßes Leiden ausgedrückt werden.[28] Ähnlich wie der eingedeutschte Begriff der Passion – der allerdings zudem speziell noch auf die Leidensgeschichte Christi verweist – sind hier die Dimensionen des Leids und der starken Emotionalität angesprochen, die zusammenfallen, was auch der Beginn des dritten Gedichtes der Trilogie, der „Aussöhnung" nachzeichnet: „Die Leidenschaft bringt Leiden!" (S. 385, V. 1). Für jeden geltend ausgesprochen, ist diese Feststellung ähnlich generalisiert und zum allgemein Menschlichen geweitet wie die Geschichte des kollektiven Jünglings in „An Werther". Deutlich hervorgehoben wird diese Aussage nicht nur durch das Ausrufezeichen, das die Nachdrücklichkeit und den unbestreitbaren Charakter heraushebt, der Satz ist auch vom Folgenden mit Hilfe eines Gedankenstrichs getrennt, der ein Innehalten bewirkt. Direkt als Eingang des Gedichtes „Aussöhnung" in mehrfach hervorgehobener Darstellungsweise stellt Goethe hier heraus, dass es bei der „Trilogie der Leidenschaft" um Leidenschaft als intensive sinnliche

---

[28] Vgl. Grimm, Jacob und Wilhelm Grimm: Deutsches Wörterbuch. Sechster Band (L-M). Leipzig 1885, S. 670 [künftig zitiert: Grimm]. Zudem sprechen sie von Leidenschaft als einer heftigen Seelenregung, wobei diese einmal gerade in Zusammenhang mit sinnlicher Begierde steht, das andere Mal edler und frei von einer solchen gedacht ist. Bei der vierten Bedeutungserläuterung wird Leidenschaft eingeschränkt auf die heftige Liebe zu einer Person des anderen Geschlechts, oder unter 5 als eine Anrede an eine leidenschaftlich erregte Person gefasst (Grimm, S. 670-671).

Begierde geht, aber dass damit eng verknüpft auch Leid und Schmerz auftreten.[29] Unbezweifelbar weist dieser Satz die enge Verwandtschaft der Begriffe Leidenschaft und Leiden einmal dadurch auf, dass sich die Worte auf der Ebene des äußeren Wortbildes enthalten. Sie hängen andererseits dazu analog wohl auch in der inhaltlichen Sphäre zusammen: „Die Nebeneinanderstellung dieser beiden Wörter enthüllt ihre unvermeidliche Zusammengehörigkeit: Leiden folgt nicht etwa auf Leidenschaft, es liegt schon in ihr."[30] Zudem bringt dieser knappe Ausspruch das in den beiden vorhergehenden Gedichten Ausgeführte auf den Punkt. Ein Mensch, der Leidenschaft oder leidenschaftlich empfindet, wird oder muss irgendwann auch ein Leidender sein.

Im Gedicht „An Werther" werden die Leidenschaften näher beleuchtet: „Dann zog uns wieder ungewisse Bahn / Der Leidenschaften labyrinthisch an" (V. 43-44). Im Plural benutzt verweist die Idee der Leidenschaften darauf, dass es sich dabei wohl nicht um ein einheitliches Konzept handeln kann. Vielfältig und teilweise unterschiedlich ausgeprägt[31] können unter Umständen widerstreitende oder auch sich gegenseitig verstärkende Aspekte der Leidenschaften den Menschen verwirren und letztendlich dann auch leiden lassen. Die Leidenschaften zeigen sich in ungewisser Bahn, was eine zunächst fast paradoxe Formulierung darstellt. Eine Bahn impliziert, dass es eine vorgezeichnete Spur gibt, einen Weg. Kreuzungen und scharfe Ecken oder sogar rasante Kehrtwenden sind mit dem Begriff der Bahn nicht konnotiert. Ist diese

---

[29] Vgl. dazu Müllers Aussage, die auch die Verbindung zu „An Werther" herausstellt: „Leidenschaft und Leiden, beklommenes und erleichtertes Herz, schwebende Schönheit und ewige Sehnsucht: in einer ebenso emphatischen wie musiknahen und vergeistigten Sprache manifestieren sich die lyrischen Spannungen, die für das genetisch spätere, aber in der ‚Trilogie' vorangestellte Haupt- und Mittelstück im voraus bedeutende motivische Akzente setzen sowie auch schon Themen buchstäblich anklingen lassen, die in dem erst 1824 entstandenen, aber in der ‚Trilogie' dann einleitenden Gedicht ‚An Werther' nachhallen." (Müller 1978, S. 116). Auch Wilkinson sieht in diesem Motivkomplex das Verbindende zwischen den drei Gedichten, indem sie so einen gemeinsamen „Gehalt" aufzeigt: „Alle drei symbolisieren eine gleichartige Bewegung des Innenlebens, die von Liebe und Leidenschaft durch Verlust der Geliebten und Verlust des eigenen Ichs zu jenem Leiden fortschreitet, das den Tod bringt." (Wilkinson 1957, S. 11).
[30] Wilkinson 1957, S. 16-17.
[31] Vgl. dazu auch die unterschiedlichen Definitionen bei Grimm in der Anmerkung 28.

Bahn dennoch ungewiss, heißt das vermutlich nicht, dass sie im Verlauf unbestimmt ist, allerdings für das Ich, das diese Bahn betritt, nicht einsichtig oder vorhersehbar. Trotz des nicht bekannten Ausgangs wird dem Wir ein Verlangen nach dieser Bahn zugesprochen, welches jedoch als labyrinthisch gekennzeichnet ist. Selbst der Wunsch, dieser Bahn zu folgen und sich auf die Leidenschaften einzulassen, scheint also für dieses Wir nicht hintergehbar, es kann sein Verlangen nicht deuten oder zuordnen. Zudem vermittelt die Metapher des Labyrinthes den erschwerten Weg zurück; einmal gefangen in einem solchen Bauwerk oder einer leidenschaftlichen Empfindung wird ein Ausweg unwahrscheinlich.

Ein nicht geklärtes Verlangen liegt vor, das ein Diktat des Sich-Einlassens aufgibt, was das Ich stellvertretend für das Wir nur bis zu dem Punkt reflektieren kann, dass es dieses Verlangen zu erkennen und benennen vermag. Weiter kann das Verständnis nicht gehen, da den Leidenschaften immanent zu sein scheint, dass die oder der Befallene den Ausgang nicht abschätzen kann und den Empfindungen fast wehrlos hingegeben ist. Angezogen und sich wohl der höchstwahrscheinlichen Leidenhaftigkeit bewusst, muss das Ich den Gefühlen folgen. So ist hier zwar Reflexion möglich, doch geht diese nicht so weit, dass das Ich oder der jeweils von der Leidenschaft Ergriffene sich befreien kann, insofern Leidenschaft per se schon Fesselung impliziert.

Instanzen I: Begegnung des lyrischen Ichs mit dem Du

Am Beginn des Gedichtes, in dem mehrere Instanzen etabliert sind, geht die Wahrnehmung von einem Ich aus. Dieses Ich begegnet einem Schatten wieder und spricht diesen in der zweiten Person an: „Noch einmal wagst du, vielbeweinter Schatten, / Hervor dich an das Tageslicht [...]" (V. 1-2).

Interessant ist die Frage nach der Herkunft des Schattens, denn er wagt sich erst hervor ins Tageslicht. Gerade aber dieses Licht ist notwendig, um überhaupt Schatten zu erzeugen, so dass aufgezeigt wird, dass der Schatten wohl aus einem anderen Bereich kommt, der weniger mit Schattenwurf im Licht, sondern eher mit der Erscheinung des Schattens als eigenständiger Person in Verbindung steht.[32] Mit Bezug auf Homer kann es sich dabei um einen aus der Unterwelt Heraufgestiegenen handeln, so dass sich auf der einen Seite das Ich als Lebendiger, auf der anderen Seite der Schatten als Totenerscheinung gegenüberstehen. Zumindest für das lebende Ich ist der Schatten sichtbar und eine Begegnung möglich. Diese Interaktion, die erneut stattzufinden scheint, ist ungewöhnlich, da sie in gewisser Weise auf der Asymmetrie von tot und lebendig beruht. Indem die Wiederholung dieses Treffens gleich zu Beginn des Gedichtes und damit an prominenter Stelle angedeutet wird, werden Assoziationen von zurückliegendem Scheiden und jetzigem Wiedersehen wachgerufen. Somit ist bereits hier das Leitmotiv des Gedichtes versinnbildlicht.

Nicht zuletzt durch die Überschrift wird der erscheinende Schatten dann auch näher charakterisiert, da schon die Widmung jemanden adressiert, so wie der Schatten als Du angesprochen ist. Es handelt sich um Werther[33], die Figur aus Goethes Roman „Die Leiden des jungen Werther", oder seinen Schatten[34], der als ‚Vielbeweinter sich hervorwagt'. Der Briefroman Goethes hatte bei seinem Erscheinen 1774 eine riesige Leserschaft gefunden und das Schicksal des Helden rief unter den Rezipienten starke Empfindungen hervor, wie hier durch das Attribut vielbeweint angedeutet ist. Indem hier also eine Romanfigur auftaucht, gestaltet sich eine weitere Form der Ungleichheit, denn die Romanfigur ist in doppeltem Sinne fiktiv. War sie es schon in dem Roman selbst (auch wenn deutliche biografische Bezüge zu Goethe herzustellen sind, bleibt der Werther dennoch eine erfundene Gestalt), wird hier die Ebene der Fiktion verdoppelt, da die Figur in einem Gedicht vorkommt, wo sie dem dort imaginierten Ich begegnet. Auf der

---

[32] Wenn es sich bei dem Schatten dennoch um die durch Licht erzeugte Projektion des eigenen Körpers des Ichs handelte, dann führte das Ich eine Art Zwiegespräch mit sich selbst, denn der Schatten fungierte als sein Doppelgänger.

[33] „Vom Subjekt des Gedichtes wird er nicht benannt. Er erhält den Namen von außen durch den Titel." (Moeller 1998, S. 107). Damit zeigt Moeller, dass nur über den Titel der Bezug zur Werthergestalt legitimiert ist.

[34] Darüber hinaus kann auch metonymisch der Roman der Jugendzeit in der Wertherfigur bzw. der Schattengestalt angesprochen sein, da Goethe bei der Niederschrift des Gedichtes als Einleitung zu einer neuen Ausgabe sich erneut intensiver mit seinem eigenen Werk auseinandersetzt.

Fiktionsebene des Gedichtes treffen sich also eine ‚reale' Person des Ich und eine erfundene Figur des Werther, der noch dazu als Toter hervortritt.

Als Autor beider Ebenen der Fiktion stellt sich in Goethe dieselbe Person dar, so dass sich ein interessanter Bezug der Instanzen ergibt, zumal das Ich auch Züge Goethes tragen könnte[35]. Über die Person des Autors Goethe stehen das Ich des Gedichts und der Dichter des Wertherromans – durch die inzwischen vergangene Zeit getrennt –, sowie die Figur des Werther selbst in Beziehung. Als junger Mann hatte Goethe den Werther geschrieben, in dem er eigene Erlebnisse verarbeitet, wobei aber keine völlige Gleichsetzung Goethes mit der Figur Werthers erfolgen darf. Somit ergeben sich zwei Bezugsebenen: Einmal könnte der Autor Goethe indirekt mit seinem eigenen Geschöpf, einer Romanfigur, sprechen. Auf der anderen Seite stehen sich möglicherweise aber auch das Ich und der Schatten Werthers als eine Art von Alter Ego gegenüber, je nachdem wie viele Anklänge der Werther letztlich wirklich vom jungen und das Ich vom alten Goethe hat. Inzwischen ist Goethe aber gealtert, doch spürt er nach eigenen Aussagen erneut leidenschaftliche Empfindungsfähigkeit von damals und gestaltet sie nicht zuletzt im Ich der „Elegie", selbst wenn es sich auch hier nicht um ein schlicht biografisch lesbares Gedicht

---

[35] Marianne Wünsch stellt eine „implizite Selbstcharakterisierung des Ich als Autor ‚Goethe'" fest, was zu hinterfragen wäre. Es handelt sich hier um eine Frage der Sichtweise, die wohl nur zu postulieren ist, also weder widerlegt noch letztlich belegt werden kann, denn es muss offen bleiben, ob es sich bei dem lyrischen Ich um eine Identifikationsfigur des Autors handelt oder handeln kann. Stehen aber Goethe und das lyrische Ich in diesem engen Zusammenhang, sind Wünschs Folgerungen schlüssig, auch wenn sie diese nicht herleitet (vgl. und zitiert Wünsch 1991, S. 180). In dem Zusammenhang lässt sich auch die Eindimensionalität vieler Sekundärtexte kritisieren, die die „Trilogie der Leidenschaft" ausschließlich mit engem biografischen Bezug zu Goethes Marienbader Erlebnissen gedeutet haben, wie etwa von Graevenitz, von Loeper, Heller oder Stelzig (vgl. Graevenitz, G. von: Die Trilogie der Leidenschaft. In: Goethe-Jahrbuch. 29(1908), S. 71-87; Loeper, G. von: Zu Goethes Gedichten „Trilogie der Leidenschaft". In: Goethe-Jahrbuch. 8(1887), S. 165-186; Heller, Erich: The Poet`s Self and the Poem. Essays on Goethe, Nietzsche, Rilke and Thomas Mann. London 1976; Stelzig, Eugene: Memory, Imagination and Self-Healing in the Romantic Crisis Lyric: „Trilogie der Leidenschaft" and „Resolution and Independence". In: Journal of English and Germanic Philology. 90 (Jan. 1991), Nr. 1, S. 524-541 [künftig zitiert: Von Graevenitz 1908, von Loeper 1887, Heller 1976, Stelzig 1991]).

handelt. Das Ich im Werthergedicht kommt wohl in gewisser Weise auch mit dem alten Goethe überein und begegnet dem Wesensverwandten der Vergangenheit, der mittlerweile gestorben war und nun als homerischer Schatten wiederkehrt, so dass in andersartiger Form auch das Ich und der Schatten hier aufeinander bezogen sind.[36]

Schon mit dem Titel und der Erwähnung Werthers gestaltet sich das Gedicht als ein intertextuelles Gedicht, ein Gedicht über Dichtung, denn es wird ein bereits existierendes Werk desselben Autors oder eher die Hauptfigur dieses Werkes thematisiert, wobei hier sein Schöpfer und Seelenverwandter mit ihm spricht.

In dem Gedicht erscheint das Du nur in der ersten Strophe und im ersten Drittel der letzten Strophe, so dass diese Teile eine Art Rahmen um den Bereich bilden, der im Zusammenhang mit dem ‚Lebensmodell Jüngling' steht. Am Anfang als Schatten, am Beginn der letzten Strophe als „Freund" (V. 39) angesprochen, wird nach der anfänglichen Schilderung der Begegnung auf den neu beblümten Matten (vgl. V. 5-6) dann das Zurückliegende und damit auch das Scheiden des Du imaginiert. Erst mit Vers 10 wird im Verlauf dieses Wiedersehens der Blick in die Vergangenheit gelenkt, was schon der Wechsel der Zeitstufen verdeutlicht. Zunächst sind die Ereignisse im Präsens gegeben, wobei hier der Konjunktiv des „lebtest" in Vers 5[37] heraussticht. Allerdings wird mit Hilfe dieses Konjunktivs eine Imagination oder Erinnerung des Ich aufgemacht, in der sich das Zusammentreffen auf dem ‚Einen Feld' abspielt.

Die eindeutige Hinwendung zur Vergangenheit vollzieht sich dann aber in dem Vers: „Gingst du voran – und hast nicht viel verloren." (V. 10). Präteritum und Perfekt deuten ein Erinnern an Früheres an, was dann auch zur allgemeinen Reflexion der drei folgenden Strophen überleitet und die Begegnung in der Gegenwart zunächst in den Hintergrund

---

[36] Im Licht wirft das Ich einen Schatten, der sich zu ihm als Doppelgänger verhält. So sind Schatten (Du) und Ich aufeinander bezogen, insbesondere wenn der Autor Goethe als in verschiedenen Altersstufen gedacht zwischengeschaltet wird.

[37] Moeller zeigt für diesen Vers noch einmal auf, dass es sich bei dem Schatten um einen Toten handeln kann: „‚Es ist als ob du lebtest [..]' [...]. Ein Toter wird über den Vergleich ‚als ob' mit neuem Leben ausgestattet: Eine Kunstfigur wird als Kunst-Schatten wieder neu erschaffen." (Moeller 1998, S. 110)

treten lässt. Der Vers „Zum Bleiben ich, zum Scheiden du erkoren" (V. 9) markiert eine Art Übergang. Im vollständigen Satzgefüge mit Vers 10 deutlich dem Blick zurück zugeordnet, kann der zitierte Vers aber zusätzlich auch im Jetzt noch Gültigkeit haben, da „erkoren", indem es sich um ein Partizip handelt, keine Zeitstufe angibt, so dass es für das Ich erneut heißen könnte, in der Welt zu bleiben und das Du gehen zu sehen.

In der fünften Strophe nimmt das Ich dann ein Lächeln von dem Du wahr (vgl. V. 39), das den letzten Bezug in der Gegenwart des Gedichtes zum Du darstellt. Inwiefern das Lächeln dem Freund wirklich entspricht ist fraglich, denn es geht in diesem Vers auch um angemessenes Verhalten: „Du lächelst, Freund, gefühlvoll, wie sich ziemt." (V. 39). Schlüssig scheint die Annahme zu sein, dass sich das Maß des Gefühlvollen nach dem Geforderten ausrichtet, zumal das Attribut „gefühlvoll" als Parenthese noch herausgehoben ist aus der Syntax. Zu Werther gehört womöglich eine gefühlvolle Art oder sie wird von ihm erwartet, da er als Romanfigur als emotionsbetonter Mensch vorgestellt wird. Sein Lächeln kann ein Zeichen von Mitgefühl, Verständnis oder sogar Überlegenheit im Sinne von gemachter Erfahrung sein, da er alles für den generellen Jüngling Geschilderte durchlebt hat und kennt, so dass ebenso sein Leben oder seine Geschichte dargestellt sein könnten im Mittelteil des Gedichtes.

Jetzt wird noch auf sein „gräßlich Scheiden" (V. 40) hingewiesen, das ihn letztlich doch abhebt, zumal er (oder der Roman über ihn, wenn die Anrede des Werther als Synekdoche für die Rede über den Text gelten soll) hierdurch „berühmt" (V. 40) und damit besonders geworden ist. Somit sind die Erfahrungen, die im Mittelteil für einen Jüngling geschildert und als allgemein gültig abstrahiert werden, nicht vollständig mit denen des Du und damit wohl Werthers deckungsgleich, denn sonst hätte ihn nicht gerade sein Scheiden, wenn auch sein gräßliches, berühmt gemacht und damit der Jünglingsgeschichte enthoben. Dadurch, dass Werther sich tatsächlich das Leben genommen hat und Scheiden mit dem Tod gleichbedeutend für ihn geworden ist, ist er doch etwas Besonderes. Indem es heißt: „Du ließest uns zu Wohl und Weh zurück" (V. 42) wird noch einmal die aktive Haltung des Du deutlich.

Dieses geht und verlässt die Sphäre, in der sich die anderen noch befinden und in der auch sie wie Werther die Wahl zwischen Wohl und Weh haben. Auf weniger dramatischer Ebene als der Vorstellung des hilflos Zurückgelassenseins kann das durch die Alliteration deutlich hervorgehobene Wohl und Weh ebenfalls einfach für die Wechselfälle des Lebens stehen, die der übrigen und dem Ich wie die Leidenschaften harren. Die vorerst einzige Form des Zusammentreffens stellt die Lektüre des Romans dar, in dessen Welt der Rezipient dem Werther quasi begegnen kann, so dass sich hier vielleicht Autor und Leserschaft zu einem Wir fügen. Als Einleitungsgedicht zunächst für die Jubiläumsausgabe des Romans verfasst, ist gleichsam nicht nur die Figur Werther angesprochen, sondern in ihr spiegelt sich metonymisch der ganze Roman und bietet den Rezipienten des Gedichtes eine Verstehens-Folie. Etwas despektierlich mutet der Satz an: „Wir feierten dein kläglich Mißgeschick" (V. 41), was in Anbetracht der Tatsache, dass es sich bei Werther um eine Romangestalt handelt, wieder zurückgenommen wird. Wieder an ein Wir angeschlossen, spricht das Ich hier von einer Feier, die ihren Anlass in Werthers Missgeschick findet. Missgeschick kann dabei einmal auf etwas hindeuten, dass nur versehentlich oder durch eine geringfügige Unachtsamkeit nicht gelungen ist. Fließt in Missgeschick aber die Vorstellung eines misslichen Geschicks oder Schicksals zusammen, erhält die Aussage den Hinweis auf die Unabwendbarkeit und Schicksalhaftigkeit des wertherischen Todes.

Instanzen II: Das Wir als Zusammenführung verschiedener Personen

Das erste Mal erscheint die Vorstellung eines Wir in der ersten Strophe: „Es ist, als ob du lebtest in der Frühe, / Wo uns der Tau auf Einem Feld erquickt" (V. 5-6). Hier scheint es sich um die einzige Stelle zu handeln, in der nur Ich und Du zu einem Wir zusammengefasst sind, das sich auf keine weiteren Personen bezieht. Beide zusammen werden in der Imagination des Ich durch den Tau erquickt. An diesem Punkt lässt die Darstellung des Ich das Du mit sich sehr nah rücken, was so im gesamten Gedicht nicht mehr vorkommt. Hier imaginiert oder erinnert das Ich gerade eine Situation zwischen Ich und Du, so dass eine Anwesenheit des Lesers nicht plausibel erscheint.

Das Wir, das sich in der zweiten Strophe etabliert und noch in den ersten Vers der dritten Strophe mit eingeht, ist anders geartet als das für die erste Strophe benannte. Für ein Wir der Allgemeinheit oder doch zunächst einer scheinbar großen Gruppe beginnt das Ich grundsätzliche Überlegungen, die es eben nicht nur für sich, sondern auch für andere für gültig hält. Ich und Du gehören in die Gruppe des Wir wie jeder andere mehr oder weniger auch, selbst wenn das Gesagte nicht letztlich vollständig auf den Einzelnen übertragbar sein wird. Doch geht es um „[d]es Menschen Leben" (V. 11), was dann letztlich zu einer noch weiteren Abstraktion führt, indem es heißt: „ – und man verkennt das Glück." (V. 20). Nicht nur für ein explizit benanntes, wenn auch nicht näher erläutertes Wir gelten die Überlegungen, sie gelten für die Allgemeinheit. Gibt es zu einem Wir theoretisch noch ein Ihr und muss erst geklärt werden, für wen das Ich die Zugehörigkeit zur Gruppe ausweist, ist mit dem „man" nun wirklich die Ganzheit der Menschen gedanklich umspannt.

Nicht zuletzt durch diesen Aspekt stellt sich die Frage nach der Bezugnahme auf den Leser des Gedichtes. Wie andere kann womöglich auch ein Leser (und heutzutage durch die zumindest prinzipielle Umkehrbarkeit der Erfahrungen des Werbens und Umworben-Werdens für Mann und Frau möglicherweise außerdem eine Leserin) sich in den Reflexionen des Ich wiederfinden und sich direkt angesprochen fühlen. Hat er (oder sie) zudem „Die Leiden des jungen Werther" gelesen, kann sich die Person zusammen mit der anderen (zeitgenössischen) Leserschaft zu einem Wir fügen, die sich „zu Wohl und Weh zurück[gelassen]" (V. 42) fühlt.

In der letzten Strophe erscheint somit eine Vorstellung eines beschränkteren Wir, denn die Dazugehörenden müssen Werther kennen, so dass sie sein Scheiden zurücklassen kann. In der Feier um „[s]ein kläglich Mißgeschick" (V. 41) sind sie vereint, selbst wenn auf sie unterschiedlich „Wohl und Weh" (V. 42) dann warten kann.

Instanzen III: Der Verweis auf ein Er in den letzten Gedichtversen

Gegen Ende des Gedichtes[38] stellt sich die Frage, wer eigentlich mit dem „Ihm" gemeint ist, für den die Gabe zu sagen erwünscht wird. Möglicherweise soll der Schatten sein Leid mitteilen und damit eine Funktion erfüllen, die etwa darin bestehen könnte, was der Herausgeber am Anfang des Wertherromans sagt: „[...] [S]chöpfe Trost aus seinem Leiden [...]"[39].

Hier wird allerdings über die angelehnte Zitation auch auf Tasso angespielt, der als Sinnbild des Dichters, aber auch als „gesteigerter Werther"[40] dastehen könnte. Mit der Vorstellung Tassos als gesteigertem Werther deutet es darauf hin, dass jemand, der wie Werther ist, durch die Möglichkeit zu sagen, seinem Schicksal entgehen könnte. Andererseits ist damit wohl auch der Dichter angesprochen – sei es ein bestimmter oder jeglicher Dichter.[41] Tasso selbst drückt in dem Drama aus, dass er mit der Gabe als Dichter bereits bedacht ist, indem er sagt: „Gab mir ein Gott zu sagen, wie ich leide." Handelt es sich mit dem „ihm" in „An Werther" also um den Dichter[42], ist die ihm eigentlich zugeschriebene Fähigkeit des Sagens nicht mehr sicher, sie muss von einem Ich, das hier beinahe verschwindet und nur noch als Wünschender zu erkennen ist, erfleht werden. Ob sie – von einem Gott – gewährt wird, bleibt am Ende dieses Gedichtes offen. Im Zusammenhang der „Trilogie" kann

---

[38] Die Bereiche, in denen „er" den Jüngling bezeichnet (V. 25-34), sollen hier von der Diskussion ausgespart bleiben, um Dopplungen zu vermeiden.

[39] HA 6, S. 7.

[40] Vgl. Goethe, Johann Wolfgang. Gespräch mit Eckermann am 3. Mai 1827. In: HA 5, S. 504.

[41] Es zeigte sich dann die prekäre Lage des Dichters, denn gerade als solchem müsste ihm die Gabe des Sagens zugesprochen sein, damit er überhaupt als Alternative zum angesichts des Leids verstummenden Menschen ausgemacht werden kann. Der nicht stets zum Sagen befähigte Dichter, der hier angedeutet ist, grenzt an die Problematik des Künstlers ohne Werk, wie sie schon für Werther zutrifft.

[42] Moeller geht etwa ohne weitere Diskussion davon aus, „daß hier über einen Dichter gesprochen wird, der nicht mit dem lyrischen Subjekt gleichzusetzen ist" (Moeller 1998, S. 123), wobei der Unterscheidung zwischen Ich und Dichter zuzustimmen ist, da der Imperativ von einer Person, dem Ich, ausgesprochen werden muss, die nicht dem Dichter entspricht. Allerdings ist die direkte, undifferenzierte Verbindung von „ihm" und Dichter fragwürdig.

dann vielleicht die „Elegie" Antworten geben, doch ist hier die Rettung ungewiss.[43] „An Werther" endet allerdings mit der Bitte um die Gabe, das Dulden zu verbalisieren, und da auch das Ich nicht mehr explizit anwesend ist, lässt es den Ausgang in der Schwebe.

Bezüge I: *Die Leiden des jungen Werther*

Goethe provoziert schon durch die vielen intertextuellen Verweise in „An Werther" ein Hinausblicken des Rezipienten über den Rahmen des Einzelgedichtes und auch den der „Trilogie" hinaus. Diese Anlage muss als Veranlassung verstanden werden, die angedeuteten Bezüge auf Teile des goetheschen Werkes bei der Interpretation ebenfalls zu berücksichtigen. Insgesamt lässt sich für alle Bezugstexte sowie für den Ausgangstext „An Werther" konstatieren, dass in ihnen das Dichten oder der Prozess des Dichtens thematisiert wird. Wilkinson bezeichnet in diesem Zusammenhang die Trilogie als einen „Gedichtzyklus", dessen Gehalt aus der Synthese der drei ursprünglich selbstständigen Einzelgedichte etwas qualitativ Neues ergäbe und besonders für das Gedicht „An Werther" Kenntnisse von Goethes Werk voraussetze.[44] Durch Anlass und Titel wird der Bezug zur Hauptfigur des Wertherromans umgehend deutlich. So ist es durchaus legitim die primäre Gedichtebene zu verlassen und Charakterisierungen, die für den Roman-Werther gelten, auch hierher zu übertragen, zumal Goethe selbst in dem eigenständigen Bereich der Trilogie durch den Titel „An Werther" den Bezugsrahmen kenntlich macht bzw. hält. So ist in dem als Werther zu identifizierenden Du des Gedichts einmal die Figur Werther als beinahe reales Gegenüber intendiert, darüber hinaus vermag die Anrede aber auch wie erwähnt metonymisch den Roman „Die Leiden des jungen Werther" aufzurufen.

„An Werther" beginnt mit der Anrede an die fiktionale Romanfigur des Werther, der sich als „vielbeweinter Schatten" (V. 1) noch einmal hervorwagt und dem lyrischen Ich auf „neu beblümten Matten" (V. 3) ohne Scheu begegnet. Die Lebenssituation des Ich hat sich gewandelt, es ist Zeit vergangen nach dem letzten Beisammensein zwischen Ich und

---

[43] Vgl. dazu Moeller 1998, S. 124.
[44] Vgl. Wilkinson 1957, S. 12.

angesprochenem „Du"; die „Matten", die von Blumen erblühen, verweisen auf die äußere, zeitliche Gegebenheit und Begrenzung der neuerlichen Begegnung. Die Anrede Werthers durch das lyrische Ich legte unter anderem die Annahme nahe, das Ich mit dem Autor des Wertherromans in Verbindung zu bringen. Es handelt sich bei dem Gedicht „An Werther" um eine spezielle Form des Widmungsgedichts, wenn der - mit dem lyrischen Ich gleichgesetzte - Dichter sich hier nicht an den Leser wendet, dem dieses Gedicht zugeeignet ist, sondern an die Gestalt seiner eigenen literarischen Schöpfung von einst.[45]

Zudem erinnert das oben erwähnte Modell des Jünglings an den Romanhelden; es enthält strukturelle Züge des Wertherromans, etwa den Hinweis auf die Warnung, den Wechsel zwischen Wiedersehen und Scheiden sowie deutliche Bezüge zu Goethes biographischer Situation von 1823.[46]

Zunächst zum Moment der Warnung: „Doch erst zu früh und dann zu spät gewarnt" (V. 33) fühlt der Jüngling seinen bis dahin freien „Flug" (V. 34) befangen. Diese Anspielung des Gedichtes korrespondiert mit vergleichbaren Begebenheiten im Wertherroman. Auch dort gibt es Warnungen, so mahnen seine Tänzerin und ihre Base Werther in der Kutsche bezüglich Lottes: „Sie werden ein schönes Frauenzimmer kennenlernen. [...] Nehmen Sie sich in acht, [...] daß Sie sich nicht verlieben! [...] Sie ist schon vergeben".[47] Doch dies vermag Werthers Gefühle Lotte gegenüber nicht zu bändigen, als er sie denn kennen lernt.

Der Wechsel zwischen Wiedersehen und Abschied analog zu den Darstellungen der Jünglingsgeschichte im Gedicht „An Werther" gestaltet sich im Roman wie folgt: Werther entschließt sich im Verlauf der Ereignisse verzweifelt über die Ausweglosigkeit seiner Liebe zu Lotte zur Abreise. Es zieht ihn später zu ihr zurück, doch eine neuerliche kurze Trennung folgt. Trotz ausdrücklicher Bitten Lottes besucht

---

[45] „Werther ist eine literarische Figur, die aber hier so dargestellt wird, als wäre sie eine reale Größe. Damit wird von vornherein das Problem der Relation von Literatur und Realität aufgeworfen." (Wünsch 1991, S. 180). Vgl. auch Hinck 1998, S. 240. Dies gilt umso mehr, als Werther gleichzeitig für den Roman selbst steht und somit auf der Gedichtebene eine literarische Fiktion implementiert wird.

[46] Diese sollen aber nur am Rande und hier als potentieller Beleg der These, dass die Jünglingsgeschichte die des Werther ist, für die Interpretation von Interesse sein.

[47] HA 6, S. 20

Werther sie erneut. Nach einem Eklat reißt sich Lotte von ihm los und es kommt zur letztendlichen Trennung, Werther beendet seinen Abschiedsbrief an Lotte und sein Leben.

Der dritte Aspekt – der biografische Bezug zu Goethe – lässt sich einleiten dadurch, dass Goethe aufgrund des Motivs des Wiedersehens und Scheidens in Werther gespiegelt erscheint. Goethes Erleben von 1772 lässt zumindest auf dieser Ebene Parallelisierungen (keine Gleichsetzungen) zu. Am 9. Juni 1772 lernt Goethe auf einem Ball in der Nähe von Wetzlar Charlotte Buff kennen, die Verlobte des Gesandtschaftssekretärs Kestner, und verliebt sich in sie. Am 11. November verlässt Goethe wegen zunehmender Spannungen Wetzlar in Richtung Frankfurt. Es folgt die Wiederkehr Goethes in selbige Situation, aber zu einer anderen Frau: Denn auf der Rückfahrt besucht Goethe Sophie von La Roche und ist nun deren Tochter Maximiliane liebevoll zugetan, die 1774 aber einen Frankfurter Kaufmann heiratet und diesem bereits zu dem Zeitpunkt versprochen ist. Zwischen ihm und Goethe kommt es später zu Auseinandersetzungen, und Goethe nimmt endgültig Abschied.

Wie schon für das Gedicht gezeigt spielen auch in der biographischen Situation von 1823 Wiedersehen und Scheiden eine enorme Rolle. Am 11. Juli 1823 findet zwischen Goethe und Ulrike von Levetzow, die sich schon bei vorherigen Kuraufenthalten in Marienbad kennen lernten, ein freudiges Wiedersehen statt. Beide verleben einen angenehmen Sommer. Der Heiratsantrag Goethes an Ulrike führt dann allerdings zur Abreise der Levetzows gen Karlsbad. Nach dem schweren Abschied kommt es ebendort am 25. August zu einem erneuten „Wieder-Wiedersehen", dem am 5. September das endgültige Scheiden folgt.[48]

Wenn dementsprechend also in der Konstruktion zwischen dem Jünglingsmodell im Gedicht „An Werther" und der Abfolge von Trennungen und Wiedersehen in den „Leiden des jungen Werther", sowie in Goethes biografischer Situation Analogien bestehen, und das Gedicht darüber hinaus Werther gewidmet ist, dann ist zu vermuten, das Jünglingsmodell sei zumindest z. T. die geraffte Darstellung der eineinhalb Jahre

---

[48] Vgl. Müller 1978, S. 150; vgl. in Ansätzen auch Goethe-Handbuch Bd. 1 1996, S. 487ff.

dauernden und mit Freitod endenden Liebesleidenschaft des Roman-Werther. Werthers singuläre Lebenskatastrophe des unbedingten Scheiterns seiner Liebe zu Lotte wird zum immer wiederkehrenden, allgemeinen Verhängnis, dem nur das künstlerische Schaffen tröstend entgegenwirken kann.[49] Das Scheitern ist für Werther aber gerade deshalb unbedingt und am Ende tödlich, weil es ihm nicht gelingt dieses – in welcher Form auch immer – zu verarbeiten.

So scheint es möglich, das lyrische Ich zugleich als Repräsentant des Dichters des Romans und des Gedichtes, also Goethe selbst, zu fassen, welcher dann zum Überleben durch das Dichten befähigt (vielleicht auch verurteilt) ist. Der fiktive Tote Werther begegnet dem lyrischen Ich von 1823 als Metafiktion, als Werthers *Schatten*, indem die Romanfigur schon eine Fiktion des noch jungen Goethe war.

Aus den obigen Verbindungslinien ist hingegen nicht zu folgern, dass auch der junge Goethe als Dichter der „Leiden des jungen Werther" mit Werther zusammenfallen würde, denn es hat ja durch Goethes kreativen Prozess schon eine künstlerische Ver- bzw. Bearbeitung und damit Transformation in eine andere, weniger bedrohliche Ebene stattgefunden.[50]

Den Unterschied vom jungen Goethe und Werther bringt Ilse Graham auf die einfache Formel: „Goethe tut, wo Werther träumt."[51] Es scheint eine triviale Erkenntnis zu sein, dass Goethe mit Werther nicht gleichzusetzen ist, schließlich erschoss sich Werther, indessen Goethe weitergelebt hat. Und doch ist dieser Aspekt einer kurzen Betrachtung wert. Allzu viele Interpreten beschränken sich auf eine – in dem hier zugrunde liegenden Verständnis – zu eng gefasste, schlicht autobiografische Auslegung der „Trilogie".[52] Spätere Äußerungen von Goethe

---

[49] Vgl. Wünsch 1991, S. 181f.
[50] Vgl. Stelzig 1991, S. 533; Müller merkt dazu treffend an: „So sehr das Ich dieses Werthergedichts in Werthers Leiden eigenes Leiden dokumentiert sieht und sich als Leidender dem Leidenden nahefühlt und so sehr der Dichter mit seinem Geschöpf explizit sympathisiert, so wenig ist Goethe mit Werther identisch [...]." Müller 1978, S. 148
[51] Graham, Ilse: Goethes eigener Werther. Eines Künstlers Wahrheit über seine Dichtung. In: Jahrburch der Deutschen Schiller-Gesellschaft. 18 (1974), S. 268-303. Hier S. 275. [künftig zitiert: Graham 1974]
[52] Dabei lassen sich u.a. von Graevenitz, von Loeper, Heller oder Stelzig nennen (vgl.

(wie z. B. in „Dichtung und Wahrheit") haben wohl manchen dazu verleitet.[53] Natürlich bleibt es weiterhin unumstritten, dass Biografisches in Goethes Kreation eingegangen ist und dass er in ähnliche Umstände wie sein Werther verstrickt war, doch trotz der Parallele zwischen dem jungen Goethe und seiner Figur bestehen erhebliche Unterschiede: Das „Du" war zum „Scheiden" erkoren, das ich zum „Bleiben", dem Ich gelingt (auch mit dem Gedicht) eine künstlerische Verarbeitung der sengenden, „leidenschaftliche[n] Bewegung", wobei Werther diese Möglichkeit anscheinend nicht hat.

> Ich bin so glücklich, mein Bester, so ganz in dem Gefühle von ruhigem Dasein versunken, daß meine Kunst darunter leidet. Ich könnte jetzt nicht zeichnen, nicht einen Strich, und bin nie ein größerer Maler gewesen als in diesen Augenblicken. [...] wenn's dann um meine Augen dämmert, und die Welt um mich her und der Himmel ganz in meiner Seele ruhn wie die Gestalt einer Geliebten - dann sehne ich mich oft und denke: Ach könntest du das wieder ausdrücken, könntest du dem Papiere das einhauchen, was so voll, so warm in dir lebt, daß es würde der Spiegel deiner Seele, wie deine Seele ist der Spiegel des unendlichen Gottes! - Mein Freund - Aber ich gehe darüber zugrunde, ich erliege unter der Gewalt der Herrlichkeit dieser Erscheinungen.[54]

Werther sagt von sich, er sei im Gefühle „von ruhigem Dasein" versunken, aber so ganz scheint dies nicht zu stimmen. Er denkt zumindest noch daran, „jetzt" zu zeichnen, d.h., er reflektiert seine momentane Existenz und hat bereits ein Streben nach künstlerischer Umsetzung als latenten Wunsch in sich. Werther kann dabei weder dem Streben Einhalt gebieten und damit die Eindrücke nicht vollends genießen, noch ist es ihm möglich, durch einen schöpferischen Akt dieses zu stillen.

Werther gelingt es nicht, die so tief empfundene „Herrlichkeit" der Welt durch künstlerische (Wort- oder Bild-) Gestaltung auszudrücken. Stattdessen erliegt er ihrer „Gewalt". In den Briefen an seinen Freund vermag Werther zunächst vielleicht sein Leiden mitzuteilen, doch muss er wiederholt erkennen, dass er den wahrhaftesten Ausdruck nicht

---

von Graevenitz 1908, von Loeper 1887, Heller 1976, Stelzig 1991).
[53] Vgl. etwa Goethe, Johann Wolfgang: Aus meinem Leben. Dichtung und Wahrheit. Buch 13. In: Johann Wolfgang von Goethe. Werke. Hamburger Ausgabe in 14 Bänden. Band 9, Autobiographische Schriften I. München 1998, S. 556-598. Hier: S. 557. [künftig zitiert: HA 9]
[54] HA 6, S. 9.

erreicht. Zudem kann wohl das kommentierende und erläuternde Eingreifen des fiktiven Herausgebers als das Misslingen von Werthers Versuch angesehen werden, die Leidenschaften auf diesem Wege zu bändigen und verweist damit wieder auf die Unzulänglichkeit seiner (schriftlich-therapeutischen) Verarbeitung: Bis zu einem gewissen Punkt ist Werther in der Lage, seine Gefühle irgendwie zu Papier zu bringen, doch das Übermaß seines Leidens gestattet am Ende des Romans die Darstellung seines inneren Befindens wohl nicht mehr. Goethe lässt Werther auch in dieser Hinsicht also als Gescheiterten handeln.[55] Dieser Ausdruck muss Werther aber auch deshalb misslingen, weil er sich dermaßen, aber immer noch nicht völlig in der Fülle der Welt verliert und dadurch unfähig wird, etwas zu schaffen.[56]

Der Roman-Werther stirbt letztlich nicht an seiner enttäuschten Liebe, sondern an dem Unvermögen damit umzugehen, an der Unzulänglichkeit seiner künstlerischen Verarbeitung und an seinem krankhaften Rückzug in seine Subjektivität[57]: „Ich leide viel, denn ich hab verloren, was meines Lebens einzige Wonne war, die heilige, belebende Kraft, mit der ich Welten um mich schuf; sie ist dahin!"[58] Bei dieser besonderen Kraft handelt es sich vermutlich nicht um die Liebe, sondern um die Welten erschaffende Phantasie. So leidet Werther eher an dem Verlust der Kreativität und damit wohl des literarischen oder künstlerischen Ausdrucksvermögens. Indem er aber zuvor Welten um sich erstehen lassen konnte, könnte damit angedeutet sein, dass Werther die Tendenz hatte, die reale Welt durch Phantasiewelten zu ersetzen, in denen er sich

---

[55] Im Gegensatz zu dem Jüngling, der in der Gegenwart der Geliebten an-sich ist, scheint sich Werther hier laut seiner Aussage in einem Zustand zwischen An-Sich und Für-Sich zu befinden. Er spürt die Fülle des Daseins in sich ruhen, nähert sich der Identität mit sich selbst und mit der Welt und doch wird der drängende Wunsch in ihm laut, dieser Fülle einen künstlerischen Ausdruck zu verleihen, also Bewusstsein von sich in der Seinsweise des An-sich zu erlangen. Doch dieses Streben nach einem solchen Zustand des An-sich-für-sich kann (nach Sartre) gar nicht erfüllt werden, da dieser für den Menschen nicht erreichbar ist.

[56] „Tätige Auseinandersetzung mit der Welt [...] setzt eine gewisse Distanz zur Welt voraus." (zitiert und vgl. Günther, Vincent J.: Johann Wolfgang von Goethe. In: Deutsche Dichter des 18. Jahrhunderts. Ihr Leben und Werk. Hrsg. von Bernd von Wiese. Berlin 1977, S. 658-725. Hier: S. 686. [künftig zitiert: Günther 1977]).

[57] Vgl. Günther 1977, S. 687.

[58] HA 6, S. 84-85.

bewegte. Diese Kraft ist nun verloren, doch findet Werther immer noch nicht zur (sozialen) Welt und verliert sich in den Stimmungen seines Ichs.

Es zeigt sich bei Werther eine paradoxale Grundstruktur, indem er zwei sich eigentlich ausschließende Dinge gleichzeitig anstrebt, künstlerische Verarbeitung und damit reflexives Bewusstsein und zugleich Aufgehen und Einswerden in der totalen Fülle des Seins, was sich auch die Zeitlichkeit betreffend zeigt:

> [I]ch will mich bessern, will nicht mehr ein bißchen Übel, das uns das Schicksal vorlegt, wiederkäuen, wie ich's immer getan habe; ich will das Gegenwärtige genießen, und das Vergangene soll mir vergangen sein.[59]

Dem Jüngling sind Jahre „im Augenblick ersetzt" (V. 37), für ihn gibt es kein Bewusstsein von Zeitlichkeit, er lebt im höchsten Liebesaugenblick das, was Werther bloß als anzustrebende Vorgabe an sich selbst formuliert, wohl ahnend, dass gerade der Augenblicksgenuss eine Reflexion über ihn ausschließt. Dieser kann nur unbewusst geschehen und nicht *gewollt* werden. Für den so nach innen gekehrten, reflektierenden Werther kann es diesen höchsten Augenblick nicht geben. Obwohl sein Intellekt und eine gewisse Selbstironie es ihm erlauben, zuweilen eine treffende Bestimmung seiner Lage vorzunehmen, findet Werther letztlich keinen Ausweg aus der Krise. Goethe artikuliert die „Herrlichkeit" dessen, was er sieht und verleiht ihr künstlerische Gestalt. Werthers Empfindungen aber, in die er sich zusehends hineinsteigert, bleiben für ihn unausdrückbar, bis es um seine Augen „dämmert" und das Ausbleiben einer Verarbeitung ihn durch die „Gewalt der Herrlichkeit dieser Erscheinungen" zugrunde richtet.

Als Indikator für Werthers Charakterentwicklung, die übertriebene Subjektivität und seine zunehmende Abkapselung steht der Wechsel von seiner Homer- zur Ossianlektüre. Im zweiten Teil des Romans sind es vorwiegend die düsteren Gesänge Ossians, denen sich Werther aus inneren Gründen zuwendet und die den ‚heiteren' Homer dann gänzlich verdrängen, wobei diese Entwicklung beim jungen Goethe genau umgekehrt verlief.[60]

---

[59] HA 6, S. 7.
[60] Vgl. HA 6, S. 82 und 567.

Da das „Du" der ersten Strophe in „An Werther" wiederum an Homer gemahnt, indem es als „Schatten" auftritt, könnte es sich einmal um die Wiederkehr des jungen Werther am Beginn des Gedichts handeln. Dieses „Du" durchläuft mit dem „wir" – repräsentativ für alle Jünglinge – die Folge von Wiedersehen- und Abschiedsszenen, an deren Ende die einzige Konstante, das letzte „Lebewohl" harrt. Es stellt sich aber die Frage, ob es sich bei der Rückkehr zu Homer um eine Wiederherstellung des alten Zustandes handelt und Werther damit nichts gelernt hat, oder ob hier der heitere Homer gerade neue Hoffnung verheißt, also eine Weiterentwicklung zum Schatten-Werther darstellt.

Was Goethe in der Verarbeitung des scheinbar immer harrenden Scheidens gelingt, blieb Werther versagt. Werther ist kein Künstler, der durch sein kreatives Schaffen eigenes Leiden lindern kann, er ist allenfalls auf dem Wege dahin.

Bezüge II: Torquato Tasso

Der Bezug zu Goethes Drama „Torquato Tasso" stellt sich nun nicht allein durch das abgewandelte Tasso-Zitat in den letzten beiden Versen von „An Werther" her, in dem abermals künstlerisches Schaffen thematisiert ist, welches am Ende des Dramas von Tasso selbst als Linderungsmoment oder Verarbeitungsprozess des Leidens aufgerufen wird. Es bestehen auch einige Parallelen zwischen Tasso, Werther und Schatten-Werther. Eine Analogie von Tasso und Werther hat deren Schöpfer selbst konstatiert. So bezieht sich Goethe auf eine Beurteilung von Jean Jacques Ampère, der Tasso und Werther vergleicht, und äußert diesbezüglich gegenüber Eckermann:

> Wie richtig hat er [Ampère; Anm. d. Verf.] bemerkt, dass ich [...] dort [in Italien; Anm. d. Verf.] mit neuer Lust zum Schaffen die Geschichte des Tasso ergriffen, um mich in Behandlung dieses angemessenen Stoffes von demjenigen frei zu machen, was mir noch aus meinen weimarischen Eindrücken und Erinnerungen Schmerzliches und Lästiges anklebte. Sehr treffend nennt er daher auch den Tasso einen gesteigerten Werther.[61]

Die Idee, Tasso als „einen gesteigerten Werther" aufzufassen, ist hier in

---

[61] Goethe, Johann Wolfgang. Gespräch mit Eckermann am 3. Mai 1827. In: HA 5, S. 504. Bei Ampère kommt der Satz über Tasso als gesteigerten Werther so nicht vor, der Begriff ist demnach von Goethe selbst geprägt worden. Vgl. HA 6, S. 541.

mehrfacher Hinsicht bedeutsam, wenn man die Steigerung nicht nur als Radikalisierung begreift. Sie vermag über die Parallelisierung der Figuren hinaus, die positive wie negative Weiterentwicklung des Tasso aufzuzeigen, die insbesondere hinsichtlich einer möglichen Rettung vor dem wertherischen, d. h. tödlichen Scheiden im Gedicht interessant erscheint.

Tasso ist im Gegensatz zu Werther bereits ein geachteter Künstler und ist damit im Positiven gesteigert gegenüber Werther, denn er ist im von Werther nur angestrebten künstlerischen Bereich erfolgreich. Tasso überreicht seinem Gönner, dem Herzog Alfons sein Epos „Gerusalemme liberata" als Manuskript und wird dafür mit dem Lorbeer bekränzt.[62]

Die Figur Tasso ist aber gleichfalls ähnlich defizitär angelegt wie Werther, wenn auch z. T. aus diametral entgegengesetzten Gründen. Es ist in Tassos Fall gerade die Kunst, die seiner Fähigkeit zum sozialen Handeln im Wege steht; Werther hätte durch diese Möglichkeit des Ausdrucks eventuell zur Gesellschaft zurückfinden, zumindest aber seinen Tod umgehen können. Tassos „leidenschaftliche Subjektivität" nährt seine Dichtkunst, schließt ihn aber von seinen Mitmenschen aus.[63] Im Drama sagt Alfons: „Es ist ein alter Fehler, daß er [Tasso, Anm. d. Verf.] mehr / Die Einsamkeit als die Gesellschaft sucht. [...]"[64] Tasso fühlt selbst, dass er seine Liebe zur Prinzessin anders als bis dahin zeigen muss, denn „nicht mit Worten, mit der Tat"[65] wünscht sich Tasso dies zu erreichen. Nur ist seine Position als Hofdichter schon gar nicht dazu geeignet, derart ‚tätig' zu werden. Werther wird hingegen nicht durch seine Stellung in der Gesellschaft gehindert, sondern durch Lottes Status als Alberts Verlobte.

Derart sind sowohl Tasso als auch Werther dem höchsten Liebesaugenblick fern.

Tassos Introvertiertheit ist noch gesteigerter als dies bei Werther der Fall

---

[62] Vgl. Goethe, Johann Wolfgang: Torquato Tasso. Ein Schauspiel. In: Johann Wolfgang von Goethe. Werke. Hamburger Ausgabe in 14 Bänden. Band 5, Dramatische Dichtungen III. München 1998, S. 73-167. Hier: S. 83ff. (künftig zitiert: HA 5)
[63] Vgl. und zitiert: HA 5, S. 509.
[64] HA 5, S. 80.
[65] HA 5, S. 98.

ist. Sie gipfelt im Drama in einer Art Verfolgungswahn, aus dem Tasso Verschwörungstheorien spinnt, an deren Spitze er Antonio sieht.[66] Im letzten Auftritt klagt Tasso Antonio an:

> So hat man mich bekränzt, um mich geschmückt
> Als Opfertier vor den Altar zu führen! [...]
> Es ist Verschwörung, und du bist das Haupt.
> Damit mein Lied nur nicht vollkommner werde, [...]
> Drum soll ich mich zum Müßiggang gewöhnen,
> Drum soll ich mich und meine Sinne schonen.[67]

Tassos introvertiert-passive Lebenshaltung gerät in Kontrast zum Pragmatiker Antonio. Aus Lebensferne und Mangel an Selbsterkenntnis hält er selbst gutgemeinte Ratschläge für böswillige Angriffe auf sein Werk.

Und Tasso ist dahingehend ein positiv-‚gesteigerter Werther', weil es ihm trotz allem gelingt, das auszudrücken, woran er leidet. Tasso repräsentiert den Typus des Künstlers, der sich der Gesellschaft entziehen muss, um zu dichten, der aber gleichzeitig sein Künstlertum als Kompensation dieses psychisch-sozialen Mangels betreibt, der wiederum Voraussetzung für sein Dichten ist.[68] Dies ist die – für die hiesige Untersuchung – entscheidende ‚Steigerung' Tassos, die ihn vor dem wertherischen Tode bewahrt:

> Die Träne hat uns die Natur verliehen,
> Den Schrei des Schmerzens, wenn der Mann zuletzt
> Es nicht mehr trägt – Und mir noch über alles –
> Sie ließ im Schmerz mir Melodie und Rede,
> Die tiefste Fülle meiner Not zu klagen:
> Und wenn der Mensch in seiner Qual verstummt,
> Gab mir ein Gott, zu sagen, wie ich leide.[69]

In den letzten beiden Versen des obigen Zitats wird der Künstler geradezu in Opposition zum Menschen (= Nicht-Künstler) gesetzt, dem Scheitern des Menschen ist die poetische Rede als Verarbeitungs- und Linderungsmöglichkeit konfrontiert.

Dass Tassos Schaffensprozess allerdings nicht unproblematisch ist, zeigt Alfons Kritik an ihm: „Er kann nicht enden, kann nicht fertig werden, /

---

[66] Vgl. HA 5, S. 510.
[67] HA 5, S. 163.
[68] Vgl. HA 5, S. 509ff.
[69] HA 5, S. 166.

Er ändert stets, ruckt langsam weiter vor, / Steht wieder still [...]".[70] Der Dichter selbst hält seine eigene Produktion für vorläufig und noch unzureichend (, nähert sich so wieder Werther an), doch ist Tassos Werk Wirklichkeit und bleibt nicht nur Idee oder unerfüllter Traum wie bei Werther.[71] Die dichterische Gestaltung, das Aussprechen des eigenen Leids grenzt Tasso wesentlich vom Menschen Werther ab. Mit einer Variation des vorgenannten Tasso Zitats, die die Problematisierung des Schaffensprozesses noch einmal verdeutlicht, endet „An Werther":

> Verstrickt in solche Qualen halbverschuldet
> Geb` ihm ein Gott, zu sagen, was er duldet. (V. 49-50)

Diese beiden Verse sind in der Folge des Gedichts in ihrer Wichtigkeit dadurch noch einmal ausdrücklich hervorgehoben, indem mit Ausnahme der ersten beiden Strophen, in denen männliche und weibliche Versausgänge wechseln, in den letzten drei Strophen ausschließlich männliche Versendungen zu finden waren, womit an dieser Stelle gebrochen wird und das Gedicht mit weiblichen Ausgängen abschließt. Aus dem „wie ich leide" des letzten Auftritts des Dramas wird im Gedicht das „was er duldet". Ersteres sagt Tasso selbst, indem er seine in ihm weilende Möglichkeit des leidheilenden Dichtens reflektiert, das ihm von einem Gott gegeben wurde. Im Gedicht ist es nicht Werther oder Werthers Schatten der spricht, sondern das implizite lyrische Ich, vielleicht sogar eine übergeordnete Instanz, die eine sehr umfassende, fast abstrakte Perspektive einzunehmen vermag. Die übergeordnete Instanz, die das implizite lyrische Ich vielleicht noch mit beinhaltet, formuliert das anzustrebende Ziel in der Wunschform „Geb` ihm", welches Tasso bereits erreicht hat. Die Wunschform offenbart, dass der generell angesprochene Nicht-mehr-, Noch-nicht- oder Nicht-Dichter (und damit auch z. T. Werther) im letzten Vers des Gedichts eher passiv abwartend oder überwältigt das Ziel (noch) nicht erlangt hat, während Tasso aktiv gestaltet.

Die Verschiedenheit der Begriffe *leiden* und *dulden* unterstreicht dies nochmals: *Leiden* steht im Gegensatz zum Handeln und bedeutet etwas über sich geschehen lassen müssen, ohne das der Leidende die Quelle

---
[70] HA 5, S. 80.
[71] Vgl. Günther 1977, S. 689.

seines Leidens erreichen kann.[72] Der Leidende ist seinem Leid hingegeben und von ihm erfüllt. *Dulden* hingegen impliziert eine Reflexion über das, was der Duldende duldet. Der Duldende kann Kenntnis von dem zu Duldenden erlangen und es gibt für ihn vermeintliche Handlungsmöglichkeiten, die eine Lösung herbeiführen könnten. In dem Sinne ist der Duldende zwar aktiv in seiner Entscheidung, das Leid zu dulden. Dies gilt für den kurzen Moment der Wahl, der aber immer wieder heraufbeschworen werden könnte. Ansonsten aber ist er wohl der Passivere, der sein Leid hinnimmt, obwohl es – anders als beim Leidenden – eine Wahl gegeben hätte. Leiden ist absoluter als Dulden.

Derjenige, der leidet, dem aber auch die Gabe der Dichtung zuteil geworden ist, kann das Leid durch kreative Verarbeitung produktiv nutzen, indem er dichtet wie etwa Tasso. Für das Er im Gedicht wird die Möglichkeit der Verarbeitung erst gewünscht, noch duldet er, ohne aber die ihm bekannte Quelle des Schmerzes aktiv anzugehen.

„An Werther" mündet in den Versen der abschließenden Wunschform, die dann der „Elegie" als Motto oder Vorausdeutung unmittelbar vorangestellt sind. Statt des *Wie* im „Tasso" hat Goethe beide Male das *Was* des Leidens bzw. Duldens gesetzt, wobei das *Wie* eine Bestimmtheit des Leidens voraussetzt, die dann auch durch Tasso erkannt und verbalisiert werden kann, das *Was* in der „Trilogie" dagegen eher unbestimmt, ungerichtet erscheint. Bezogen auf das oben dargestellte Verständnis des Duldens ist hier eine Verschärfung in der Hinsicht festzustellen, dass durch die Unbestimmtheit des *Was* dem Er das Erreichen der Reflexionsstufe über den Ursprung seines Schmerzes gerade nicht möglich scheint. Der Mensch am Ende von „An Werther", der noch nicht zu sagen begabt ist, verfügt wohl kaum über die Kenntnis seiner Leidensqualität, d. h dass ihm anscheinend nicht einmal das Wissen um die grundlegende Form oder Art des Leides ansteht, um so schwerer dürfte ihm eine Verarbeitung im Sinne Tassos gelingen.

Das Konzept des kreativen, dichterischen ‚Sagens' ist – ausgehend vom Drama – aber in allen drei Fällen als ein Leiden linderndes bzw. therapeutisches angelegt, nur ist dies von unterschiedlichem Erfolg

---
[72] Vgl. Grimm, S. 660.

gekrönt: Der generalisierte und für jeden Noch-nicht-Begabten geltende – unerfüllte – Wunsch in „An Werther" wird als bereits realisierter der *Elegie* vorausdeutend vorangestellt[73] und tritt auch als solcher im zeitlich früheren Drama auf. Für Tasso ist das Dichten Rettung durch sich selbst, durch sein Nicht-Verstummen, so dass am Ende des Dramas Tassos Katastrophe zwar noch nicht ganz aufgehoben, aber doch wesentlich gemildert wirkt, und Tasso als Dichter den Felsen erfasst, „an dem er scheitern sollte."[74]

Goethe verarbeitet im „Torquato Tasso" wie im Wertherroman seine eigenen Erfahrungen.[75] In dieser teilweisen Übertragung der realen Weimarer Verhältnisse auf den Hof in Belriguardo reflektiert Goethe in der Fiktion das Verhältnis von Dichtung und erlebter Realität. Goethe dient der „Tasso" auch dazu, sich freizumachen von dem, was ihm aus „Weimarischen Eindrücken und Erinnerungen Schmerzliches und Lästiges anklebte."[76] Der vorhandene Bezug zur Biografie Goethes stellt so das Drama in eine Linie mit dem Gedicht und dem Roman.[77]

Bezüge III: Zueignung aus *Faust*

In einem Prozess zunehmender Verschlüsselung der intertextuellen Verweise in „An Werther" ist die Betrachtung der Werkbezüge nun mit dem Augenmerk auf Goethes „Zueignung" des Faust-Dramas an einem neuen Punkte angelangt. Der Verweis des Gedichtes auf den Roman

---

[73] Vgl. Wünsch 1991, S. 181.
[74] HA 5, S. 167.
[75] So sagt Goethe zu Eckermann: „Die weiteren Hof-, Lebens- und Liebesverhältnisse waren übrigens in Weimar wie in Ferrara [...]" Goethe. Gespräch mit Eckermann am 6. Mai 1827. HA 5, S. 504.
[76] HA 5, S. 504.
[77] Diesen Aspekt betont der Text von Bernd Leistner sehr stark, der sich zwar die Diskussion des Gedichtes „An Werther" zentral vorgenommen hat, doch diesem nur knapp zwei Seiten widmet und hingegen mehr über Werther, vor allem aber Tasso spricht. Leistner liegt in seinen durch die Kürze bedingt essayistischen Formulierungen zwar durchaus auf der Linie der Argumentation dieses Aufsatzes, indem er die leidheilende Dimension des Dichtens herausstreicht und in ähnlich vermittelter Form biografische Bezüge aufmacht, doch hätte „An Werther" innerhalb dieses kurzen Aufsatzes durchaus mehr Betrachtungsraum verdient (vgl. dazu: Leistner, Bernd: „Doch tückisch harrt das Lebewohl zuletzt". In: neue deutsche literatur. 47 (1999), S. 11-18).

„Die Leiden des jungen Werther" ist unmittelbar ersichtlich, auch lässt sich die Relation zum Tasso direkt durch die letzten beiden Verse von „An Werther" herstellen, hingegen deutet das Gedicht die Ähnlichkeiten zur „Zueignung" aber nur mittelbar an. Das Neuartige ergibt sich daraus, dass es sich bei der „Zueignung" bereits um eine Reflexion über ein Werk bzw. über den dichterischen Prozess selbst handelt. Damit steht die „Zueignung" – entgegen der beiden anderen Werke Goethes, auf die das Eingangsgedicht der „Trilogie" verweist – auf einer ähnlichen Reflexionsstufe wie „An Werther". Als Goethe die „Zueignung" wohl 1797 verfasst, liegen die Anfänge des „Faust" schon über zwei Jahrzehnte zurück. Das Gedicht expliziert aber weder den Zustand des Werkbeginns noch den der Vollendung.[78]

Motivisch sind die beiden Gedichte durch den Schatten verbunden: In der „Zueignung" tauchen „Liebe Schatten" auf, mit denen „erste Lieb` und Freundschaft"[79] ins Bewusstsein des Ich zurückkommen. Sie bringen aber auch den alten Schmerz und die Klage mit sich, „[d]es Lebens labyrinthisch irren Lauf", der im ‚labyrinthischen' Angezogensein von der „ungewissen Bahn der Leidenschaften" seine Entsprechung in „An Werther" findet.

Die „schwankende[n] Gestalten"[80], die nach langer Zeit wieder vor dem Auge des lyrischen Ichs erscheinen, vermitteln durch ihren „Zauberhauch"[81] jugendliche Erschütterung. Mit diesen Geschöpfen könnten die dichterischen Visionen des Ich gemeint sein, die sich in der Vergangenheit bereits gezeigt haben und die sich hier dem Ich ‚zudrängen'. Da dieses Zudrängen – eine fast gewaltsame Art der Wiederkehr – ein körperliches Schwanken im Sinne eines Zögerns oder ein räumliches Schwanken der Bewegung kaum zulässt, liegt das Unstete wohl in ihrer Form begründet. Die dichterischen Gestalten haben noch keine feste Form gefunden, aus „Dunst und Nebel" steigen sie jetzt auf und wirken dabei greifbarer als in der vergangenen Vision. Durch dieses Aufdrängen erscheint das Dichten hier als etwas eher Passives, das dem

---

[78] Vgl. HA 3, S. 505.
[79] HA 3, S. 9, V. 12.
[80] HA 3, S. 9, V. 1.
[81] HA 3, S. 9, V. 8.

Dichter mehr widerfährt, als das er es aktiv gestaltet.[82]

Im Unterschied zum Werther-Schatten, der sich hervorwagt, sind es in der „Zueignung" die noch ungestalteten, aber drängenden Visionen, die es ‚diesmal festzuhalten' gilt für das lyrische Ich. Das ausgestaltende Festhalten zeigt sich auch in dem hohen Maß der Stilisierung, die durch die gewählte Versform der Stanze erreicht wird. Werthers Schatten, als der die scheinbar reale literarische Figur aus der Vergangenheit wiederkehrt, steht im Kontrast zu den labilen „Gestalten" der „Zueignung". Die Frage nach einem Festhalten der Vision stellt sich natürlich im Werthergedicht nicht, denn diese ist längst zu einem Werk geformt, sie symbolisiert die Metavision einer literarisch schon abgeschlossenen Vision. Dagegen kehren in der „Zueignung" Visionen verkörpernde Geschöpfe wieder, die künstlerisch noch ungestalt sind. Unterstrichen wird dies durch die Position der „Zueignung" als erstem von drei Prologen, dem „Vorspiel auf dem Theater" noch vorangestellt, das künftige Werk einleitend.

In beiden Gedichten ist das literarische (schon gestaltete oder noch zu gestaltende) Werk bzw. das Dichten selbst thematisiert.

Dichten über Dichten – Intertextualität

Der Bereich der Intertextualität spielt eine entscheidende Rolle, denn in allen Werken, auf die sich das Gedicht „An Werther" bezieht oder mit denen es als Teil einer Trilogie in direktem Kontext steht, sind Anspielungen auf die dichterische Tätigkeit zu finden oder es entspinnt sich in ihnen eine Auseinandersetzung mit dem Dichten selbst; es geht also in gewissem Sinn um Kunst und Künstlertum.[83]

---

[82] Vgl. HA 3, S. 505.
[83] Mit Wünsch ist aber auch noch ein anderer Aspekt von Bedeutung: Indem die intertextuellen Bezüge auf repräsentative Werke verschiedener Phasen der Goethezeit verweisen, rekapituliere dieses Gedicht die Geschichte des Systems, dem es selber angehöre: „[W]o Werther noch exzeptioneller G r e n z f a l l war, da ist er jetzt zur R e g u l a r i t ä t geworden, d. h. das System ist in einem Zustand allgemeiner Krise. Aber auch die Problemlösung der Klassik, die in Text 1 [„An Werther"; Anm. d. Verf.] gewünscht wird und in Text 2 [„Elegie"; Anm. d. Verf.] faktisch erreicht scheint, funktioniert nicht mehr." Wünsch 1991, S. 181 (Herv. i. Org.). Das manifestiere sich nach Wünsch im extrem negativen Ende der „Elegie", welches einen neuen Versuch mit der „Aussöhnung" nötig mache. Vgl. Wünsch

Am Ende von „An Werther" ist die Begabung des Dichters, sein Leid zu sagen, nicht mehr selbstverständlich, sondern in der Wunschform als erst zu erbittende formuliert, wenn sie auch der „Elegie" als faktisch erreichte Problemlösung vorangestellt ist. Sie sei allerdings auch dort laut Wünsch nicht mehr praktikabel, so dass in der „Aussöhnung" mit der Musik nur noch ein außersprachliches Medium Linderung verspreche.[84] Dabei ist es von nicht geringer Bedeutung, was Wünsch allerdings außer Acht lässt, dass die Vermittlung dieses Mediums im letzten Gedicht gerade über Sprache funktioniert. Musik oder aber Vorstellung von ihr ist zwar unerlässlich für das Verfassen[85] und Rezipieren dieses Gedichtes, doch kann die aussöhnende Funktion der Musik, die sie hier hat, durch die sprachliche Gestaltung festgehalten und wiedererlebbar gemacht werden. Musik als Symbol greift als Lösungsmöglichkeit etwas grundsätzlich Neues auf; ihr wohnt wie der Liebe und den Tränen eine Doppelnatur inne, indem Musik zwar „selbst keinen Stoff hat, ist ihre Wirkung [...] viel stoffartiger [...] als die Wirkung der anderen Künste."[86] Musik stellt aber keine immerwährende und absolut gültige Sphäre dar, die alles Vorherige auflösen würde. So veranschaulicht Wilkinson mit Bezug zum abgewandelten Tasso-Zitat am Beginn der „Elegie" (was damit aber wohl auch für eine etwas frühere Phase am Ende von „An Werther" gilt, in der noch keine Sicherheit über den Ausdruck herrscht):

> [D]as Erscheinen dieses Gottes macht Geschehenes nicht ungeschehen. Die Aussöhnung besteht nur darin, daß das Geschehene nun auf besondere, und zwar auf dichterische Art von dem Dichterhelden ‚formuliert' wird. Denn was nun folgt ist keineswegs als Fortsetzung der Handlung zu betrachten, eher als Verwandlung der vorangegangenen tragischen Begebenheiten in ein Bild, als Auflösung im

---

1991, S. 181. Dieses Konzept, das Wünsch nur vage herleitet, stellt über das Scheitern der Lösungsmöglichkeiten in den verschiedenen Phasen in Goethes Werk, die durch die Texte (bei ihr „Die Leiden des jungen Werther" und „Torquato Tasso" für „An Werther") repräsentiert werden, die Krise des Systems dar, wobei ihr Begriff des Systems unklar bleibt.

[84] Vgl. Wünsch 1991, S. 181.

[85] Die Musik der Petersburger Hofpianistin Maria Szymanowska und der Sängerin Anna Milder-Hauptmann machte einen tiefen Eindruck auf Goethe, als er deren Musik in Marienbad 1823 hörte. So schrieb er das Gedicht „Aussöhnung", das zu der Zeit seinen Titel nicht erhalten hatte, in französischer Sprache in das Stammbuch der Madame Szymanowska (vgl. HA 1, S. 766f.).

[86] Vgl. und zitiert Wilkinson 1957, S. 18.

Symbol.[87]

Stoffloses Musik wird in der „Aussöhnung" durch symbolische Sprache beschworen; Ähnliches gilt für den Ausdruck des eigentlich nicht mehr Ausdrückbaren, indem einerseits die Gewaltigkeit des Auszudrückenden den Ausdruck verhindern könnte oder indem andererseits die Gabe des Sagens für den Dichter ihrer Selbstverständlichkeit beraubt ist. Die „Trilogie der Leidenschaft" bewegt sich grundsätzlich, aber in verschiedenen Variationen an der Grenze des Sagbaren; sie ‚leidet' an dieser und ist ihr gleichzeitiger Ausdruck.

Mayer erläutert dieses Paradoxon für die Elegie: „Die *Elegie* wird zu einem die Selbstverständlichkeit des Dichtens in Frage stellenden Gedicht: Das Selbstverständliche kann nur selbstverständlich sein, solange es nicht bewußt (gemacht) wird."[88] Dieses Dichten wird dabei durch die existentielle Gefahr des Lebens bedingt; das Gedicht wird erschaffen (und wirkt dadurch lebenserhaltend bei gleichzeitiger Lebensbedrohung) durch die Erkenntnis des Konflikts, der gekennzeichnet ist durch „gegenseitige Bedingtheit von Leben und Tod, von Dichten und Liebe, von Ferne und Nähe".[89]

> *Als* Elegie betont dieses Gedicht den tödlichen Charakter der Dichtkunst, d. h. der Schmerz der Trennung wird tiefer erfahren als die dadurch erst mögliche dichterische Gestaltung. So wird das Gedicht zum Gedicht gegen das Dichten, zur dichterischen Klage auf die Dichtung [...].

> [...] da aber das Bild der Lieben dem gabeseligen Munde anvertraut werden konnte, hat das Dichten den Schmerz geheilt, um ein Gedicht auf die Tödlichkeit des Dichtens hervorzubringen, das gerade deswegen lebensrettend wirken konnte.[90]

Die Gabe der Dichtung ist (von den Göttern) verliehen und rettet den leidenden, aber sprachbegabten Dichter, doch kann sie ihm jederzeit genommen werden und ist dergestalt als Pandoragabe[91] angelegt, die

---

[87] Wilkinson 1957, S. 24-25.
[88] Mayer 1986, S. 239.
[89] Mayer 1986, S. 251 und vgl. S. 239.
[90] Mayer 1986, S. 252 und 256. An diese Überlegungen schließt Mayer den Hinweis auf die Vorausdeutungskraft der letzten vier Verse des Gedichts „An Werther" an, wodurch auch in dieser Weise gezeigt ist, dass sich die Überlegungen Mayers größtenteils auf das erste Gedicht der Trilogie übertragen lassen können.
[91] Bei Mayer ist der intertextuelle Bezug zu Goethes „Pandora"-Dichtung nachzulesen, in dem gleichfalls die Ambivalenz der Dichtungsgabe betont ist (vgl.

ambivalent und nicht in jedem Sinne positiv wirkt. Sie ist Aufgabe und Zwang, doch in erlebter Trennung gleichzeitig der Weg zur Heilung:

> Mir ist das All, ich bin mir selbst verloren,
> Der ich noch erst den Göttern Liebling war;
> Sie prüften mich, verliehen mir Pandoren,
> So reich an Gütern, reicher an Gefahr;
> Sie drängten mich zum gabeseligen Munde,
> Sie trennen mich, und richten mich zu Grunde. (S. 385, V. 133-138)

Diese ambivalente Gabe wird am Ende von „An Werther" als Lösungsmöglichkeit lediglich gewünscht; nur der Auftakt und die Fortsetzung durch die „Elegie" deutet eine Gewährung dieses Geschenks an. Wie schon für „An Werther" gezeigt, ist auch die „Elegie" ein interextuell angelegtes Gedicht[92]; in beiden wird selbstreferentiell (und für die „Elegie" auch poetologisch) ausdrücklich das Dichten selbst thematisiert.

Dialektisch hebt das erste Gedicht (oder der gesamte Gedichtzyklus) zwei entgegensetzte Pole in sich auf und stellt damit die Synthese auf höherer Ebene dar, speziell die „Elegie" versinnbildlicht die Trauer über den symbolischen Tod des Dichters. So spiegeln die gerade im Gedicht „An Werther" vorkommenden Gegensätze die paradoxale Grundstruktur, auf die sich die „Trilogie" beziehen lässt und durch die sie sowohl lebenserhaltend wirkt als auch ‚tödlich' ist. Für „An Werther" stellt sich daselbst die Frage, ob jene erbetene und nicht länger selbst-

---

Mayer 1986, S. 253).
[92] Gerade in dieser Hinsicht lässt sich eine interessante Erweiterung des Gesichtspunktes der Selbstreferentialität des Dichtens (für die „Elegie") mit Wilkinson im Bereich der großen Elegien der englischen Literatur von Milton, Shelley, Tennyson und Arnold anstellen: „Leiden und Sagen sind nun in gewissem Sinne entgegengesetzte Pole des Daseins, denn ‚sagen' heißt hier so viel wie ‚dichterisch tätig sein'. Und doch wird manchmal, im Falle Goethes sogar sehr oft, aus der Vereinigung der gesteigerten Pole ein ‚Drittes, Neues, Höheres, Unerwartetes' hervorgebracht – das Gedicht. Es ist die These aufgestellt worden, daß die großen Elegien der englischen Literatur [...] unter der Verkleidung des Freundes den symbolischen Tod des Dichters besingen. [...] [Sie stellen], in Wahrheit das Drama des künstlerischen Schaffens dar [...]. Wenn dem so ist, so hat Goethe mit Recht seinem Gedicht den nackten Titel ‚Elegie' gegeben, als ob er damit das Urbild der Gattung hätte schaffen wollen" (Wilkinson 1957, S. 12-13). Da Wilkinson sich auf eine unveröffentlichte Arbeit von Leonard Brown beruft, die sie nach einem Text von Hyman zitiert, ist das Fundament und die Überlieferung dieser These zwar unsicher, dennoch bedenkenswert.

verständliche Verarbeitungsmöglichkeit des todbringenden Scheidens in der nächsten Zukunft von einem Gott gewährt wird.

Da die Gabe zu sagen nicht mehr innerhalb von „An Werther" vergönnt ist, ist die Aussage dieses Gedichtes möglicherweise resignativer als die der darauffolgenden „Elegie", welcher doch die bereits vorhandene Gabe vorangestellt ist, auch wenn das Dichten selbst in dieser zunächst tödlicher erscheint. Denn die Gabe wird am Ende der „Elegie" näher als Pandora-Geschenk gefasst (vgl. S. 385, V. 133-138). Hier hat der Dichter, der sich nach einer Prüfung als wert erwiesen hat, die Gabe der Götter, nämlich das Dichten erhalten. Dem Dichter wird, während er noch Liebling der Götter ist, das zwiespältige Geschenk zuteil, das reich an Gütern, aber reicher an Gefahr ist, wofür die Pandora als Symbol gelten kann. Das Geschenk ist der gabeselige Mund, der zum Dichten befähigt, denn es handelt sich wohl nicht um den Mund der Pandora und auch nicht um Pandora selbst, die von den Göttern als Geliebte verliehen wurde, da „weder der Pandora-Mythos noch Goethe [...] vom gabeseligen Mund Pandoras [sprechen], dieser kennzeichnet vielmehr den Dichter selbst, dessen Dichtergabe den zweifelhaften Geschenken Pandoras v e r g l i c h e n wird."[93]

Indem der Dichter aber zum Mund ‚gedrängt' wird, wird er gleichsam von den Göttern gezwungen, seine Gabe einzusetzen. Damit ist die Gabe nicht ein Geschenk, für das kein Äquivalent gefordert wird, sondern sie ist zugleich Zwang und vielleicht auch Strafe, dadurch dass Trennung hiermit in Zusammenhang steht. Indem tödliche Trennung ‚verdichtet' wird, muss sie erneut durchlebt und durchlitten werden und ist somit reich(er) an Gefahr, zumal sie auch genommen werden kann. Tödliche Trennung wird zur Voraussetzung des Dichtens, impliziert aber gleichzeitig den Tod des Dichters, wohingegen Nähe den Tod des Dichtens bedeuten würde.[94] In Mayers Schlussfolgerung muss die Resignation resultierend aus der notwendigen und tödlichen Trennung vorhanden sein, damit die Gabe der Dichtkunst auch zum Dichten aus der Leiderfahrung heraus zwingt und dieses letztlich doch zur Lebensrettung dient. Mayer ist indessen dahingehend zu relativieren, dass

---

[93] Mayer 1986, S. 252 (Herv. i. Org.).
[94] Vgl. Mayer 1986, S. 249.

Schreiben in der Gegenwart der Geliebten oder des Paradieses schon möglich sein kann, doch hat es dann eine sehr abgewandelte Funktion, da es das Vorhandene (nur) beschwört.

Indem auch in „An Werther" vom Tod, den das Scheiden bringt, die Rede ist, lässt sich die obige Vorstellung der Ambivalenz der dichterischen Gabe für ein Er übertragen, für das das Sagenkönnen gewünscht wird. Durch die Gabe des verbalen Gestaltens wäre es dem Er möglich, aus der Haltung des Duldens hinauszugelangen, dafür müsste es Leid und erneutes Durchleben der Trennung in Kauf nehmen, wäre dann aber durch erfolgreiche Bearbeitung als Dichter durch das Sagen befreit und zum Leben begabt.

Für „An Werther" stellt sich daselbst die Frage, ob das Leben, zu dem man befähigt wird, positiv konnotiert ist, da in der ersten Strophe durch das Ich gesagt wird: „Zum Bleiben ich, zum Scheiden du erkoren, / Gingst du voran – und hast nicht viel verloren" (V. 9-10). Von einer äußeren Macht sind Ich und Du aufgerufen, ihre Wege zu gehen, so wie vielleicht die göttliche Instanz dem Er die Gabe des Dichtens gewähren könnte. Die Personen scheinen selbst keinen wirklichen Einfluss auf den konkreten Verlauf ihres Lebens oder ihren Tod zu haben und schätzen ihr nicht selbst gewähltes und bestimmtes Leben niedrig, da Bleiben und Scheiden vom Determinismus des Erkoren-Seins überschattet sind; vergleichbar der relativ allgemeinen Gruppe des Wir, die auch als „gepflanzt in Paradieses Wonne" (V. 13) charakterisiert ist. Ein implizites Ich vermag eine derartige Abhängigkeit zu überwinden und kann eine Bitte innerhalb des Gedichts aussprechen. Auf der Ebene des Gedichtes gibt es also eine Instanz, die sich der Abhängigkeit entwindet und ‚begabt' zu sprechen im Stande ist. In dieser zurückgenommenen Variante (des impliziten Ich) wird Dichtung hier machtvoll, wie sie auch im gesamten Gedicht durch selbstreferentielle und intertextuelle Verweise aufgerufen ist. Denn „An Werther" nimmt Bezug auf verschiedene repräsentative Werke Goethes. Zentral sind dabei „Die Leiden des jungen Werther" oder „Torquato Tasso", es spielen aber auch die „Zueignung" aus Faust oder „Nachlese zu Aristoteles` Poetik" eine Rolle, über die dann der Sinngehalt des Textes erweitert wird.

Dichtung ist zumindest in der Hinsicht sinnvoll, als dass sie Menschen rühren kann. Handelt es sich dabei um ein „rührend" im Sinne von ‚ergreifend', wird dem Dichten eine große Leistung beigemessen; bedeutet „rührend" allerdings etwas wie ‚rührselig', legt es einen resignativen Gestus offen, der in der Ausweglosigkeit und dem nur zeitlichen Hinausschieben des Todes begründet ist.

Literatur

Primärliteratur

Goethe, Johann Wolfgang: Trilogie der Leidenschaft. In: Johann Wolfgang von Goethe. Werke. Hamburger Ausgabe in 14 Bänden. Band 1, Gedichte und Epen I. München 1998, S. 380-386.

Goethe, Johann Wolfgang: Aus meinem Leben. Dichtung und Wahrheit. Buch 13. In: Johann Wolfgang von Goethe. Werke. Hamburger Ausgabe in 14 Bänden. Band 9, Autobiographische Schriften I. München 1998, S. 556-598.
Goethe, Johann Wolfgang: Die Leiden des jungen Werther. In: Johann Wolfgang von Goethe. Werke. Hamburger Ausgabe in 14 Bänden. Band 6, Romane und Novellen I. München 1998, S. 7-124.
Goethe, Johann Wolfgang: Faust. Eine Tragödie. In: Johann Wolfgang von Goethe. Werke. Hamburger Ausgabe in 14 Bänden. Band 3, Dramatische Dichtungen I. München 1998, S. 9- 364.
Goethe, Johann Wolfgang: Nachlese zu Aristoteles` Poetik. In: Johann Wolfgang von Goethe. Werke. Hamburger Ausgabe in 14 Bänden. Band 12, Schriften zur Kunst und Literatur, Maximen und Reflexionen. München 1998, S. 342-345.
Goethe, Johann Wolfgang: Torquato Tasso. Ein Schauspiel. In: Johann Wolfgang von Goethe. Werke. Hamburger Ausgabe in 14 Bänden. Band 5, Dramatische Dichtungen III. München 1998, S. 73-167.
Sartre, Jean-Paul: Das Sein und das Nichts. Versuch einer phänomenologischen Ontologie. In: Jean-Paul Sartre. Gesammelte Werke in Einzelausgaben. Philosophische Schriften. Bd. 3. Hrsg. von Traugott König. Reinbek bei Hamburg 1993.

Sekundärliteratur

Goethe, Johann Wolfgang von. Goethe-Handbuch, in 4 Bänden. Hrsg. von Bernd Witte. Bd. 1. Gedichte. Stuttgart 1996, S. 481-490.
Graevenitz, G. von: Die Trilogie der Leidenschaft. In: Goethe-Jahrbuch. 29(1908), S. 71-87.
Graham, Ilse: Goethes eigener Werther. Eines Künstlers Wahrheit über seine Dichtung. In: Jahrburch der Deutschen Schiller-Gesellschaft. 18(1974), S. 268-303.
Grimm, Jacob und Wilhelm Grimm: Deutsches Wörterbuch. Sechster Band (L-M). Leipzig 1885.
Günther, Vincent J.: Johann Wolfgang von Goethe. In: Deutsche Dichter des 18. Jahrhunderts. Ihr Leben und Werk. Hrsg. von Bernd von Wiese. Berlin 1977, S. 658-725.
Heller, Erich: The Poet`s Self and the Poem. Essays on Goethe, Nietzsche, Rilke and Thomas Mann. London 1976.
Hinck, Walter: „Die Leidenschaft bringt Leiden". Das Pathos der Tragödie. In: Gedichte von Johann Wolfgang Goethe. Hrsg. von Bernd Witte. Stuttgart 1998, S. 238-254 [= Universal-Bibliothek; Nr. 17504: Literaturstudium. Interpretationen].

Loeper, G. von: Zu Goethes Gedichten „Trilogie der Leidenschaft". In: Goethe-Jahrbuch. 8(1887), S. 165-186.

Mayer, Mathias: Dichten zwischen Paradies und Hölle. Anmerkungen zur poetologischen Struktur von Goethes Elegie von Marienbad. In: Zeitschrift für deutsche Philologie. 105 (1986), S. 234-256.

Moeller, Hans: Differenz und Bewegung. Untersuchungen zu Goethes „Trilogie der Leidenschaft". Paderborn 1998 [zugl. Paderborn Univ., Diss. 1996].

Müller, Joachim: Goethes ‚Trilogie der Leidenschaft'. Lyrische Tragödie und „aussöhnende Abrundung". Versuch einer genetischen Interpretation. In: Jahrbuch des Freien Deutschen Hochstifts. 1978, S. 85-159.

Müller-Seidel, Walter: Lyrik, Tragik und Individualität in Goethes später Dichtung. In: Das Subjekt der Dichtung. Festschrift für Gerhard Kaiser. Hrsg. von Gerhard Buhr, Friedrich A. Kittler und Horst Turk. Würzburg 1990, S. 497-518.

Pickerodt, Gerhart: Willkommen *ist* Abschied. Zum Verhältnis von Nähe und Distanz bei Goethe. In: Ewert, Michael und Martin Vialon: Konvergenzen. Studien zur deutschen und europäischen Literatur. Festschrift für E. Theodor Voss. Würzburg 2000, S. 46-56.

Stelzig, Eugene: Memory, Imagination and Self-Healing in the Romantic Crisis Lyric: „Trilogie der Leidenschaft" and „Resolution and Independence". In: Journal of English and Germanic Philology. 90 (Jan. 1991), Nr. 1, S. 524-541.

Wilkinson, Elisabeth M.: Goethes Trilogie der Leidenschaft. Als Beitrag zur Frage der Katharsis. Frankfurt a. M. 1957 [Vortrag gehalten im Freien Deutschen Hochstift in Frankfurt am Main].

Wünsch, Marianne: Zeichen – Bedeutung – Sinn. Zu den Problemen der späten Lyrik Goethes am Beispiel der „Trilogie der Leidenschaft". In: Goethe-Jahrbuch. 108 (1991), S. 179-190.

Katrin Scheffer:
GOETHES UND HOFMANNSTHALS PRODUKTIVE ANVERWANDLUNG DES ERLEBNISSES DES MARSCHALLS VON BASSOMPIERRE

> Nein, was Ungebildete hier Plagiat nennen, ist in Wahrheit Citat.
> *Karl Kraus[1]*

Bassompierre – Goethe – Hofmannsthal

Sowohl Goethe als auch Hofmannsthal rezipieren fremde Texte durchaus aus ihrer Situation als Künstler und streben teilweise eine produktive Anverwandlung an. In diesem besonderen Fall, der im folgenden Aufsatz behandelt werden soll, beziehen sich beide Autoren auf dieselbe Geschichte und formen diese adaptierend ihrer jeweiligen Intention entsprechend um. Allerdings handelt es sich bei dieser Adaption nicht um die jeweilig einzige im Werk Goethes und Hofmannsthals; Goethe etwa greift umfänglich auf die Memoiren des Beaumarchais' zurück für seine Ausgestaltung des „Clavigo" – dies wird u.a. noch im dritten Aufsatz dieses Bandes Thema sein –, Hofmannsthal bezieht sich neben noch weiteren Beispielen etwa für seine große und langjährige Dramenproduktion „Der Turm" auf Calderons „Das Leben ein Traum". Dieses Verfahren blieb speziell bei Hofmannsthal nicht ohne Kritik, wenn etwa Karl Kraus in Hofmannsthals Beziehung zu Goethe von Epigonentum spricht[2] und Walter Benjamin in einer Notiz aus dem Nachlass ausführt:

> So goethisch ist keine Novelle wie die Frau ohne Schatten, so calderonsch kein calderonsches Drama wie der Turm. Und wenn es für das eigentümlich Kühle, die Lebensferne seiner [= Hofmannsthals; Anm. d. Verf.] Sachen irgend einen Ausdruck gibt, so ist es dieser.[3]

---

[1] Kraus, Karl: Ohne Titel. In: Die Fackel. Nr. 60, Ende November 1900, S. 20-22, hier S. 21 (künftig zitiert: Fackel, Nr. 60). Vgl. dazu auch: „,Das Erlebnis des Marschalls von Bassompierre' ist natürlich nicht Plagiat, aber auch nicht Zitat, sondern eine Transkription der novellistischen unerhörten Begebenheit in ein symbolisches Erzählmuster." (Perels, Christoph: Zur Einführung. In: „Leuchtendes Zauberschloß aus unvergänglichem Material." Hofmannsthal und Goethe. Ausstellung im Freien Deutschen Hochstift. Frankfurter Goethe-Museum 12. November 2001 bis 13. Januar 2002. Eggingen 2001, S. 9-18, hier S. 17).

[2] vgl. Kraus in Fackel, Nr. 60, S. 20-22, sowie Kraus, Karl: Goethe und Hofmannsthal. In: Die Fackel. Nr. 622-631. Mitte Juni 1923, S. 73.

[3] Benjamin, Walter: Notiz aus dem Nachlaß. In: Ders.: Gesammelte Schriften. Bd. VI,

Während seiner Gefangenschaft in der Bastille schreibt der weltläufige Hofmann und Marschall von Bassompierre (1579-1646) seine Memoiren nieder, in denen neben vielen anderen Erlebnissen und Ereignissen die Erzählung eines angenehmen und außergewöhnlichen galanten Abenteuers seinen Platz findet.[4] Diese Episode aus Bassompierres aufregendem Leben ist bereits Goethe aufgefallen, der die Erzählung übersetzt und in geringerem Maße überformt, um sie sodann in seine „Unterhaltungen deutscher Ausgewanderten" aufzunehmen. Dort erzählt Karl in geselliger Abendrunde, allerdings in Abwesenheit der Baronesse, dieses Erlebnis. Das Moment des Wiedererzählens in einer Gesellschaft, zu der der Erzähler hinzugehört, spielt hier eine große Rolle, denn in diesem Fall ist die Erzählung des Erlebnisses nicht durch die Lebensgeschichte dessen bedingt, dem es widerfuhr, sondern durch den Rahmen der Gesellschaft, der Zuhörerschaft und der bisherigen Geschichten.

Hofmannsthal wiederum löst die Schilderung des Erlebnisses völlig aus einem Kontext[5] und erzählt unter dem Titel „Das Erlebnis des

Hrsg. von Hella Tiedemann-Bartels und Hermann Schweppenhäuser. Frankfurt a.M. 1972, S. 145-146 (künftig zitiert: Benjamin). Benjamin räumt zwar ein: „Er [= Hofmannsthal; Anm. d. Verf.] hatte einen untrüglichen Instinkt für die Aktualitäten, die am Entlegensten auftreten", und dass Hofmannsthal um der legitimen, doch nicht mehr lebensfähigen Bildung willen eine „solche Beschwörungskunst" betreibt, in der er nicht einzelne und somit kritisch zu zersetzenden Passagen, sondern das „ganze große Urbild insgesamt" zitiert, was Benjamin für „wohl nahrhaft nur nicht eßbar" hält (vgl. und zitiert: Benjamin, S. 145-146). Vgl. dazu auch Tiedemann-Bartels, Hella: „Unveräußerliche Reserve bei aller Bewunderung". Benjamin über Hofmannsthal. In: Austriaca, 36(1933), S. 299-305.

[4] Oster weist auf die Stellung des Erlebnisses als einem „unter vielen anderen" hin (Oster, P.: Leben und Form. Goethe, Hofmannsthal und die Memoiren des Herrn von Bassompierre. In: Graeber, W. (Hrsg.): Romanistik als vergleichende Literaturwissenschaft. Festschrift für Jürgen von Stackelberg. Frankfurt am Main u. a. 1996, S.243-256; hier S. 245; künftig zitiert: Oster.), indem sie besonders die umliegenden Episoden kurz charakterisiert, die in keinem engeren Zusammenhang mit dem Erlebnis mit der schönen Krämerin stehen. Laut Oster nimmt Bassompierre die „Rätselhaftigkeit der Geschichte" gar nicht wirklich wahr (vgl. und zitiert Oster, S. 244) und verkennt so womöglich ihr Potenzial. Dennoch bleibt zu betonen, dass Bassompierre Jahre nach der Begegnung mit der jungen Krämerin, einer Frau von niedrigem Stand, dieses Erlebnisses und wohl auch der jungen Frau gedenkt und es in seine Memoiren aufnimmt.

[5] Nachdem auf die Veröffentlichung des ersten Teils des Textes in der „Zeit" Plagiatsvorwürfe laut wurden, schrieb Hofmannsthal eine Erklärung dazu, die mit

Marschalls von Bassompierre" die schon bei Goethe aufgegriffene Geschichte über die schöne Krämerin. Doch nimmt Hofmannsthal neben der ‚Isolierung' noch weitere kennzeichnende Veränderungen vor, die sich zuerst im enorm gestiegenen Umfang der Erzählung[6] festmachen lassen. Die Passagen der Liebesnacht, die bei Goethe und auch bei Bassompierre nur angedeutet ist, werden bei Hofmannsthal ausgeführt und mit einer leitmotivischen Bildlichkeit durchsetzt. Die Krämerin

---

der Veröffentlichung des zweiten Teils abgedruckt wurde. Er setzte zudem an das Ende des Textes einen Quellenhinweis, der auf Goethe und Bassompierre verweist. Dabei ist nicht eindeutig zu klären, ob Hofmannsthal Bassompierres Memoiren kannte (vgl. dazu Hofmannsthal, Hugo von: Sämtliche Werke. Kritische Ausgabe. Veranstaltet vom Freien Deutschen Hochstift. Hrsg. von Heinz Otto Burger, Rudolf Hirsch, Detlev Lüders, Heinz Rölleke, Ernst Zinn. Bd. XXVIII: Erzählungen 1. Hrsg. von Ellen Ritter. Frankfurt a. M. 1975, S. 222-223; künftig werden nur Zitate aus den Primärtexten im laufenden Text angegeben, für Hofmannsthal mit der Angabe XXVIII gemäß Siglenverzeichnis und Seitenzahl). Durch diese Quellenhinweise und die Zitation großer Teile des goetheschen Textes wird so eine Verortung über die eigentliche Geschichte hinaus ermöglicht, die aber dennoch nicht als Kontextualisierung der Erlebniserzählung aufzufassen ist.

[6] In diesem Aufsatz soll weniger thematisiert werden, ob es sich bei den vorliegenden Texten um Erzählungen oder Novellen handelt, weshalb zwar auf das Moment des Wiedererzählens, der geselligen Runde, der Prägnanz der Wendepunkte und der Rahmenhandlung einzugehen ist, nicht aber, inwiefern es sich auch bei Hofmannsthals Text trotz der zu verzeichnenden Psychologisierung der Figuren noch um eine Novelle handelt. Letzteres hält Remak abwertend für ein Kennzeichen, dass Hofmannsthal das Novellistische des Erlebnisses mit seiner Art des Erzählens verkannt hätte (vgl. Remak, Henry H.H.: Novellistische Struktur. Der Marschall von Bassompierre und die schöne Krämerin. Bassompierre – Goethe – Hofmannsthal. Essai und kritischer Forschungsbericht. Bern/Frankfurt am Main 1982 [= Germanic Studies in America; Bd. 46], hier S. 42-67). Auch Kraft äußert über Hofmannsthals Version: „Dies ist keine Novelle, sondern eine Erzählung, und diese ist mit der Novelle nur so verknüpft, daß deren Umriß stehen geblieben ist." (Kraft, Werner: Das Erlebnis des Marschalls von Bassompierre. In: Hugo von Hofmannsthal. Hrsg. von Sibylle Bauer. Darmstadt 1968 [=Wege der Forschung; Bd. 183], S. 254-273, hier S. 255; künftig zitiert: Kraft). Inkonsequenterweise widerspricht Kraft sich wenige Seiten später selbst: „Die Betrachtung hat gezeigt, daß Hofmannsthal das Erlebnis von Bassompierre, eine echte und strenge Novelle wahrscheinlich wirklich gelebten Lebens, nur durch die Verwandlung in seinen eigensten Seelen- und Sprachbereich vor der Gefahr der Entwertung durch Psychologie bewahren konnte [...]. Weil er wußte, was eine Novelle ist, ließ er den Goetheschen Umriß stehen." (Kraft, S. 267) Laut Bauschinger im Goethe-Handbuch verdienen im Rahmen der „Unterhaltungen" nur die Novellen vom Prokurator und Ferdinand diese Bezeichnung (vgl. Bauschinger, Sigrid: Unterhaltungen deutscher Ausgewanderten. In: Goethe-Handbuch. Bd. 3, Prosaschriften. 1997, S. 232-252, hier S. 250; künftig zitiert:

gewinnt an Prägnanz und Tiefe, darüber hinaus wird die Rätselhaftigkeit des Erlebnisses herausgestrichen. War dies schon bei Goethe der Fall, trifft das für Bassompierre nur insofern zu, dass er sich des Erlebnisses mit einer nicht seinem Stande entsprechenden Frau überhaupt noch entsinnt und dieses aufnimmt. Er hinterfragt das Merkwürdige jedoch nicht weiter und verortet die Mitteilung des Erlebnisses unter vielen anderen.[7]

Goethe und Hofmannsthal scheinen dieses Erlebnis fast nachzuerzählen, doch schaffen beide ihre eigene künstlerische Form, die bei Goethe vor allem durch die Einbettung in eine Rahmenhandlung gewährleistet ist, bei Hofmannsthal durch die Überformung des eigentlichen Textes. Das Erlebnis, wie es von Bassompierre erzählt wird, ist zwar bei beiden Autoren Thema, doch besteht die jeweilige Funktion nicht länger darin, das Erlebnis aufzuschreiben, um es mitzuteilen oder sich dessen zu erinnern; es ist nicht länger Teil von Memoiren. Behält Goethe die Gesamtstruktur und die meisten Passagen des Memoirentextes bei, greift Hofmannsthal stärker in Aufbau und Inhalt ein. Auch er übernimmt vor allem an Anfang und Ende Teile direkt von Goethe, stellt aber etwa die Liebesnacht in vielen Einzelheiten dar oder ändert die Anrede der Krämerin an den Bassompierre in das formlosere, gleichstellendere und persönlichere Du, so dass insgesamt ein Wechselspiel zwischen Altem und Neuem, Übernommenem und Eigenem entsteht.

Bauschinger). Demgegenüber stellen Rath und Oster eindeutig den Text Hofmannsthals als Novelle vor (vgl. dazu Rath, Wolfgang: Die Novelle. Konzept und Geschichte. Göttingen 2000, S. 258-262, künftig zitiert: Rath; vgl. etwa Oster, S. 251-256). Rath sieht etwa in vollständigem Kontrast zu Remak die „Novellenspitze" (Rath, S. 261) gerade im Bereich des neu eingefügten Teils der Liebesnacht (vgl. XXVIII, S. 53[Zeile 33]-54[Zeile 2]). Vgl. zur Novellenthematik bei Goethe auch Neumann, Gerhard: Die Anfänge deutscher Novellistik. Schillers „Verbrecher aus verlorener Ehre". Goethes „Unterhaltungen deutscher Ausgewanderten". In: Unser Commercium. Goethes und Schillers Literaturpolitik. Hrsg. Von Wilfried Barner, Eberhard Lämmert und Norbert Oellers. Stuttgart 1984, S. 433-460.

[7] In diesem Sinne wird hier den Ansichten von Remak widersprochen, der gerade die bassompierresche Fassung für die novellistischste und damit knapp an den Wendepunkten, die das Rätselhafte markieren, ausgerichtete Version hält. (vgl. Remak, S. 67-69) Überhaupt sind Remaks Analysen an vielen Stellen wenig hilfreich, besonders dann nicht, wenn er mit Emphase von den unverkrampften Zeiten Bassompierres spricht (vgl. Remak, S. 49, 51-52, 55).

Vor diesem Hintergrund – und dem dieses ganzen Bandes – sollen vor allem die Texte Hofmannsthals und Goethes zentral untersucht sowie die hofmannsthalsche Fassung auf der Folie des Goethetextes anhand von verschiedenen Themen- und Motivkomplexen vorgestellt werden. Dabei sind zunächst der Aspekt der Perspektive, aus der das Erlebnis erzählt wird, und die Auswirkungen dieser Wahl zu beachten. Damit eng zusammenhängend ist die Diskussion des Verhältnisses von der Erzählung des Erlebnisses zu der Rahmenhandlung und dem Kontext der anderen Novellen in den „Unterhaltungen deutscher Ausgewanderten". Des Weiteren sollen die Vorausdeutungen, die Motivik der Flammen und die Gegensatzpaare, wie Hofmannsthal sie verwendet, untersucht werden.

Wahl der Perspektive und die Konsequenzen
Goethes Fassung als Teil eines größeren Rahmens

Beide Texte scheinen das Geschehen aus der gleichen Perspektive zu betrachten, da sowohl bei Goethe als auch bei Hofmannsthal aus der Sicht des Marschalls in der Ich-Form erzählt wird. Es besteht jedoch ein wesentlicher Unterschied: So ist bei Goethe das Erlebnis eingebettet in einen Zusammenhang. Die deutschen Ausgewanderten sind vor den immer weiter um sich greifenden Kämpfen im Zusammenhang mit der Französischen Revolution geflohen und haben sich auf einen anderen Landsitz zurückgezogen. Von dieser bedrohlichen Situation, die sich auch auf ihre eigene Gesellschaft auswirkt, indem sich sowohl Revolutionsbefürworter als auch -gegner unter den Anwesenden befinden, erzählen sie Geschichten, welche von der momentanen Situation ablenken und ein kontroverses politisches Gespräch unter den prekären Umständen zumindest in der gesamten Gesellschaft ersetzen sollen. Die Baronesse als Oberhaupt der Gruppe bittet nach dem Eklat zwischen dem pro-revolutionären Karl und dem reaktionären Geheimerat[8], der zu

---

[8] Bräutigam betont die schon vor dem Eklat auftretenden Spannungen und die „fortgeschrittene Zerrüttung der kleinen Gesellschaft", die durch die Revolution in den Zirkel hineingetragen werden und die „die sittliche Substanz des Flüchtlingskreises prinzipiell gefährde[n][…]." (Bräutigam, Bernd: Die ästhetische Erziehung der deutschen Ausgewanderten. In: Zeitschrift für deutsche Philologie, 96(1977), S.

dessen Abreise mit seiner Frau geführt hat, darum, nur ein höfliches, der „gesellige[n] Bildung"[9] verpflichtetes und dem „unreinen Parteigeist"[10] entsagendes Gespräch in der Gesellschaft stattfinden zu lassen, das im privaten Raum unter Gleichgesinnten noch Platz lässt für politische Diskussionen. Vergleichbar zu Boccaccios „Decamerone" soll das Geschichtenerzählen in der Gesellschaft, wie es sich die Baronesse hier vorstellt, für Anstand, gegenseitige Nützlichkeit und soziale Ordnung

---

508-539, hier S. 515; künftig zitiert: Bräutigam). Die Auseinandersetzung zwischen Karl und dem Geheimerat gipfelt darin, dass sich beide „zum Terror als probatem Mittel" bekennen und „verbal die physische Vernichtung des Gesinnungsgegners" wünschen. (Bräutigam, S. 517 und 518) In dem Auszug des Geheimerats aus der Gesellschaft liegt für Bräutigam „das unerhörte Ereignis der Rahmenhandlung[...]: Resultat der Konfrontation ist die Negation der Herkunftswelt. [...] Die Trennung von der geschichtlichen Herkunft [durch die Revolution; Anm. d. Verf.] ruft diese [die Restauration; Anm. d.Verf.] in der Form der Gegenwartsnegation als ‚Reaktion' hervor." (Bräutigam, S. 518-519). Segebrecht versteht den Disput als Parteinahme des Erzählers und letztlich Goethes mit dem Geheimerat, indem dieser etwa des bildenden Erzählens in der Gesellschaft nicht bedürfe und quasi unschuldig die Gemeinschaft verlassen habe. Dementsprechend seien die „Unterhaltungen" eher restaurativ ausgerichtet (vgl. Segebrecht, Wulf: Geselligkeit und Gesellschaft. Überlegungen zur Situation des Erzählens im geselligen Rahmen. In: Germanisch-romanische Monatsschrift, 25(1975), S. 306-322; hier besonders S. 313-317). Segebrecht übersieht dabei, dass der Geheimerat mitnichten rein positiv dargestellt wird und die Baronesse vor allem um den Verlust ihrer Freundin, seiner Frau, trauert. Von ihm ist eine Änderung seiner Ansichten im Sinne der Gemeinschaft und der geselligen Höflichkeit wohl weniger zu erwarten als von dem hitzigen, aber recht gewinnenden Karl, so dass letzterer verweilt. Beiden ist vorzuwerfen, mit welchen Mitteln sie den anderen und dessen Ansicht ‚vernichten' wollen und dass beide ihre Parteilichkeit nicht überwinden können (vgl. dazu auch die Diskussion bei Bauschinger, S. 243 sowie S. 249). Dennoch sind die meisten Figuren in der Rahmenhandlung – mit Ausnahme Luises – als weltoffen gekennzeichnet (vgl.Bauschinger, S. 249).

[9] Goethe, J. W.: Unterhaltungen deutscher Ausgewanderten. In: Goethe, Johann Wolfgang: Unterhaltungen deutscher Ausgewanderten. In: Goethes Werke. Hamburger Ausgabe. Bd. 6: Romane und Novellen I. München 1998, S. 125-241, hier S. 137 (künftig im laufenden Text HA 6 gemäß Siglenverzeichnis und Seitenangabe zitiert).

[10] Schiller, Friedrich: Ankündigung. Die Horen, eine Monatsschrift, von einer Gesellschaft verfaßt und herausgegeben von Schiller. In: Schillers Werke. Nationalausgabe. Hrsg. von Julius Petersen und Hermann Schneider. Bd. 22: Vermischte Schriften. Hrsg. von Herbert Mayer. Weimar 1958, S. 106-109; hier S. 106. Zum Verhältnis zwischen den Unterhaltungen und Schillers Horen-Programm sowie den Briefen „Über die Erziehung des Menschen" vgl. u.a. Bräutigam, den Kommentar in der Frankfurter Ausgabe (Goethe, Johann Wolfgang: Unterhaltungen deutscher Ausgewanderten. Hrsg. von Wilhelm Voßkamp und Herbert Jaumann. In: Johann

im Angesicht widriger und destabilisierender Umstände sorgen.[11] Die daraufhin in der Runde erzählten Geschichten sind von überzeitlicher und überpersonaler Bedeutung, denn auch wenn sie an Personen gebunden sind, ist in ihnen immer ein Thema angesprochen, das für jeden eine gewisse Bewandtnis hat, wie der Geistliche zu seinen Geschichten ausführt: „Sie behandeln, ich will es nicht leugnen, gewöhnlich die Empfindungen, wodurch Männer und Frauen verbunden oder entzweiet, glücklich oder unglücklich gemacht, öfter aber verwirrt als aufgeklärt werden." (HA 6, S. 143) Sie regen zum Weiter- und Mitdenken an und enthalten

> noch einen schönern Reiz [...] als den Reiz der Neuheit, manche, die durch eine geistreiche Wendung uns immer zu erheitern Anspruch machen, manche, die uns die menschliche Natur und ihre inneren Verborgenheiten auf einen Augenblick eröffnen, andere wieder, deren sonderbare Albernheiten uns ergetzen. (HA 6, S. 143)

Durchaus alltägliche und jedem in der Runde bekannte Themen sind es, von denen der Geistliche sprechen will, und er schließt gleichfalls solche nicht aus, die vermeintlich als ‚Albernheiten' abgetan würden. So muss das Sujet nicht besonders auserwählt, nur die Präsentation und die Richtung der Geschichte sollten gewissen Regeln entsprechen, so dass sie anregend und „nützlich" (HA 6, S. 139) sein können.

Für die aus dem Schatz des Geistlichen stammenden Geschichten gilt darüber hinaus, dass sie auch „aus alten Büchern und Traditionen" (HA 6, S. 145) zusammengestellt sind. Laut Bräutigam laufen des Geistlichen „Ausführungen zum Erzählgegenstand [...] darauf hinaus, daß in den Erzählungen weder das antiquiert Alte noch das bloß aktuelle Neue, wohl aber das Neue im Alten und das Alte im Neuen eine Rolle spielen wird."[12] Somit kommt diesen Geschichten in der von Dissens über

---

Wolfgang Goethe. Sämtliche Werke, Briefe, Tagebücher und Gespräche. Hrsg. von Friedmar Apel u.a. I. Abteilung: Sämtliche Werke, Bd. 9. Frankfurt am Main 1992, S. 1503-1579 [künftig zitiert: FA 9]) und Bauschinger.
[11] vgl. dazu auch Cohn, H.: Das Erlebnis des Marschalls von Bassompierre. Hofmannsthals Nacherzählung verglichen mit Goethes Text. In: The Germanic Review, 18 [1943], S. 58-70; hier S. 59 (künftig zitiert: Cohn); vgl. dazu auch FA 9, S. 1509.
[12] Bräutigam, S. 523. So verliert die Gesellschaft nicht vollständig den Bezug zur Tradition, wie zunächst durch den Fortgang des Geheimerat, „der, so wunderlich er auch in manchen Stücken sein mag, doch ein trefflicher, rechtschaffener Mann ist und ein unerschöpfliches Archiv von Menschen- und Weltkenntnis, von

Revolution und Restauration betroffenen Gesellschaft eine ausgleichende Funktion zu, ohne dass sie politische Themen ausdrücklich berühren. Die Erzählgesellschaft scheint als Mikrokosmos der Gesamtgesellschaft gegeben, besonders was die Haltungen zum Zeitgeschehen angeht.[13] Dies gilt besonders, da der Erzähleinstieg an einem Punkt gewählt ist, an dem sich die Anwesenden – ohne die Baronesse – über einlaufende Nachrichten (vgl. HA 6, S. 146) und damit doch über Politik entgegen dem Gebot der Baronesse unterhalten, und somit zeigt sich der Bezug zur momentanen Situation der Gruppe.

Da mehrere Geschichten erzählt werden, steht auch diese über die schöne Krämerin in einem weiteren Zusammenhang. Alle bisherigen Erzählungen enthalten die Idee von Zufall und Sinn, beziehen sich auf „eine sich ereignete unerhörte Begebenheit"[14], woran sich diese anschließt[15]. Denn hier tritt zweimal das Unvorhergesehene ein: das Zusammentreffen des Marschalls mit der Krämerin und die plötzliche

---

Begebenheiten und Verhältnissen mit sich führt, die er auf eine leichte, glückliche und angenehme Weise mitzuteilen versteht." (HA 6, S. 135).

[13] Vgl. FA 9, S. 1553. Diesem wird mit Erzählen und Ausschluss des politischen Diskurses begegnet, aber auch dies führt nicht zu einer letztlichen Lösung: „Erzählen als Konfliktbewältigung – das ist ein frommes Bildungsklischee, dem die ‚Unterhaltungen' nirgends entsprechen. Was dort im Experiment en miniature gezeigt wird, ist: Auch die durch ‚Entsagung' ausgeschlossene Politik (usw.) erzeugt nicht die angestrebte Erziehung, sondern läßt nur weitere Defizite zur Geltung kommen, die tiefer liegen und mit denen beim realen Publikum (vgl. Goethes I. Epistel im I. Stück der ‚Horen') zu rechnen ist. D.h., der durch Selbstzensur erreichte Verzicht bringt vorübergehende Entlastung, macht aber noch keinen sicheren Weg frei für ‚ästhetische Erziehung'. Andererseits ist das Experiment der ‚Unterhaltungen' auch keine Falsifikation von Schillers Theorie, und das kann es schon wegen seiner Eigenständigkeit nicht sein." (FA 9, S. 1556) Ist die Erzählgesellschaft als Mikrokosmos zu identifizieren, nimmt „Das Märchen" eine andere Ebene als mögliche „Allegorie der Gesellschafts- und Lebenserneuerung" (FA 9, S. 1557) ein.

[14] Eckermann, Johann Peter: Gespräche mit Goethe in den letzten Jahren seines Lebens. In: Johann Wolfgang Goethe. Sämtliche Werke nach Epochen seines Schaffens. Münchner Ausgabe. Hrsg. von Karl Richter. Bd. 19. Hrsg. von Heinz Schlaffer. München/Wien 1986, S. 203 (29. Januar 1827). Goethe selbst charakterisiert auf diese Weise im Gespräch Novellen.

[15] Patricia Oster (vgl. Oster, S. 245) weist auf die Bedeutung von Sinn und Zufall in dieser von Goethe aufgegriffenen Begebenheit hin und spricht damit schon an, dass Goethe das Potenzial dieses Erlebnisses erkannt hat und auf diesen Punkt als sehr entscheidenden eingeht, wobei er die beiden Wendepunkte des Beginns und des Endes der Beziehung hervorhebt.

Trennung. Ob dieses aber zufällig oder in irgendeiner Form sinnfällig geschieht, löst unter den Anwesenden die Frage aus, inwieweit die Geschichte mit dem ihr innewohnenden „Rätsel" (HA 6, S. 165) sich „erklären und begreifen" (HA 6, S. 161) lasse. Genau an diesem Punkt der Rätselhaftigkeit und des Wunderbaren setzt Jürgen Söring[16] an, wenn er davon ausgeht, dass Goethe in seinen „Unterhaltungen deutscher Ausgewanderten" als Reaktion auf die Umwälzungen und Einbrüche, die die Französische Revolution verursacht hat und welche sich hier in der Rahmenhandlung spiegeln, den Beginn des Erzählens im Bereich der Spukgeschichten und des Romanhaften wählt. Das ‚Wunderbare' bleibt nicht begrenzt auf die Binnenerzählungen, sondern greift gleichfalls auf die Rahmenhandlung über, wenn der Schreibtisch im Raum mit einem unüberhörbaren Knall auf unerklärliche Art durchreißt, als bereits die ersten beiden Geschichten erzählt sind. Auf diese Weise manifestiert sich auf beiden Fiktionsebenen des Textes das Wunderbare. Die Gesellschaft beschließt auf diesen Vorfall so zu reagieren – nachdem naturwissenschaftliche Erklärungsversuche nicht greifen (vgl. HA , S. 159-160) –, dass man „Sympathie zwischen Hölzern" für ein „Naturphänomen[...]" (HA 6, S. 161) halten solle, indem der Schreibtisch im Haus der Gesellschaft zeitgleich zu dem Brand im Hause der Tante reißt, bei dem das Zwillingsstück zu diesem zerstört wurde – dies wird allerdings erst am nächsten Morgen verifiziert –, auch wenn der junge Hofmeister einwirft, „daß, wenn zwei Dinge zusammenträfen, man deswegen noch nicht auf ihren Zusammenhang schließen könne" (HA 6, S. 208). Dies unterläuft dann allerdings jegliche rationale Weltbewältigung[17]. Auch das Roman- oder Geisterhafte (vgl. HA 6, S. 146) entzieht sich dieser und enthüllt somit seinen progressiven Sinn laut Söring in der Anfechtung der teuer erkauften rationalen Ordnung und der auftretenden Selbstgefälligkeit der reinen Vernunft.[18] Dies greift beson-

---

[16] vgl. Söring, Jürgen: Die Verwirrung und das Wunderbare in Goethes „Unterhaltungen deutscher Ausgewanderten". In: Zeitschrift für deutsche Philologie, 100(1981), S. 544-559 (künftig zitiert: Söring).

[17] vgl. Söring, S. 557.

[18] vgl. Söring, S. 558-559; dazu auch: Horkheimer, Max und Theodor W. Adorno: Dialektik der Aufklärung. Philosophische Fragmente. In: Theodor W. Adorno. Gesammelte Schriften. Hrsg. von Rolf Tiedemann. Band 3. Frankfurt a. M. 1997.

ders an einem kritischen Punkt der Zeitgeschichte, in der Verunsicherung und Destabilisation vorherrschen, so dass der Einstieg in das Erzählen von Schauergeschichten bereits vor dem Riss des Schreibtisches durch die Verortung zu Zeiten der Revolution motiviert erscheint[19]. Karls Schilderung des Erlebnisses des Marschalls von Bassompierre fällt dann auch genau in diese Situation, in der die Anwesenden empfänglich für das ‚Wunderbare' sind, eingestimmt sowohl durch die ersten beiden Spukgeschichten und den Riss des Schreibtisches als auch durch die Situierung zu Zeiten der Französischen Revolution und deren Übergriffe auf Deutschland.

Bräutigam hält allerdings die Bassompierre-Geschichten für verfehlt und durch den „lüsternen" Inhalt der ersten den Prinzipien des Geistlichen zuwiderlaufend, zitiert dabei die Aussage des Geistlichen jedoch nur unvollständig: „Ein lüsternes Gespräch, eine lüsterne Erzählung sind mir unerträglich. Denn sie stellen uns etwas Gemeines, etwas, das der Rede und Aufmerksamkeit nicht wert ist, als etwas Besonderes, als etwas Reizendes vor und erregen eine falsche Begierde." (HA 6, S. 143-144)[20] Der Geistliche spricht aber weiter und es ist daher nicht ausgemacht, „was [er][...] lüstern nennen würde" (HA 6, S. 143): „[...] anstatt den Verstand angenehm zu beschäftigen. Sie verhüllen das, was man entweder ohne Schleier ansehen oder wovon man ganz seine Augen wegwenden sollte." (HA 6, S. 144).[21]

---

[19] Demgegenüber hebt Bräutigam darauf ab, dass etwa die Geschichte über die Sängerin Antonelli in zwei Teile fällt und der Geistliche mit dem zweiten Bereich der Spukgeschichte die Zuhörenden testen wolle, ob sie zwischen dem ersten Teil über „die psychologisch sehr sorgfältig motivierte Geschichte einer verfehlten Liebe" und den Spukphänomenen zu differenzieren wüssten, besonders da sich nur der erste Teil durch künstlerische Qualität auszeichne (vgl. und zitiert Bräutigam, S. 524; gleiches gelte für die Rahmenhandlung mit dem Riss des Schreibtisches, die sich durch die fehlende erzählte Zuhörerschaft an das Realpublikum richte, um deren Interessen – die Bräutigam schlicht als ungebildet unterstellt – zu kritisieren, vgl. Bräutigam, S. 535). Die Zuhörenden überhörten allerdings jede „rezeptionskritische Absicht" und würden als „geschmacklos und [...] an diesem Abend [...] nicht bildungsbereit" vorgestellt. So erzähle Fritz etwa eine „gänzlich kunstlose, weil durch reine Faktenaufzählung gekennzeichnete ‚Parallelgeschichte' vom Klopfgeist" (Bräutigam, S. 524 und 525).
[20] vgl. Bräutigam, S. 526.
[21] Die Aussagen der Baronesse am nächsten Morgen wertet Bräutigam als eine Art indirekter Kritik der Geschichten des Vorabends, besonders was Erzählstil, Form

Durch die Bitte der Baronesse vorbereitet, doch bereits in ihrer Abwesenheit am Abend beginnen die restlichen Anwesenden die Erzählrunde, nachdem sie sich darüber unterhalten haben, welche der eingetroffenen Nachrichten zu glauben und was zu verwerfen ist. Der Geistliche bemerkt dazu: „Ich finde am bequemsten, daß wir dasjenige glauben, was uns angenehm ist, ohne Umstände das verwerfen, was uns unangenehm wäre, und daß wir wahr sein lassen, was wahr sein kann" (HA 6, S. 146), womit die Gruppe bei dem Einverständnis darüber angekommen ist, dass der Mensch gern bereit ist, das Wunderbare zu glauben. In dieser Situation der Sensibilität für das Roman- und Geisterhafte und gewillt, Geschichten in geselliger Runde darzubieten, beginnt der Alte auf Bitten Luises zu erzählen. Für Karl, der nicht wie der Alte und im Anschluss daran Fritz[22], eine Geschichte erzählt, die er selbst erlebt oder direkt erfahren hat, sondern aus den „Memoiren" des Marschalls kennt, trifft durch das Wiedererzählen in seiner Erzählhaltung eine weitere Besonderheit zu. Karl gibt das Erlebnis jetzt „in seinem [= Bassompierres; Anm. d. Verf.] Namen" (HA 6, S. 161) wieder und es entsteht eine Art Metaperspektive; der Marschall bleibt präsent, wird aber durch den erzählenden Karl überlagert. So wird die Geschichte aus ihrem eigentlichen Kontext gelöst und in einen neuen eingebettet. Sie erhält eine andere Stellung, wird aber dennoch aus der Sicht des Marschalls von Bassompierre vorgetragen. Durch die von Karl übernommene Perspektive des Marschalls werden Einblicke in dessen eigene

---

und Fiktionalität angeht (vgl. Bräutigam, S. 528 und 529 sowie Anm. 39). Die Erzählung über die Krämerin wird allerdings bei Remak sehr wohl novellistischen Formkriterien entsprechend analysiert (vgl. Remak, S. 36-42); zudem kann diese dem Fiktionalitätsanspruch insofern nicht entsprechen, als dass sie Memoiren entnommen ist, besonders da die Baronesse sich nicht nur Geschichten wünscht, die „gut erfunden und gedacht" sind, sondern darüber hinaus „wahr, natürlich und nicht gemein" (HA 6, S. 167).

[22] Der Alte und Fritz geben vor, die Geschichte aus persönlicher Anschauung oder direkt von einem Freunde, dem sie widerfuhr, zu kennen. Dies trifft zwar für die Logik der Erzählung zu, in der nur Karl eine weit zurückliegende Quelle eines ihm nicht persönlich bekannten Autors rezitiert, ist aber für die Niederschrift der „Unterhaltungen" durch Goethe nicht dementsprechend, da er für beide anderen Geschichten Quellen benutzt hat (vgl. HA 6, S. 626). Hingegen hebt sich der Geistliche von Fritz und Karl als Erzähler ab, indem er seine Gegenstände souverän beherrscht (vgl. Bauschinger, S. 250).

Haltung gewährt und es wird deutlich, dass er sich geschmeichelt fühlt und nur um des Vergnügens willen die junge Frau trifft. Er macht sich scheinbar keine Gedanken um irgendwelche Hintergründe oder überhaupt um die Motive der Frau. Dadurch, dass Karl diese Geschichte erzählt und das nur im Namen von Bassompierre, wird die Aufmerksamkeit der Leser zusammen mit den Zuhörern von Karls Erzählung um so mehr auf die Diskrepanz zwischen zufälligen und beabsichtigten Geschehnissen gelenkt. Die Unbedachtheit und schon arrogante Hinnahme von Seiten des Marschalls kommen zu Bewusstsein und das Mysteriöse des Erlebnisses wird klar. Die Fragen, die im Anschluss an den Vortrag auftauchen, stellt sich Bassompierre in der Weise nicht. Er hinterfragt weder das Interesse der Krämerin an seiner Person und scheint alles auf seine Berühmtheit zu schieben, noch kümmert er sich ernsthaft um den möglichen Tod der Frau. Sein primäres Interesse gilt dem eigenen Schutz vor der Krankheit und dem Verlust einer aufregenden Geliebten, so dass die Suche nach ihr nicht wirklich altruistisch begründet werden kann. Unbewegt ist allerdings gleichfalls der Marschall nicht geblieben, denn immerhin entsinnt er sich Jahre später dieser „besonderen" Begebenheit und schreibt sie rückblickend auf: „Ich wollte Euch dieses Abenteuer berichten, obschon es von einer Person geringen Standes handelt; indes war sie so reizend, dass ich es bedauert habe und mir sehr gewünscht hätte, sie wiedersehen zu können."[23]

In dem, was Karl erzählt, wird besonders im Vergleich mit dem Text Hofmannsthals deutlich, dass der Schwerpunkt verlagert ist. Nicht die Liebe oder das Verstehen der beiden Menschen untereinander, sondern – auch hervorgerufen durch den Kontext – der Lauf der Dinge und deren Sinn scheinen im Mittelpunkt zu stehen. Die Liebesnacht wird kaum erwähnt, nur das Verlangen als Auslöser für das zweite Treffen wird vorgeführt[24]. Dass sich in der Folge dieses Verlangens der zweite

---

[23] Bassompierre in Bassompierre – Goethe – Hofmannsthal. Erlebnis des Marschalls v. Bassompierre. Eine Erinnerung aus dem Jahre 1606. The Bear Press. Bayreuth 1986, S. 7-10, hier S. 10; (künftig zitiert im Fließtext: Bassompierre).

[24] Im Verhältnis zum Originalmemoirentext schwächt Goethe Bezüge auf das sexuelle Verlangen besonders der Krämerin deutlich ab, wenn es etwa bei Bassompierre heißt: „[...] um Euch zu besitzen, hätte ich es, so glaube ich, eher mitten auf der Strasse zugelassen als darauf zu verzichten." (Bassompierre, S. 8-9). Goethe formuliert zurückgenommener: „[...] ich hatte ein so unüberwindliches

Wendepunkt[25] der Geschichte – also die endgültige Trennung – ergibt, hebt die Bedeutung dieser Stelle hervor. Denn das Verlangen wird nicht erfüllt, die Frau ist möglicherweise tot, zumindest erwartet sie den Marschall nicht in dem Haus der Tante. So geschieht auch hier etwas scheinbar Unvorhersehbares und Unverständliches, was insbesondere dem Marschall unerklärlich bleiben muss, da er sowohl die Beweggründe für das erste Treffen als auch die Rätselhaftigkeit der abrupten Trennung nicht hinterfragt. Der größere Zusammenhang dieser Geschehnisse wird gerade durch die Adaption der Perspektive des Marschalls und das Vorhandensein einer Rahmengeschichte verdeutlicht, die einen gewissen Spiel- und Verständnisraum vorgibt. Die Zuhörer selbst erkennen das Unerklärliche in diesem Erlebnis viel eher als der Marschall, obwohl sie ebenfalls nur über seine Kenntnisse zur Zeit der Niederschrift verfügen. Sie sind allerdings vorbereitet aufgrund der vorher erzählten Geschichten und heben sich in einer Richtung über die Perspektive des rückblickenden Marschalls hinaus; für sie ist die Geschichte nicht nur reizend, sondern entsprechend des Mysteriösen von weiterer Bewandtnis. Die Aufmerksamkeit soll viel eher auf den Geschehnissen ruhen, die die Rätselhaftigkeit dieses Ereignisses begründen. So werden die Anbahnung der Liebesnacht und der tragische, schwer verständliche Ausgang der Beziehung bedeutsam[26].

Anders als bei Bassompierre wird bei Goethe allerdings der zweite Wendepunkt gleichsam zusammen mit dem ersten vorbereitet, der auf-

---

Verlangen, mit Ihnen zu sein, daß ich jede Bedingung eingegangen wäre." (HA 6, S. 163).

[25] Remak differenziert zwischen auslösendem und auflösendem Wendepunkt (vgl. Remak, S. 30-31).

[26] Dies entspricht allerdings der Textvorgabe aus den Memoiren des Marschalls, an die sich Goethe eng anlehnt, indem er sie übersetzt und nur an wenigen Stellen abschwächt oder etwa einen Hinweis auf die Pest bereits vorausdeutend am Anfang der Erzählung einbaut (vgl. HA 6, S. 162), der bei dem Marschall nicht erscheint. So ist die Schilderung der Nacht auch bei Bassompierre nur auf wenige Zeilen beschränkt: „Sie gefiel mir ausserordentlich und da ich mit ihr spielen wollte, überliess ich ihr nicht die Entscheidung, ob ich mich mit ihr ins Bett legen würde; was ich tat, und mich, da sie sich alsogleich dorthin begab, der Ausschweifung ergab; ich kann sagen, dass ich niemals eine hübschere Frau erblickt habe noch eine, die mir grösseres Vergnügen in einer Nacht bereitet hätte: als diese vorüber war [...]" (Bassompierre, S. 8).

lösende wird somit bereits in den auslösenden Wendepunkt hineingespiegelt. Als der Bediente die Nachricht bringt, die Krämerin habe in ein Treffen eingewilligt, wird die Vorbereitung des Nachtlagers bei der Kupplerin mit Utensilien aus des Marschalls Haus dadurch begründet, dass „die Pest sich hier und da zeige" (HA 6, S. 162) und saubere Tücher und Matratzen wohl eine Ansteckungsgefahr unterbinden sollen. In diesem Sinne steht bereits das überraschende Zusammentreffen des Marschalls und der Krämerin im Zeichen der Pest, was für die zweite Wendung auf eine schrecklichere Art zutreffen wird. Bei Bassompierre hingegen fällt der erste und einzige Hinweis auf die Pest dann, als er das Haus der Tante mit den beiden Leichen bereits wieder verlassen hat: „Ich trank drei oder vier Glas ungemischten Wein, in Deutschland ein Mittel gegen die Pest [...]" (Bassompierre, S. 10).

Wie das Erlebnis bei Goethe verarbeitet wird, ist also entscheidend durch die Einbettung in einen Zusammenhang beeinflusst. Die Rahmenhandlung hebt die Bedeutung des Unerklärlichen hervor, indem sie diesen Themenschwerpunkt sowohl vorbereitet, durch alle vier abendlichen Geschichten weiter trägt, als auch selbst davon beinflusst wird, wenn Friedrich am Ende an die ebenfalls aus Bassompierres Memoiren stammende vierte Geschichte des Abends über den Schleier geheimnisvoll von einem „ähnliche[n][...] Talisman in unserm Haus" (HA 6, S. 166) berichtet. Neben dem Motiv des Unerklärlichen besonders für den ersten Abend spielt Entsagung in allen Bereichen der Unterhaltungen eine große Rolle, so dass hierdurch gleichfalls eine Verbindung zwischen Rahmen und Binnenerzählungen gewährleistet ist.[27] Die Rahmenhandlung bewirkt außerdem die Kürze des Vorgetragenen, da sie auf die Zuhörenden abgestimmt ist. Die verlangte Kürze und der Zusammenhang[28] fordern also die Konzentration auf die Ereignisse, die eine Frage

---

[27] vgl. Bauschinger, S. 250. Die Krämerin wäre etwa „jede Bedingung eingegangen" (HA 6, S. 163), um mit dem Marschall zu sein, dem sie nicht entsagen will. Der Marschall selbst hingegen erinnert sich „niemals ohne Sehnsucht an das schöne Weibchen" (HA 6, S. 164) und entsagt dem Wunsch nach einem Wiedersehen, für das er sogar eine Reise im Auftrag des Königs verschoben hat, nur aufgrund des „unangenehmen Ausgang[s]" (HA 6, S. 164), also eher gezwungen als selbst gewählt.
[28] Nach Hilde Cohn „ist das Moment der Zuhörerschaft maßgebend für Inhalt und Zeitmaß" (Cohn, S. 59) der vorgetragenen Geschichte und betont die Wichtigkeit des Kontextes, welcher das Verstehen der Zuhörenden beeinflusst.

nach Sinn und Zufall zulassen und somit ergibt sich die Intention gerade auch aus dem Kontext. Das fraglos Reizende des Abenteuers wird unterlaufen von dem unangenehmen Schrecken am Ende, so dass die Wendepunkte die Geschichte quasi überschreiben, wie der Marschall durch Karl am Ende im Irrealis selbst formuliert: „[...] ich versichere, daß ohne den unangenehmen Ausgang es eins der reizendsten [Abenteuer; Anm. d. Verf.] gewesen wäre, deren ich mich erinnere [...]" (HA 6, S. 164).

Isolierung und Psychologisierung des Erzählens in Hofmannsthals Version

Bei Hofmannsthal fehlt der Erzählung eine solche Rahmengeschichte, und das Prinzip des Wiedererzählens tritt nicht in dem Maße zutage[29]. Von Beginn an wird der Leser aus der Sicht des Marschalls, der zurückschaut, in die Geschehnisse eingeführt. Nur über seine Wahrnehmung vermittelt durch eine den Ursprungstext überformende Erzählinstanz ist das Miterleben möglich, wobei der Marschall durch das Zurückblicken mehr Informationen hat und vermitteln kann als bei seinem direkten Erleben. So kann man auch die Vorausdeutungen einordnen, die hier – vielleicht sind sie dem Marschall nur unterbewusst klar – auftauchen. Hofmannsthal tilgt etwa des Marschalls Motivationsschilderung für die Niederschrift des Erlebnisses, so dass diese außerhalb der Geschichte liegende Reflexion auf Erzählhaltung und -impetus im Gegensatz zu Goethe und Bassompierre selbst fehlt und des Marschalls Erzählen bei Hofmannsthal viel affektiver und weniger bewusst wirkt. Hofmannsthal schließt mit dem Hinweis auf die neuen Mietleute des Krämerladens, die keine weiteren Informationen über die Frau haben, hingegen erscheint bei Goethe – trotz der Rolle des für den Marschall sprechenden Karl – Bassompierres reflektierender Hinweis an seine Leser auf.[30]

---

[29] Cohn behauptet gar: „So gesellschaftlich Hofmannsthals Natur angelegt war, so sehr er, wie aus seinen fiktiven Gesprächen, Briefen und seinen Reden hervorgeht, beim Dichten den Leser mitdachte, so wenig ist er an dieser Stelle gesellig und mit dem Dichter der ‚Unterhaltungen' vergleichbar." (Cohn, S. 60)

[30] In den „Unterhaltungen" endet die Erzählung wie folgt: „Dieses Abenteuer

Die Geschichte verweist zudem auf keinen größeren Zusammenhang, in dessen Kontext sie gelesen werden müsste. Dies gilt natürlich nur insoweit, als dass die Hintergrundtexte, aus denen sich die Geschichte speist – also Goethe und auch Bassompierre – und in deren Spannungsfeld sie steht, nicht in die Betrachtung bzw. Lektüre direkt einbezogen werden. Der Rezipient scheint hier zunächst aufgrund des fehlenden Zusammenhangs und der nicht vorhandenen Metaperspektive viel weniger Hinweise zu erhalten, wenn es um die Standpunktbildung geht. Etwa wird durch die eindringlicher und detaillierter beschriebene Liebesnacht und das Verhalten der Frau Einblick in sie gewährt. Da dies aber immer nur indirekt durch den Marschall geschieht, bleiben auch hier Zweifel über die Motivationen der Frau erhalten; dafür erscheint der Marschall als empfindsamer und ‚moderner' Mann des Fin-de-siècle[31]. Hier sind ebenfalls Fragen nach Sinn und Zufall für den Lesenden von entscheidender Bedeutung, da der Marschall selbst meist versäumt, diese zu stellen[32]. Er denkt sie zwar an und erfährt auch eine Veränderung, da er das Erlebnis mit der Krämerin im Verlauf des Geschehens nicht mehr nur noch als amouröses Abenteuer sehen kann, sondern die Frau die Stellung einer „Freundin" (XXVIII, S. 53) einnimmt[33]. Er zeigt Interesse an ihr und versucht auf sie einzugehen,

---

begegnete mir mit einer Person vom geringen Stande, aber ich versichere, daß ohne den unangenehmen Ausgang es eins der reizendsten gewesen wäre, deren ich mich erinnere, und daß ich niemals ohne Sehnsucht an das schöne Weibchen habe denken können." (HA 6, S. 164) Bassompierre spricht seine Leser noch direkter an: „Ich wollte Euch dieses Abenteuer berichten, obschon es von einer Person geringen Standes handelt; indes war sie so reizend, dass ich es bedauert habe und mir sehr gewünscht hätte, sie wieder sehen zu können." (Bassompierre, S. 10)

[31] vgl. dazu auch Cohn, S. 61. Dies begründet unter anderem die Kritik Remaks, der die Anverwandlung in eigene Umstände Hofmannsthals als dem Ursprungstext Bassompierres zuwiderlaufend empfindet (vgl. Remak, S. 45, 49-50).

[32] Tamás Tóth unterstreicht die Bedeutung der Perspektive, die das Erlebnis aus der Sicht keines allwissenden Erzählers, sondern aus der des Marschalls wiedergibt. So erst kann die für den Marschall charakteristische Situation des Unwissenden auf den Leser übertragen werden, der sich nun der Rätselhaftigkeit stellen muss (vgl. Tóth, T.: Der Marschall von Bassompierre und sein Erlebnis. Versuch einer Analyse der Hofmannsthalschen Novelle. In: Mádl, A./Gottschalk H.-W. (Hrsg.): Jahrbuch der ungarischen Germanistik, Budapest/Bonn 1992, S. 391-403; hier S. 396; künftig zitiert: Tóth).

[33] Oster schreibt dem Marschall gleichfalls eine Veränderung seiner Einstellung gegenüber der Krämerin zu (vgl. Oster, S. 256)

insbesondere als sie nach seiner zögerlichen Aussage, ob er für sie seine Reise verschieben kann, zu weinen beginnt. Auch ist er bewegt, als er zu wissen glaubt, dass sie tot auf dem Tisch in dem Zimmer liegt, denn er „taumelt[...]" (XXVIII, S. 60) aus dem Haus. So kommt es dazu, dass die Beziehung in einem anderen Licht dargestellt wird als noch bei Goethe[34]. Sie nimmt eine viel wichtigere Stellung ein, was nicht nur durch die ergänzte, sehr ausführliche Passage der Liebesnacht deutlich wird. Selbst wenn der Marschall nicht wirklich Zugang zu ihr findet, denn Name und Gründe für ihre Taten sind ihm fremd, vermittelt seine Darstellung der Krämerin das Bild einer liebenden Frau. Sie gewinnt Tiefe[35] und ihre Beweggründe werden noch interessanter und geheimnisvoller. Trotzdem bleibt ihre Kommunikation durch Körperlichkeit bestimmt, indem die Krämerin vornehmlich in ausdrucksstarken Gebärden, die dem Marschall zu interpretieren aufgegeben sind, ihr Innerstes eröffnet; sie neigt[36] sich vor ihm zu Beginn, lehnt sich aus der Tür des

---

[34] Kraft verortet den Beginn dieser Änderung schon viel früher, indem er für den Anfang der Erzählung darauf hinweist: „Der Satzrhythmus ist völlig der Goethes, wie überhaupt die folgenden Sätze bis zur Annahme des Rendezvous wörtlich aus Goethe übernommen sind, mit einer Ausnahme: die Bedingung, die Nacht mit ihr unter einer Decke zuzubringen, stellt sie nicht. Dies ist aber die Einleitung eines völligen Stilwechsels, und hier beginnt die neue Dichtung." (Kraft, S. 256) Bereits an dem frühen Punkt der Erzählung macht sich durch die Ausklammerung des zu offen Sexuellen als Grundlage der Verbindung eine Verlagerung – besonders in der Sicht der Krämerin – bemerkbar. So erläutert Kraft manchmal etwas geschwollen die Veränderungen Hofmannsthals im Verhältnis zu Goethes Version: „Hofmannsthal ist ein moderner Mensch und hat als solcher nicht mehr das intakte Verhältnis zur Sinnlichkeit, das Bassompierre, ein Kind wilderer Zeiten, brutal aber naiv, gehabt hat und welches Goethe zustimmend übernimmt. Er muß daher anders motivieren. Es ist die gleiche Gewalt der Liebe, aber sie wehrt sich gegen den Trieb, und wo dort die heilige Identität des Eros die Zeit förmlich überspringt, um ihr Ziel zu erjagen, muß hier die Glut sich prüfen und bewähren[...]" (Kraft, S. 257). Allerdings findet sich Hofmannsthal in den goetheschen Stil ein, so dass die eingefügten Teile nicht unverbunden neben zitierten Passagen stehen, sondern beide verschmolzen werden.
[35] „Das ‚artige Weibchen' aus Bassompierres Tagebuch von 1606, dessen Charakter sich in Goethes Übertragung nicht geändert hat, ist um 1900 eine tragische Frauengestalt allgemeingültiger Prägung." (Cohn, S. 61)
[36] Zu dem Ausdruck der Neigung bei Hofmannsthal erläutert Rath: „Die Erzählung beginnt damit, dass die ‚sehr hübsche Krämerin', so der Ich-Erzähler Bassompierre, ‚sooft ich in den fünf oder sechs Monaten vorüberkam, sich tief neigte und mir soweit nachsah, als sie konnte.' Diese Geste, dem Marschall ‚nachzusehen', beantwortet dieser damit, daß er sich eines Tages ebenso ‚von Zeit zu Zeit umsah', um der

Krämerladens, biegt sich von der widerwärtigen Kupplerin fort, bewegt sich aufregend und ruhig durch den von Flammen durchspielten Raum. Ihr Gesicht erstrahlt in verschiedener Weise, sie weint, kehrt sich zur Wand und vielerlei mehr. Wenn sie spricht, haben ihre Worte etwas von Sprachgebärden, so am Ende, als sie den Satz „Du willst mich noch einmal sehen? so will ich dich bei meiner Tante einlassen!" spielerisch mehrfach und unterschiedlich hervorbringt und Gesicht und Körper je nach Ausdruckswunsch entsprechend bewegt, besonders wenn es heißt: „[...] indem sie sich mit dem Satz [...] endlos herumspielte [...]" wird ihre verführende schauspielerische Ausdrucksfunktion betont (vgl. und zitiert XXVIII, S. 55-56). Ganz ähnlich verhält es sich mit der Vorstellung des Krämers, die auch zu ihrer eigenen Charakterisierung beiträgt und gänzlich mimisch-gestisch ist.

Liebe und die Beziehung zwischen zwei Menschen oder noch eher die Vorstellung davon werden hier thematisiert. Der Marschall und die Krämerin scheinen mit durchaus anderen Erwartungen zu diesem ersten Treffen gekommen zu sein – anders als dies wohl noch für die Krämerin der Texte Bassompierres und Goethes gilt. Für Hofmannsthals Bassompierre stellt die hübsche Krämerin zuerst ein interessantes „Abenteuer" (XXVIII, S. 53) wie schon viele zuvor dar. So schickt der Marschall seinen Bedienten zu ihr um ein Treffen zu vereinbaren. Derselbe Bediente sollte am Abend aber noch „mit Briefen an gewisse Damen nach Fontainebleau" (XXVIII, S. 51) reiten. Der Bassompierre reiht die Krämerin also in die Riege vieler Liebschaften ein. Bei Goethe hält diese Haltung an, Hofmannsthal relativiert sie im Laufe der Geschehnisse. So schläft der Marschall während der gemeinsamen Nacht ein und verwechselt die Krämerin mit einer anderen. Dass ihn dennoch mehr mit der Frau verbindet, zeigt die Andeutung „deren Herz so nahe dem meinigen klopfte" (XXVIII, S. 53). Diese eher gefühlsmäßige Verbundenheit scheint auch er zu spüren und so wird die Entwicklung erklärlich, die er durch sie erfährt. Durch ihren „überaus schmerzlich

---

Schönen dann ausrichten zu lassen, daß er ihre ‚Neigung, mich zu sehen und zu grüßen, bemerkt hätte (...)' [...] Die Bewegung der Figuren begründet ihr Gefühl, ihr wortwörtliche *Neigung* zueinander. Eine Sprachgebärde begründet also das Erzählgeschehen. Hofmannsthal nimmt sie als Movens auf. Entsprechend beginnt seine ausführliche Darstellung der Liebesnacht mit einer Geste [...]" (Rath, S. 259)

fragenden Blick" (XXVIII, S. 54) macht sie deutlich, dass sie durch seine ablehnende Haltung und die „Schwierigkeiten" (XXVIII, S.54), die er macht, als sie ihn nur am Sonntag wiedersehen will, getroffen ist. Als der Marschall dann doch einwilligt, seine Reise im Auftrag des Königs nach Lothringen zu verschieben, und sie im nämlichen Hause wieder treffen will, gesteht sie daraufhin, warum sie für dieses erste Treffen sogar tatsächlich in ein Bordell gekommen ist: „Um deinetwillen hab´ ich´s getan, weil du für mich der bist, der du bist, weil du der Bassompierre bist, weil du der Mensch auf der Welt bist, der mir durch seine Gegenwart dieses Haus da ehrenwert macht!" (XXVIII, S. 55). Dass diese drei doch recht unterschiedlichen Gründe – denn es geht um ihn selbst, seine Stellung und um die Art und Weise, wie er durch seine Gegenwart die Umwelt beeinflussen kann, so dass sogar ein schäbiges Haus ehrenwert wird – aus ihrem Innersten kommen, wird durch das Spiel in ihren Augen unterstrichen, denn hier scheinen die Augen wirklich als Spiegel der Seele zu fungieren. Dem Marschall könnte das zumindest unterschwellig bewusst sein, denn nur durch seine Erzählweise wird die Aufmerksamkeit darauf gelenkt.

In der Folge der fehlenden Rahmenhandlung sind nicht nur weniger Deutungsfelder innerhalb eines übergeordneten Sinns oder Kontextes vorgegeben, sondern das Erlebnis gewinnt größeren Eigenwert[37]. Bei Hofmannsthal ist es „*Das* Erlebnis des Marschalls von Bassompierre", nicht länger eines unter anderen in den Memoiren, und auch nicht – wie bei Goethe – durch Umliegendes, sondern nur durch sich selbst pointiert. So kommt es zu einer von einer Vorgabe losgelösten Intention. In dieser Erzählung werden vielmehr die Verbindung der beiden Protagonisten, die fast gleichwertig vorgestellt werden, indem etwa die Krämerin den Marschall duzt, und ihre Erwartungen an die Beziehung thematisiert.

Die Frage nach sinn- oder doch eher zufälligem Geschehen spielt zwar eine Rolle, da hier ebenso auf vorhandene Fragen bezüglich Begegnung und Trennung der Personen keine Antwort gewährt wird. Dennoch

---

[37] Patricia Oster spricht in dem Zusammenhang von einer Verabsolutierung der Episode, die sowohl durch die fehlende Rahmenhandlung, als auch durch die nun entstehende „scharf geschlossene[...] Fiktion" (Oster, S. 251) zustande kommt.

vermittelt der erzählende Marschall den Eindruck seines festen Glaubens am Ende, dass die Krämerin im Zimmer ist und er sich deshalb unbedingt Zugang verschaffen will. Der Rezipient muss davon ausgehen, dass Bassompierre zumindest zunächst glaubt, sie sei die eine der beiden Leichen, die er dann in dem Zimmer vorfindet. Dieser Eindruck wird noch einmal dadurch verstärkt, dass die zweite Leiche als „sehr groß" (XXVIII, S. 59) gekennzeichnet wird und im Verlauf des Textes gleichfalls der Krämer von außergewöhnlich großer Statur geschildert wurde, womit allerdings eine Identifikation dennoch sicherlich beabsichtigte Hypothese bleibt, weil damit eigentlich noch nichts über die Identität – besonders der ersten – Leiche ausgesagt ist:

> und an einer Wand einen Tisch, auf dem zwei nackte Körpter ausgestreckt lagen, der eine sehr groß, mit zugedecktem Kopf, der andere kleiner, gerade an der Wand hingestreckt, und daneben der schwarze Schatten feiner Formen, der emporspielte und wieder sank. (XXVIII, S. 59)

Der Marschall erkundigt sich zwar im Anschluss an seine Dienstreise nach der Krämerin, das könnte allerdings auch der Informationsbeschaffung dienen, denn es heißt nicht, dass er sie sucht: „Alle Mühe, die ich mir nach meiner Rückkunft gegeben, irgend etwas von dieser Frau zu erfahren, war vergeblich." (XXVIII, S. 60) Alles, was mit der Krämerin in Zusammenhang steht, wird im Dunkeln gelassen und hat etwas Geheimnisvolles. Nie wird ihr Name genannt, den der Marschall neben ihrer Herkunft und ihren Motiven nicht kennt. Er kann sie nicht wahrhaft finden, auch wenn er es versucht. So muss wahrscheinlich gleichsam ihre Liebe scheitern.

Hofmannsthal führt mit dem als vermeintlichen Krämer vorgestellten Mann eine neue Gestalt ein, die zudem eine zentrale Stellung einnimmt und zur Charakterisierung der Krämerin Aspekte hinzufügt. Bei Bassompierre selbst und gleichfalls bei Goethe wird der Ehemann der Krämerin nur über die Worte der Frau präsent, dass sie ausschließlich ihn und den Bassompierre liebe (vgl. HA 6, S. 163 und Bassompierre, S. 9). Durch den Erzählduktus wird klar suggeriert, dass es sich bei dieser Person um den Mann der Krämerin handelt, es werden keinerlei Zweifel aus der Sicht des Marschalls vermittelt, selbst wenn er durch vorherige Begegnungen diese Annahme nicht verifizieren kann: Der Diener

„flüsterte mir zu, daß zwar nicht die Frau, wohl aber *der* Mann nun in dem Zimmer sei. Neugierig *diesen* Krämer zu sehen, den ich mich nicht erinnern konnte, auch nur ein einziges Mal in seinem Laden erblickt zu haben [...]" (XXVIII, S. 57; Herv. d. Verf.)[38] Durch die Art, wie der Marschall den Mann vorstellt, wird eine ehrerbietige Haltung diesem gegenüber deutlich. Er erkennt ihn als gleichwertig an und verspürt insofern „eine dumpfe zornige Eifersucht" (XXVIII, S. 57), keine Überlegenheit. Die Zugehörigkeit zu einem solchen Mann verschafft der Krämerin erneut mehr Tiefe und Persönlichkeit:

> [...], da das Verlangen nach seiner Frau in mir fortwährend wuchs und wie ein umsichgreifendes Feuer sich von allem nährte, was mir beggenete und so durch diese unerwartete Erscheinung in verworrener Weise gesteigert wurde [...]. (XXVIII, S. 57)

Interessant dabei ist vor allem, dass ausschließlich der Marschall den Ehemann so vorstellen kann, da es nur ihm möglich ist, den nötigen Einblick in Zurückliegendes zu gewähren. Hier spielt neben der Verwechslung der Krämerin in der Liebesnacht und dem Schlagen der Turmuhr (vgl. XXVIII, S. 53 und 54) ein weiteres Mal die Vergangenheit eine Rolle[39]. Es werden hier verschiedene Zeit- und Bewusstseinsebenen miteinander verknüpft. Nicht nur die erzählte Zeit, sondern auch – aus der Position gesehen – Vergangenes und Zukünftiges werden relevant. So scheinen die Andeutungen für das weitere Geschehen – das Ausblasen der Kerze sowie besonders das Betrachten der Fingernägel vonseiten des Krämers – visionär und die Gedanken an den Gefangenen zu Blois träumerisch, an den ihn der Krämer erinnert. Der Marschall

---

[38] Diese neue Passage, in der ein von Bassompierre als der Krämer vermutete Mann eingeführt wird, hat laut Tóth erzählenden Charakter und führt dem Leser des Marschalls Erlebnisse zwischen dem ersten und dem geplanten zweiten Treffen vor Augen; für den Verlauf der Geschichte hat sie eine retardierende Funktion. So werde die Spannung gesteigert und die wachsende Ungeduld des Marschalls vorgeführt. (vgl. Tóth, S. 396) Sehnsucht, sicherlich auch wachsende Lust lassen den Marschall die Zwischenzeit nurmehr nutzlos verbringen, so dass selbst die Abwesenheit der Krämerin einen bestimmenden Einfluss auf den Marschall bei Hofmannsthal gewonnen hat. Bündig erläutert Tóth gleichfalls die Funktion der zuvor von Hofmannsthal eingesetzten Passagen, besonders auch der kürzeren (vgl. Tóth, S. 395).

[39] Hilde Cohn verweist in dem Zusammenhang auf die besondere Zeitgestaltung Hofmannsthals, der hier den Aspekt der Erinnerung einbaue und diesen mit den in die Zukunft weisenden Gesten des Ehemanns in Verbindung bringe (vgl. Cohn, S. 63-64).

verliert die Realität aus dem Auge und sieht wie durch einen Spalt (vgl. „Spalt im Laden", XXVIII, S. 56) in andere Bereiche, die ebenso das Geschehen beeinflussen können. Gerade auch die rückblickende Erzählweise macht die Bedeutung der auf Erzählebene aktuellen Gedankengänge klar. Vom Erzählstandpunkt aus sind Vergangenheit, Gegenwart und Zukunft zum Zeitpunkt des Erlebnisses allesamt vergangen und lassen sich wie aufgefächert überblicken. Der Marschall ist in den Bann des Anderen, der andersartigen Welten gezogen, bleibt aber dennoch etwas außen vor, so wie er keinen physischen Zutritt zu dem Laden mit den beiden Engeln findet[40]. Von dieser Position ist auch seine Beziehung zu der Krämerin zu betrachten. Ihre geheimnisvolle Aura zieht ihn an, er erreicht sie aber nicht völlig, denn das Schicksal – entweder in der Form ihres Todes oder ihres Verschwindens – entzieht sie ihm und er kann und will weder folgen noch etwas dagegen unternehmen.

Bei Hofmannsthal fehlen also im Vergleich zu Goethe die sinnstiftende Rahmenhandlung und das Moment des Wiedererzählens. Das Erlebnis wird direkt von dem Marschall rückblickend geschildert und durch diese Perspektive kann es zu den tiefen Einblicken sowohl in seine Person als auch in die Vorstellung, die er von der Krämerin hat, kommen[41].

---

[40] Nur über den Spalt im Laden nimmt er visuelle Informationen über den Mann im Innern wahr, dessen (Selbst-)Gespräch ist für ihn nicht zu ergründen. Remaks in diesem Kontext geäußerte Thesen, der Mann unterhalte sich mit der Krämerin und reagiere heftig auf ihre Einwände gegen die Intrige gegen den Marschall, sind hochspekulativ und keinesfalls am Text festzumachen. (vgl. Remak, S. 47) „Es ist wieder ein Beweis für Hofmannsthals instinktsicheren Kunstverstand, daß er diesen Ehemann, an sich die wichtigste Figur im psychologischen Kausalnexus des die Wirklichkeit nachschaffend interpretierenden Dichters, nicht psychologisch, sondern physiognomisch darstellt: er spricht nicht. Die Frau, deren mimisch-physiognomische Charakterisierung Walther Brecht mit Recht hervorhebt, darf sprechen, weil ihre Rede im Kern dem Dichter vorgegeben ist; seine Rede zu erfinden, hat er sich hier mit Recht versagt. Daher kommt es auch, daß er den schon in der Wirklichkeit geheimnisvollen Vorgang in der Dichtung wiederum in der Form des Geheimnisses darstellt." (Kraft, S. 265) Kraft ist zuzustimmen in seiner Herausstreichung des gebärdenhaft Körperlichen für Hofmannsthals Text (und dies gilt für eine Großzahl seiner Werke und spiegelt sich in Hofmannsthal unterschiedlichen Arbeiten zum Stummfilm, zur Pantomime, zur Oper etc.), doch spricht der Krämer sehr wohl (mit sich), wenn dies auch für den Marschall und damit den Rezipienten unhörbar bleibt.
[41] Tóth relativiert sich an diesem Punkt selbst, wenn er noch auf Seite 399 irritierenderweise ausgeführt hat, die Frau stehe nun bei Hofmannsthal im Mittelpunkt,

Die Intention hat sich gewandelt, denn es geht hier eher um die Darstellung einer auf unterschiedlichen Einschätzungen und Erwartungen beruhenden Beziehung zwischen zwei Menschen als um das ‚Wunderbare' wie bei Goethe.

Vorausdeutungen

In dem Text von Hofmannsthal nehmen die Vorausdeutungen eine viel zentralere Stellung ein, als dies bei Goethe der Fall ist. Dem Marschall, der das Erlebnis zwar rückblickend wiedergibt, dennoch nicht allwissend ist, sind diese Hinweise nicht unbedingt bewusst, doch kommen trotzdem Vorausdeutungen für den Leser zustande. Bei Goethe wird die Pest im ersten Teil einmal erwähnt, als es um das frische Bettzeug für das Nachtlager im Freudenhaus geht; so werden die Wendepunkte bei Goethe eng miteinander verknüpft. Hofmannsthal baut die Andeutungen hingegen dichter ein. Nicht nur die Pest wird mehrfach unter verschiedenen Gesichtspunkten angesprochen, auch die Totengräber, die Angst vorm Morgenlicht oder das Motiv der Flamme stellen Ansätze dar, welche auf das Ende verweisen. So kommt es zu einer Art Spiralstruktur in der Anordnung dieser Aspekte, die sich zu einem quasi notwendigen Ende zusammenziehen.
Betrachtet man das Motiv der Pest, fällt Hofmannsthals Darstellung vielfältiger aus. Es geht nicht nur mehr um frisches Bettzeug und die Verknüpfung der beiden Teile der Geschichte wie bei Goethe, mit diesem Motiv wird darüber hinaus gespielt. Blickt der ehrwürdige Ehemann der Krämerin auf seine Fingernägel im Kerzenschein, hat diese Geste etwas viel Denkwürdigeres und Passenderes als bei dem „Kanonikus von Chandieu" (XXVIII, S. 58). Bei diesem wirkt die Besorgnis nur albern (XXVIII, S. 58) und deplatziert, wohingegen die Gefahr für den Krämer deutlich wird. Zu diesem Zeitpunkt weiß der

---

wohingegen der Ich-Erzähler als Randfigur erscheine: „Diese Subjektivität bringt es aber mit sich, daß die Figur des Erlebenden als genauso wichtig, wenn nicht wichtiger erscheint wie das Erlebte selbst." (Tóth, S. 400) Gerade die indirekte Schilderung der Krämerin durch den Marschall führt denn letztlich dazu, dass seine Vorstellungen, seine Emotionen und seine Projektionen offenbar werden, weniger ihre; um sie weht immer noch der geheimnisvolle Nimbus.

Leser noch nicht unbedingt, was es mit der Geste auf sich hat und dass sich blau-färbende Fingernägel ein Anzeichen für die Pest sind. Durch die erst später erfolgende Erklärung und indem dabei die Albernheit der Gebärde bei einem anderen Menschen aufgezeigt wird, entsteht zunächst Spannung. Gleichzeitig wird aber zwischen den Personen unterschieden. Gesellschaftlich vorgeprägte Rollen werden außer Acht gelassen, ein anderer Wert zählt hier bei der Beurteilung der Personen, selbst wenn die Wahrscheinlichkeiten der Erkrankung in den verschiedenen Schichten nicht völlig aufgehoben wird. Das ist auch für die Einschätzung der Rolle der Krämerin von großer Wichtigkeit, da in dieser Beziehung gesellschaftliche Konventionen nicht mehr relevant sind.

An der gleichen Stelle wird bei dem Herzog von Nemours darüber gesprochen, dass Pestleichen schnell verscharrt würden und man ein Strohfeuer in den Totenzimmern brennen müsse (vgl. XXVIII, S. 58). So wird schon hier erläutert, was es am Ende mit dem brennenden Bettstroh und den abgekratzten Wänden im Pesthaus auf sich hat und ist somit als eine Art Verweis auf künftige Geschehnisse zu werten.

Die Krämerin wird mehrmals mit dem Tod in Verbindung gebracht. Sie selbst will „eines elenden Todes" (XXVIII, S. 55) sterben, falls sie jemals jemanden außer ihrem Mann und dem Bassompierre geliebt habe. In dem Moment sucht sie „mit halboffenen, lebenhauchenden Lippen" (XXVIII, S. 55) Bestätigung bei dem Marschall. Es scheint fast, als befände sich das Leben außerhalb ihrer selbst und nur ein (ausbleibender) Hauch trenne sie vom Tod. Als der Marschall ihr eine Liebesbezeugung nur zögerlich erweist, bringt sie dies zum Weinen, denn er zaudert, ihr die Liebe zu gewähren, die ihr gleichzeitig das Leben bringen würde, das sie so sucht. Seine Liebe scheint nicht stark oder konsequent genug zu sein, sie vor diesem elenden Tod zu bewahren, den sie am Ende vielleicht sterben muss. Ebenso könnte aber auch sie selbst die Bedingung ihres Schwures nicht erfüllen und ihre eigene Liebe hat nicht genug Kraft. In der Vergegenwärtigung der Szene „erstarb" dem Marschall das Wort im Munde und ihre Arme hängen „leblos" herab (XXVIII, S. 55). Todesmetaphern bestimmen also hier die Situation und deuten auf das Ende voraus. In jedem Fall wäre eine Erklärung durch ihre eigene Schwäche möglich und würde einige offene Fragen nach ihren Motiven klären sowie sie als geschickte Intrigantin darstellen. Andererseits wird die Krämerin durchaus glaubwürdig als liebende Frau vorgestellt. Das, wonach sie sich sehnt, kann sie nicht in jeder Hinsicht bekommen. So muss sie weiter nach dem Marschall verlangen, denn er entzieht sich ihr zuerst. Als sie das erkennt, ist sie nahezu tödlich getroffen. Zwar spricht er daraufhin „mit den eindringlichsten Worten, die mir der Augenblick eingab" (XXVIII, S. 55) zu ihr und vermag sie auch zu besänftigen, doch werden ihm die Worte erst eingegeben von dem emotional geprägten Augenblick und entspringen nicht ihm selbst.

Falls überhaupt, stirbt am Ende ihr Ehemann mit ihr und nicht der Marschall, was auf eine unterschiedliche Wertigkeit der Zuneigung schließen lassen könnte. Die beiden bleiben sich vielleicht verbunden bis in den Tod. So spricht der Marschall ihren Augen die Stärke zu, „ein totes Geschöpf an sich zu reißen vermögend zu sein" (XXVIII, S. 56). Dabei könnte von ihrem Ehemann die Rede sein, mit dem sie ihr Schicksal teilt und deren Bindung aneinander bis über den Tod hinaus von Bestand ist. Ganz grundsätzlich verfügt die Krämerin aber wohl über eine bestimmte Macht über tote Geschöpfe, die weit über physische Kräfte hinausgeht – sie ist auf den Tod bezogen. Dies gilt offensichtlich ebenfalls für den Tod anderer, wenn in ihrer Gegenwart dem Marschall das Wort erstirbt und hier tote Geschöpfe in ihren Bann geraten könnten. Nicht nur das Pestmotiv bereitet den Tod am Ende dieses Erlebnisses vor. So können die beiden Männer, die am Morgen vor dem Fenster des Hauses der Kupplerin vorbeigegangen sind, mit den Totengräbern in Verbindung gebracht werden, die am Ende in das Haus der Tante kommen. In die bereits bedrückende und in der Schilderung unendlich lang ausgedehnte Dämmerung[42], die im Zeichen der Trennung steht, treten Totengräber, die als ein Sinnbild des finalen Abschieds gelesen

---

[42] Rath streicht das Zwischenhafte und die Ausdehnung der Wendung (im Bereich von den reichlichen Gebärden der Wendung in Hofmannsthals Text) und des Übergangs heraus, indem etwa die Dämmerung als dessen Inbegriff stark geweitet wird: „Im Movens des Zwischenhaften zeigt der Wendepunkt eine Verdopplung seiner herkömmlichen Gestaltung. Dem Ende der Nacht mit dem ‚letzte[n] Scheit im Kamin' und dem plötzlichen Einbruch der Dämmerung folgt eine seitenlange Vergrößerung dieses Übergangsmoments" (Rath, S. 261; vgl. auch S. 260).

werden können. Sie deuten damit den bevorstehenden Tod an, der für dieses Erlebnis von entscheidender Bedeutung ist, sei es ob die Krämerin und ihr Mann nun sterben oder durch den Tod zweier Unbekannter dieser in der Geschichte manifestiert wird. Die beiden scheinbar zuerst unwichtigen Männer, die nur durch ihre Laterne und den quietschenden Karren (vgl. XXVIII, S. 54) näher bestimmt werden, spielen für den, der den Fortgang der Geschichte kennt, eine andere Rolle. Interessant bei dieser Episode ist vor allem die Reaktion der Krämerin auf die vorbeigehenden Männer, indem „sie sich duckte und ihr Gesicht gegen die Wand kehrte" (XXVIII, S. 54), so dass es scheint, als fürchte sie die Gestalten und insbesondere das, wofür sie stehen. Die Furcht vor dem Morgen, dem drohenden Abschied und hier indirekt vor dem Tod wird klar vor Augen geführt. Die Krämerin ist sich vielleicht ihres drohenden Schicksals bewusst und auch der Marschall, der die beiden Totengräber erwähnt, scheint die ihnen innewohnende Bedeutung zu fühlen. Es tritt eine Art Verdrängungseffekt ein, denn die Krämerin kehrt ihr Gesicht ab und der Marschall verschließt die Fensterläden. Beide wollen oder können noch nicht sehen, was kommen wird, wenn sie es vielleicht auch auf unterbewusster Ebene spüren.

Die Idee des Todes passt zu der gesamten Atmosphäre, die hier kreiert wird. So tritt die Furcht auch im Zusammenhang mit dem Tag auf. In der Nacht, als die Krämerin am Fenster steht und der Bassompierre gerade erwacht ist, ruft sie aus: „Es ist noch lange nicht Tag, noch lange nicht!" (XXVIII, S. 53). Sie sagt das mit sehr viel Nachdruck, was schon in der Wiederholung zum Ausdruck kommt. Es scheint, als würde sie sich vor dem nahenden oder sogar drohenden Tag fürchten.

An dieser Stelle ergibt sich eine interessante Analogie zu Shakespeares „Romeo und Julia": Die Krämerin drückt indirekt aus, dass der hereinbrechende Tag das Ende des Zusammenseins mit dem Marschall markieren würde. Für sie ist die lange Nacht also wünschenswert, um länger mit dem Geliebten zusammen sein zu können. Dies trifft auch für Romeo und Julia zu, wenn Julia im 3. Aufzug, 5. Szene die berühmten Worte spricht:

> Wilt thou be gone? It is not yet near day.
> It was the nightingale, and not the lark,

> That pierced the fearful hollow of thine ear.
> Nightly she sings on yond pomegranate tree.
> Believe me, love, it was the nightingale.[43]

Auch Julia wiederholt bestärkend ihre Beschwörung, dass es sich bei dem Vogelgesang um den der Nachtigall handelt. Zwar ist für Romeo und Julia an dieser Stelle tatsächlich bereits der Tag angebrochen und Romeo verlässt das Haus kurz darauf, und im „Erlebnis des Marschalls von Bassompierre" ist eine Fortsetzung der Liebesnacht aufgrund des noch nicht völlig herannahenden Tages gestattet, doch setzt in beiden Fällen der Tag oder seine Boten (Lerche und Dämmerlicht) dem Zusammensein ein Ende, so dass der Tag als noch nicht angebrochen gewünscht wird. Mit dieser Ähnlichkeit schwingt vielleicht eine leichte Reminiszenz in Hofmannsthals Text an diese große Liebe und deren widrige Umstände, die ein langes Fortbestehen verhindern, mit und hebt den Wert dieser Beziehung erneut an. Beide Paare werden sich nach dieser Nacht und ihrem Abschied am Tag nicht (lebend) wiedersehen.

Mit aller Macht versucht die Krämerin die Vorstellung vom beginnenden Tag zu verdrängen und die Situation beizubehalten, in der sie sich geborgen und sicher fühlt[44]. In der Nacht – zu deren Bereich wohl auch das Feuer gehört –, in der die Krämerin eigentlich immer als willensstarke und interessante Frau erscheint, ist sie in ihrem Element, der Tag hingegen bedroht sie. Er bringt keinen neuen Anfang, sondern – wie die Totengräber bestätigen – Abschied und Ende. So hat sie Recht gehabt, sich vor dem Morgen zu fürchten, denn auch der Marschall charakterisiert den beginnenden Tag als ein Unding, das „nicht dem Aufwachen der Welt" (XXVIII, S. 54) gleicht. Es bietet sich eine völlig entfremdete Szenerie dar, die keine Individualität mehr zulässt. Alles wirkt wie ein „farbloser, wesenloser Wust" (XXVIII, S. 54), welcher aber

---

[43] „Willst du schon fort? Der Tag ist noch nicht nahe. Es war die Nachtigall und nicht die Lerche, die die angsterfüllte Höhlung deines Ohrs durchdrang. Nacht für Nacht singt sie dort in dem Granatapfelbaum. Glaube mir, Liebster, es war die Nachtigall." Shakespeare, William: Romeo and Juliet = Romeo und Julia. Englisch-deutsche Studienausgabe. Dt. Prosafassung, Anm., Einl. und Kommentar von Ulrike Fritz. Tübingen 1999 [= zugl. Univ. München Diss., 1995], S. 262-263.

[44] vgl. dazu auch Cohn, S. 65. Cohn weist an der Stelle weiterhin darauf hin, dass in der Liebesnacht „kein festbegrenztes, eindeutiges Zeitgefühl aufkommen" (Cohn, S. 65) soll.

in die Atmosphäre des Zimmers unaufhaltsam eindringt. Sie müssen sich der Realität stellen, die ihnen keine Chance gibt. Ihre Beziehung ist nicht für die Außenwelt gemacht und übersteht den neuen Aufbruch nicht. So wird hier schon die Bedrohung für das Paar angedeutet, welche sie oder doch der Marschall später selbst schmerzlich erfahren müssen. Für eine individuelle Liebe scheinen sie nicht geschaffen zu sein. Sie müssen erkennen, dass auf der momentanen Ebene in der Nacht die Beziehung zueinander sehr wohl funktionieren kann. Dennoch gemahnt nicht nur die Zukunft in den Visionen vom Tod und der beängstigenden Atmosphäre an die Unhaltbarkeit dieser Auffassung. Auch die Vergangenheit, versinnbildlicht in der Turmuhr, die wie aus der Erinnerung heraus schlägt (vgl. XXVIII, S. 54), setzt die Zeit wieder in Gang, die die beiden für eine Weile vergessen konnten. Konventionen und Maßstäbe werden wachgerufen, die während der Nacht nur noch latent vorhanden waren.

Ist bei Goethe der Zusammenhang hinweisgebend, in den das Erlebnis gestellt wird, so sind es bei Hofmannsthal die aufgeführten Vorausdeutungen. Diese Hinweisstruktur befindet sich allerdings auf einer etwas anderen Ebene, denn bei Goethe werden nicht Anhaltspunkte für den Ausgang der Geschichte wichtig, sondern die Verweise auf den größeren Denkzusammenhang, auf den die Zuhörenden dabei vorbereitet werden oder in den sie bereits eingeführt sind. Bei Hofmannsthal hingegen sind die Verweise textimmanent und lassen Spekulationen über den direkten Ausgang dieses Erlebnisses zu; bei ihm hat diese Geschichte bereits größeren Eigenwert und kann daher auch in sich selbst eine Spannungs- und Verweisstruktur ziehen.

Immanente Motivstruktur bei Hofmannsthal: Flammen und die Verwendung von Gegensatzpaaren

Die Flammenmotivik ist für die Geschichte von Hofmannsthal von entscheidender Bedeutung[45], tritt bei Goethe aber nicht in der Weise

---

[45] Rath betont das Vielheitliche für das Motiv der „Liebes- und Lebensflamme. Diese verblichene Metapher wird von Hofmannsthal aufgefrischt, indem er auf das Vielheitliche im Flammenbild abzielt, auf ein ‚immer wieder' und auf einen Durst nach mehr bis zum jähen Ende." (Rath, S. 261)

zutage[46]. Schon alleine der auf das fast Dreichfache angewachsene Umfang der Arbeit Hofmannsthals im Vergleich zu Goethe verdeutlicht, dass hier neue Ideen eingeflochten werden. Dabei bleibt aber die Flammenmotivik nicht singulär, sondern Motive, über die eine Gegensätzlichkeit erzeugt werden kann, treten ebenfalls deutlich hervor: hell – dunkel, Tag – Nacht und Leben – Tod.

Zunächst wird das Feuer im Haus der Kupplerin der Wärme wegen entfacht, zumal Hofmannsthal das Geschehen in den „Spätwinter" (XXVIII, S. 51) verlagert. Indem durch das Feuer und die geschlossenen Läden eine Art Rückzugsraum für das Paar geschaffen ist, kommt besonders die prekäre Verfasstheit und Andersartigkeit der Beziehung der beiden Protagonisten zum Ausdruck. So grenzen sie sich von der kalten Umwelt durch das Feuer ab. Dies fördert vor allem der Marschall, indem er auf ein „tüchtig geheizt[es]" (XXVIII, S. 52) Zimmer besteht, so dass hier die von ihm zuerst forcierte Unnatürlichkeit und Begrenztheit der Liebe zu der Krämerin auftaucht; sie ist zunächst für die eine Nacht im Zimmer bei der Kupplerin gemacht. Bereits drohende Dämmerung hat etwas unwiderruflich Zerstörendes. Denn als sie den Raum verlässt, ist sie nicht länger die Freundin, sondern wirkt fremd:

> Und indem sie die Augen schloß, als ob ihr schwindelte, warf sie den Kopf zurück, breitete die Arme aus und umfing mich, und war gleich wieder aus meinen Armen und in die Kleider eingehüllt, fremd und ernst, und aus dem Zimmer; denn nun war völlig Tag. (XXVIII, S. 56)

Den Übergangsmoment der widerwärtigen Dämmerung leidend ausdehnend, verlässt die Krämerin den Marschall sofort mit Beginn des Tages und ist nicht länger dieselbe. Diese eine Nacht ist somit einmal gekennzeichnet durch Flammen- und Lichtspiele, die nichts mit natürlichem Tageslicht gemein haben, besonders wenn sie ihr selbst zu entspringen scheinen. Zudem wird die Nacht von zwei Widerwärtigkeiten begrenzt und gerahmt. Bei seinem Eintritt sieht der Marschall die Junge, die „mit großen Augen ruhig in die Flamme [sah]; mit einer Bewegung ihres Kopfes hatte sie sich wie auf Meilen von der widerwärtigen Alten entfernt [...]" (XXVIII, S. 52) und die sich auf diese Weise deutlich von den meisten Menschen abhebt. Am Morgen wird dieses

---

[46] Kraft weist auf die Erwähnung der Flamme bei Goethe hin (vgl. Kraft, S. 266).

Attribut der Dämmerung zugeschrieben: „Auf einmal sank die Flamme hin, und ein kalter Lufthauch tat leise wie eine Hand den Fensterladen auf und entblößte die fahle widerwärtige Dämmerung" (XXVIII, S. 54) An diesem Punkt ist allerdings nicht der Lufthauch kausal dafür verantwortlich, dass die Flamme hinsinkt, sondern wie im Einverständnis über den Beginn des Tages und damit das Ende dieser einmaligen Nacht kommt sie dem geheimnisvoll sich öffnenden Fensterladen zuvor. Das Innere als geschlossener, geschützter Raum der Nacht, ausgeleuchtet und gewärmt vom (Kamin-)Feuer und der Leidenschaft der Krämerin bildet eine eigene Zone und ist abgeschnitten von Widerwärtigem. So ist allerdings die Liebe wohl nur für diesen Schutzraum bestimmt, in diesem aber besonders intensiv. Der Rezipient erlebt die Krämerin immer nur in Innenräumen, denn selbst zu Beginn „trat sie an ihre Ladentür [...] [und] hatte sie sich weiter vorgelehnt, um mir soweit als möglich nachzusehen". (XXVIII, S. 51) Im Raum in der Nacht ist sie selbst immer wieder durch Strahlen, Flammen, Funkeln, Licht ausgezeichnet, das ihr selbst zu entspringen scheint. Als Beispiele für diesen Effekt mögen zwei Stellen gelten, die neben den Passagen im Kontext der Flammenmotivik hier ihre Verbindung zum (innerlichen) Licht verdeutlichen können: „unter einer Garbe von Licht, die aus ihren Augen hervorschoß [...]", „[...] bis plötzlich ein Lächeln, wie ein Licht zugleich aus den Augen und rings um die Lippen hervorbrechend, in einem Moment alle Spuren des Weinens wegzehrte und das ganze Gesicht mit Glanz überschwemmte." (XXVIII, S. 55)
Die Liebe dieses Paares bedarf dieses Schutzraumes, denn ihre Herkunft und Klassenzugehörigkeit erlaubt ein Zusammenfinden ohne Abgrenzung von den Konventionen der Gesellschaft nicht, selbst wenn die Krämerin durch ihre formlose Anrede an den Marschalls als Gleichgestelltem diese Trennlinien in der einen Nacht überspringen kann. Dies scheint für ein weiteres Treffen allerdings nicht mehr so leicht möglich zu sein, wenn im Zusammenhang der zweiten Verabredung der spielerische Charakter der Beziehung hervorgehoben wird. Es entsteht das „reizendste Spiel" (XXVIII, S. 55), als die Krämerin das Haus der Tante als Ort des zweiten Wiedersehens anbietet. Sie reizt und lockt ihn durch die zehnfach neue Aussprache der Frage: „Du willst mich noch

einmal sehen?" (XXVIII, S. 55). So tritt der Gedanke hervor, dass das Wiedersehen ein Spiel ist. Das könnte für die Lockerheit der Beziehung im Angesicht der gesellschaftlichen Ressentiments sprechen oder aber ihre Versuche beschreiben, ihn wie eine Marionette auszunutzen und in ihrem Spiel einzusetzen – wobei dies auch auf ihre körperlichen Ausdrucksformen zutrifft. Der vermeintliche Krämer erinnert an den Gefangenen des Königs, den der Marschall zu Blois bewachen musste[47]. Diese vielleicht unheilvolle Verbindung könnte als Motiv für die Frau – sei sie nun seine Ehefrau oder nur Gehilfin – herhalten, den Marschall zu verführen und in ein Pesthaus zu locken, um ihm den Tod zu bringen. Abwegig ist diese Vorstellung insofern nicht, als dass mehrere Aspekte mit der Idee der Krämerin als Intrigantin in Einklang zu bringen sind[48]. Nur scheint der Marschall nicht dieser Auffassung zu sein, indem er sie als liebende Frau vorstellt. Dass der Bassompierre die Möglichkeit der Intrige nicht in Betracht zieht, mag an der Absurdität für ihn liegen, denn er hat die Krämerin gekannt, ihre Liebe erfahren. Vielleicht hat er sie aber missverstanden sowie sich in Leidenschaft verstrickt und so kommt diese Diskrepanz zwischen seiner Darstellung und der unterschwelligen Annahme der Leser zustande.

Im Weiteren wird die Vorstellung einer entfachten Leidenschaft durch die lodernden Flammen geweckt. Die Krämerin selbst wird durch solche Flammen näher beschrieben, denn „die strahlende Hingebung, die aus den weit aufgerissenen Augen strömt[...] und aus dem sprachlosen Mund wie eine unsichtbare Flamme" (XXVIII, S. 52) herausschlägt, zeigt die ihr innewohnende Leidenschaft und bringt sie direkt mit den Flammen in Zusammenhang[49]. Ihr Gesicht, ihre Züge sind belebt von den darauf spielenden Flammen. Ähnliches geschieht, als das Feuer niedergebrannt ist und sie am Fenster steht. Der Marschall war

---

[47] Diese Identifikation findet nur durch den Marschall statt und lässt sich nicht durch eine äußere Instanz verifizieren, besonders da der Krämer nicht durch den Ring des Gefangenen gekennzeichnet ist.

[48] So ließe sich erklären, warum sie nach Monaten des Grüßens nun den Marschall angesprochen hat, ihn zwar das erste Mal in einem Freudenhaus trifft, ein Wiedersehen aber nur im Haus der Tante und nur in der Nacht von Sonntag auf Montag ermöglichen will.

[49] Auch Támas Tóth hebt hervor, dass Flammen „als ein Symbol ihres leidenschaftlichen Wesens, ihrer Liebe" (Tóth, S. 398) zu werten sind.

eingeschlafen, so dass die Leidenschaft mit dem Feuer nur noch glimmt. Um dem Einhalt zu gebieten, wirft sie ein letztes Scheit in die Glut, worauf ihr Gesicht „von Flammen und Freude" (XXVIII, S. 53) zu funkeln beginnt. Nicht nur das Feuer ist wieder entfacht und spiegelt sich in ihrem Gesicht, gleichzeitig wächst die Freude erneut. So scheint der Stand des Feuers mit ihrer Gemütslage übereinzustimmen. Brennt es lodernd, bedeutet das gleichfalls für die Krämerin Freude und Leidenschaft und sie wird „von innen her von stärkeren Flammen durchschüttert" (XXVIII, S. 53).

In den Bewegungen der Flammen wird dann auch die Liebesnacht dargestellt und ist möglicherweise ihr Schicksal auszumachen. Voller Leidenschaft lebt sie in dieser Liebesnacht noch einmal auf, wie die Flammen des letzten Holzscheits hochlodern. Plötzlich sinkt das Feuer aber zusammen und vergleichbar könnte der Krämerin ein jähes Ende widerfahren. So wird die Krämerin vielleicht auf einer symbolischen Ebene mit den Flammen in Verbindung gebracht. Nach dieser leidenschaftlichen Nacht, die durch das Brennen und Flackern des Holzes charakterisiert wird, erstirbt nicht nur die Glut im Kamin, sondern ebenso wird der Beziehung ein Ende gesetzt[50]. Ob das nun durch ihren Tod geschieht oder durch ihr Verschwinden, muss im Unklaren bleiben, aber doch war diese Leidenschaft einmalig; einmalig nicht nur im Sinne von ‚nur ein einziges Mal', sondern zudem besonders. Die Trauer und Furcht, die die Krämerin empfindet im Anschluss an diese Nacht, beziehen sich auf diese Einmaligkeit. So investiert sie auf alle Fälle Gefühle, gleich wenn sie durch ihre geheimnisvolle Art und die nicht näher bestimmbaren Motivationen als Intrigantin fungieren könnte. Die Fähigkeit zu schauspielern oder sogar zu täuschen, schreibt ihr sogar der Marschall zu, als er erzählt, wie sie die Einladung zum zweiten Treffen „zehnfach" (XXVIII, S. 55) ausspricht, jedes Mal mit einer anderen Betonung. Für sie ist das ein Spiel und auch er stellt diese Art als reizvoll

---

[50] Das Hochlodern des letzten Holzscheits wird desgleichen von Hilde Cohn als Höhepunkt der Liebesbeziehung gedeutet, wobei sie dann ebenso auf den am Schluss angesichts des Todes nur noch existierenden Schatten der Krämerin hinweist (vgl. Cohn, S. 69), so dass hier die Flammen ebenfalls sowohl Leidenschaft als auch deren Ende aufzeigen. Genau für diese Passage spricht Rath von der „Novellenspitze" (Rath, S. 261).

und bannend dar. Der Grundtenor in ihrer Darstellung ist jedoch ein anderer, denn insgesamt wird sie als aufregend, offen und liebend charakterisiert. So ist der Leser nicht unbedingt geneigt, in ihr eine solche Intrigantin zu sehen.

Als sich der Marschall unbedingt Zugang zum Haus der Tante verschaffen will, wird er unter anderem gelockt durch das Spiel der Flammen an der Wand (vgl. XXVIII, S. 59). Sie verheißen ihm die Geliebte und erinnern an das Flammenspiel in der Liebesnacht. So ist für jene erste Nacht die Rede davon, dass der Feuerschein die „umschlungenen Schatten jäh emporhob und wieder sinken ließ" (XXVIII, S. 53). In dem Totenzimmer werfen die Leichen dann einen schwarzen Schatten an die Wand, „der emporspielte und wieder sank" (XXVIII, S. 59). Falls es sich bei den beiden Leichen um den Krämer und die Krämerin handelt, werden hier beide Paare einander gegenübergestellt. Der Marschall und die Krämerin haben solche Schattenspiele hervorgerufen, aber sie kann diese Leidenschaft auch im Zusammensein mit ihrem Ehemann verkörpern, sogar noch zu einem Zeitpunkt, an dem sie tot sind.

Durch den durchs Fenster sichtbaren Feuerschein ist der Bassompierre sich zuerst sicher, dass die Geliebte in dem Raum sein muss (vgl. „ich wußte, sie war auch drinnen", XXVIII, S. 59), was sich zumindest teilweise als Trugschluss herausstellt[51], denn wenn sie dort ist, muss sie

---

[51] Kraft versteht die Diskrepanz zwischen Bassompierres festem Glauben an die Anwesenheit der Frau im Haus der Tante und der Erfahrung ihrer Abwesenheit folgendermaßen und vermittelt auf diese Weise ein merkwürdiges Bild davon, dass Hofmannsthal Änderungen im Verhältnis zu Goethe quasi durch Goethes Vorlage aber auch seine eigene Zeit vorgegeben seien: „Hofmannsthal erkennt wieder an den wenigen Anhaltspunkten der Vorlage, was gerade ihm hier über die aktuelle Situation hinaus darzustellen vorgegeben ist: den bis zur Paradoxie gesteigerten Kontrast der Vorstellung und der Wirklichkeit zu zeigen, und wundersam hierin verwebt noch einmal und ironisch gewendet die Symbolkraft der – auch bei Goethe noch erwähnten – Flamme, der lodernden und der verloschenen." (Kraft, S. 266). Leider verkennt Kraft auch die bei Hofmannsthal mitgeteilte Offenheit dessen, wer dort auf dem Tisch in der Kammer liegt durch die angegebene Größe der beiden Leichen, wenn bei Hofmannsthal allerdings auch eine Erklärung als wahrscheinlicher suggeriert wird: „Goethe sagt nicht, *wer* die nackten Körper sind, die auf dem Tische liegen, denn er rechnet sogar, wie gezeigt wurde, mit der Möglichkeit, daß die Frau gar nicht im Hause gewesen sei; bei Hofmannsthal heißt es deutlicher [...] Der Schatten ist wohl als der letzte Rest des Elements zu denken, das die Schönheit dieses

tot sein. Diese Frage, ob der Marschall mit Recht von ihrer Anwesenheit ausgeht, ist – auch von ihm – nicht zu beantworten. Er sucht die Krämerin zwar nach diesem Erlebnis noch, das muss aber dennoch nicht seinem Glauben an ihren Tod widersprechen. Vielleicht will er nur noch nachträglich etwas über die aufregende Frau herausfinden.

Nicht nur das Motiv der Flammen trägt zur Charakterisierung der Atmosphäre und der Situation bei. Ebenso wichtig sind die aufgezeigten Gegensatzpaare, die sich durch die ganze Geschichte ziehen. Beide intimen Treffen sollen in der Nacht stattfinden und das sind auch die Zeiten, in denen die Frau sich von der Masse abhebt und zu etwas Besonderem wird. Am Tag vor ihrem Krämerladen finden sich viele Leute, von denen sie sich zwar „am auffälligsten" (XXVIII, S. 51) unterscheidet, aber noch nicht zu dem wird, was sie bei Nacht verkörpert.[52] Hier erst wird sie zu der aufregenden Geliebten, hier fühlt sie sich sicher. Denn als die Dämmerung eintritt, verspürt sie Angst und hofft weiter auf die Nacht; bei Tagesanbruch wirkt sie fremd und ist sogleich fort (vgl. XXVIII, S. 56). So sollen die beiden sich auch das zweite Mal in der Nacht wiedersehen. Zwar erzeugen auch die Flammen in der Nacht Helle, doch sind sie deutlich vom Tageslicht unterschieden und eher dem nächtlichen Bereich zuzuordnen.

Indem besonders die Gegensätzlichkeit betont wird, wird klar, dass auch die Frage nach Sinn und Zufall Teil dieses Prinzips der Gegensätze ist. Verstärkt Hofmannsthal sie hier sogar teilweise im Vergleich zu Goethe, denn durch die Vorstellung des Ehemanns oder die Ausdifferenzierung der Krämerin kommt es nicht nur zu mehr Klarheiten und Erkenntnissen, sondern es werden gleichzeitig neue schwerwiegende Fragen aufgeworfen, so dient das auch dazu die angewandten Kontrastierungen

---

Weibes beleuchtet hatte und noch jetzt von den toten Formen zeugt." (Kraft, S. 267). Bei Rath erscheint die Frage danach, wer konkret sich als Tote im Raum befindet, nicht mehr zentral zu sein, wenn es heißt: „Das sogenannte ‚Rätsel' der Geschichte, das Goethe ausdrücklich hervorhebt, löst Hofmannsthal für seinen Leser unzweideutig: ‚Jeder Versuch, das Einmalige zu wiederholen, kann nur eine Totenbegegnung werden.'" (Rath, S. 258-259)

[52] Gegensatzpaare und die Unterschiedlichkeit der beiden Hauptfiguren, die eben durch solche Kontraste unterstrichen wird, zeigt auch Támas Tóth auf. Er schreibt der Krämerin u.a. die Elemente Tod und Nacht zu, während der Marschall für ihn den Tag und das Leben verkörpert (vgl. Tóth, S. 399).

zu vertiefen und in einer komplexeren und psychologischer motivierten Handlungsstruktur zu nutzen. Demgegenüber ist die Frage nach Sinn und Zufall bei Goethe pointierter und exklusiver vermittelt, so dass sie dort eine substantiellere Form annimmt. Goethe und Hofmannsthal stellen also die Frage nach Sinn und Zufall der Geschehnisse, wobei das in unterschiedlichen Ausprägungen stattfindet und bei Goethe Selbstzweck, bei Hofmannsthal durch die Verlagerung des Schwerpunktes eher als Mittel zum Zweck zu sehen ist.

Ein weiteres Motiv, das sowohl in Goethes als auch in Hofmannsthals Text im Anschluss an Bassompierre auftaucht, sind die Engel, die den Krämerladen markieren. Sie könnten zur näheren Identifikation der Krämerin dienen, denn so hebt sich ihr Laden von dem anderer ab. Goethe erwähnt diese beiden Engel zweimal, zuerst am Beginn der Erzählung und ein weiteres Mal am Ende. Hofmannsthal übernimmt diese Stellen, wobei diese nahezu zitierten Passagen eine Art Rahmen der Geschichte bilden, und bezeichnet den Laden nicht näher, als der Marschall mit seinem Diener in der einen Nacht den Ort aufsucht, um vielleicht die Krämerin sehen zu können (vgl. XXVIII, S. 56-58). Diese Rahmung wird somit nicht aufgehoben und bei Erwähnung der Engel ist es Tag und der Marschall befindet sich auf offener Straße, was beides dem Raum widerspricht, an dem er der Krämerin am nächsten war. Zudem stellt sich der Ausgangs- und Endpunkt der Geschichte ähnlich dar, der Marschall weiß nicht unbedingt mehr nach den Erlebnissen als zu Beginn. An diesen Stellen – also am Anfang und am Ende, einen Rahmen bildend[53] – übernimmt Hofmannsthal viel direkt von der Vorlage Goethes, wahrscheinlich um einen ähnlichen Effekt der näheren Kennzeichnung zu erzielen sowie um Goethes und Bassompierres Text als Folie kenntlich zu halten, auf der sich dann eine Binnendifferenzierung und Ausgestaltung des Erlebnisses abheben kann. Da dieses Symbol aber vor allem bei Goethe nicht näher ausgeleuchtet wird, hilft es nicht unbedingt bei der Charakterisierung der Krämerin, es trägt nur zu ihrer Wiedererkennung bei. Darüber hinaus ist es allerdings bei Hofmannsthal vielleicht durch die Vorstellung des Ehemanns angebrachter, Näheres in diesen Engeln zu erkennen, ohne dass dabei die

---
[53] vgl. auch Tóth, S. 394.

Mehrdeutigkeit dieses Symbols aufgehoben werden könnte. Es wäre möglich sich durch die beiden Engel an die Besitzer des Ladens erinnert zu fühlen und ihnen Eigenschaften zuzuschreiben, die mit Engeln konnotiert sind. Dadurch, dass auch der Ehemann vermeintlich bekannt ist, scheint es, als ob die beiden Personen durch die Engel sinnbildlich dargestellt würden und damit einmal die Besonderheit der beiden Personen herausgestellt werde, andererseits aber auch ihre besondere Liebenswürdigkeit. Vielleicht soll ihre Zugehörigkeit zueinander verdeutlicht werden, was ihrer Beziehung eine innige Tiefe verleihen würde und somit mit den Aussagen der Krämerin über ihre Liebe zu ihrem Ehemann und damit vielleicht auch zu Bassompierre Hand in Hand ginge. So mögen diese Engel den eventuellen Eindruck relativieren, dass es sich bei der Krämerin um eine Intrigantin handelt, da sie mit solch (sittlich) guten und überirdischen Wesen in Verbindung zu bringen ist. Bei Goethe ist es eher fraglich, ob man in der Ausdeutung der zwei Engel so weit gehen darf, da man nicht über den Ehemann informiert wird.

Im Vergleich der Texte Hofmannsthals und Goethes fällt auf unterschiedlichen Ebenen ihre Andersartigkeit auf. Hofmannsthal zitiert zwar bisweilen Goethes Text, doch erhält bei ihm das ganze Erlebnis eine andere Bedeutung. Es fehlt die Rahmenhandlung und damit der Zusammenhang, in dem das Erlebnis zu lesen ist, und alleine der Umfang macht die textimmanente Bedeutung wichtiger. So treten bei Hofmannsthal Strukturen auf, die den Leser eher unterschwellig lenken. Die Gegensatzpaare oder die Flammenmotivik genauso aber auch die Vorausdeutungen gehören zu dieser Verweisstruktur. Hofmannsthal erreicht es aus der Novelle, die bei Goethe durch den Zusammenhang lebt und als sehr pointierte Form auftritt, ein in sich geschlossenes, dichtes Erlebnis zu entwickeln, das für sich selbst spricht. So gelingt es ihm auch ohne die noch konkreter sinnstiftende Rahmenhandlung, die Frage nach Sinn und Zufall aufzuwerfen, wenn diese auch nicht unbedingt länger die zentrale der Geschichte ist. Es geht viel eher um die Bestimmung einer Beziehung über unterschiedliche Vorstellungen und Erwartungen.

So pointiert Goethe die Wendepunkte dieses Erlebnisses und hebt die Frage des Mysteriösen hervor. Er passt das Erlebnis, das er vorwiegend aus Bassompierres Memoiren übersetzt, also seiner Intention gemäß in den Kontext ein. Hofmannsthal hingegen betont einen anderen Aspekt und gestaltet dementsprechend den Text um bzw. aus. So ergeben sich aus Kontext, Textstruktur und Intention drei verschiedenartige Textgewebe, die einem gemeinsamen Korpus entspringen – denn immerhin enthält auch Hofmannsthals Version noch deutliche von Goethe übersetzte Passagen des Memoirentextes – und doch immer andere sind. In ihrer Unterschiedlichkeit erhellen sie einander, dies gilt durch die Chronologie natürlich besonders für Hofmannsthals Text, und zeigen den Möglichkeitsraum dieses knappen Plots auf.

Obwohl ganz anders geartete Varianten dieses einen Ursprungstextes bei Hofmannsthal und Goethe zu finden sind, verfahren doch beide ähnlich: Sie greifen einen bereits existenten Text auf und verwandeln ihn für sich an – und dies ist nicht die einzige Stelle, an der beide so vorgehen. Als Künstler beschäftigen sich beide somit mit literarischen Werken, die ihnen Ausgangs- oder Anhaltspunkt für eigene poetische Betätigung werden. Ihre Beschäftigung mit einem Memoirentext bzw. einem Ausschnitt eines größeren Erzählwerks spiegelt sich in dem, wie sie den jeweils eigenen Text gestalten und hält die Vorgänger lebendig. Diese lebendige Auseinandersetzung mit literarischen Werken ist gleichfalls dem Leser ihrer Produktionen aufgegeben. Goethe bindet den Rezipienten dabei eher als Teil der Zuhörerschaft in geselliger Runde – wenn er sich auch über diese hinausheben kann – ein, Hofmannsthal erhöht den Grad der Identifikation im Rahmen der vorgenommenen Isolierung des Erlebnisses durch Psychologisierung und Binnendifferenzierung.

Literatur

Primärliteratur

Bassompierre – Goethe – Hofmannsthal. Erlebnis des Marschalls v. Bassompierre. Eine Erinnerung aus dem Jahre 1606. The Bear Press. Bayreuth 1986, S. 7-10. (*Bassompierre*)

Benjamin, Walter: Notiz aus dem Nachlaß. In: Ders.: Gesammelte Schriften. Bd. VI, Hrsg. von Hella Tiedemann-Bartels und Hermann Schweppenhäuser. Frankfurt a.M. 1972, S. 145-146.

Eckermann, Johann Peter: Gespräche mit Goethe in den letzten Jahren seines Lebens. In: Johann Wolfgang Goethe. Sämtliche Werke nach Epochen seines Schaffens. Münchner Ausgabe. Hrsg. von Karl Richter. Bd. 19. Hrsg. von Heinz Schlaffer. München/Wien 1986. (*MA 19*)

Goethe, Johann Wolfgang: Unterhaltungen deutscher Ausgewanderten. In: Goethes Werke. Hamburger Ausgabe. Bd. 6: Romane und Novellen I. München 1998, S. 125-241. (*HA 6*)

Goethe, Johann Wolfgang: Unterhaltungen deutscher Ausgewanderten. In: Johann Wolfgang Goethe. Sämtliche Werke, Briefe, Tagebücher und Gespräche. Hrsg. von Friedmar Apel u.a. I. Abteilung: Sämtliche Werke, Bd. 9. Hrsg. von Wilhelm Voßkamp und Herbert Jaumann. Frankfurt am Main 1992, S. 993-1114 u. 1503-1579. (*FA 9*)

Hofmannsthal, Hugo von: Erlebnis des Marschalls von Bassompierre. In: Ders.: Erzählungen, Erfundene Gespräche und Briefe, Reisen. Hrsg. von B. Schoeller. Frankfurt am Main 1979, S. 132-142.

Hofmannsthal, Hugo von: Sämtliche Werke. Kritische Ausgabe. Veranstaltet vom Freien Deutschen Hochstift. Hrsg. von Heinz Otto Burger, Rudolf Hirsch, Detlev Lüders, Heinz Rölleke, Ernst Zinn. Bd. XXVIII: Erzählungen 1. Hrsg. von Ellen Ritter. Frankfurt a. M. 1975. (*XXVIII*)

Horkheimer, Max und Theodor W. Adorno: Dialektik der Aufklärung. Philosophische Fragmente. In: Theodor W. Adorno. Gesammelte Schriften. Hrsg. von Rolf Tiedemann. Band 3. Frankfurt a. M. 1997.

Kraus, Karl: Goethe und Hofmannsthal. In: Die Fackel. Nr. 622-631. Mitte Juni 1923, S. 73.

- Ohne Titel. In: Die Fackel. Nr. 60, Ende November 1900, S. 20-22.

Schiller, Friedrich: Ankündigung. Die Horen, eine Monatsschrift, von einer Gesellschaft verfaßt und herausgegeben von Schiller. In: Schillers Werke. Nationalausgabe. Hrsg. von Julius Petersen und Hermann Schneider. Bd. 22: Vermischte Schriften. Hrsg. von Herbert Mayer. Weimar 1958, S. 106-109.

Shakespeare, William: Romeo and Juliet = Romeo und Julia. Englisch-deutsche Studienausgabe. Dt. Prosafassung, Anm., Einl. und Kommentar von Ulrike Fritz. Tübingen 1999 (= zugl. Univ. München Diss., 1995).

Sekundärliteratur

Bauschinger, Sigrid: Unterhaltungen deutscher Ausgewanderten. In: Goethe-Handbuch. Bd. 3, Prosaschriften. 1997, S. 232-252.

Bräutigam, Bernd: Die ästhetische Erziehung der deutschen Ausgewanderten. In: Zeitschrift für deutsche Philologie, 96(1977), S. 508-539.

Cohn, H.: Das Erlebnis des Marschalls von Bassompierre. Hofmannsthals Nacherzählung verglichen mit Goethes Text. In: The Germanic Review, 18 (1943), S. 58-70.

Kraft, Werner: Das Erlebnis des Marschalls von Bassompierre. In: Hugo von Hofmannsthal. Hrsg. von Sibylle Bauer. Darmstadt 1968 (=Wege der Forschung; Bd. 183), S. 254-273.

Oster, P.: Leben und Form. Goethe, Hofmannsthal und die Memoiren des Herrn von Bassompierre. In: Romanistik als vergleichende Literaturwissenschaft. Festschrift für Jürgen von Stackelberg. Hrsg. von Wilhelm Graeber, Dieter Steland und Wilfried Floeck. Frankfurt am Main u. a. 1996, S.243-256.

Perels, Christoph: Zur Einführung. In: „Leuchtendes Zauberschloß aus unvergänglichem Material." Hofmannsthal und Goethe. Ausstellung im Freien Deutschen Hochstift. Frankfurter Goethe-Museum 12. November 2001 bis 13. Januar 2002. Eggingen 2001, S. 9-18.

Rath, Wolfgang: Die Novelle. Konzept und Geschichte. Göttingen 2000.

Remak, Henry H.H.: Novellistische Struktur. Der Marschall von Bassompierre und die schöne Krämerin. Bassompierre – Goethe – Hofmannsthal. Essai und kritischer Forschungsbericht. Bern/Frankfurt am Main 1982 (= Germanic Studies in America; Bd. 46).

Schlaffer, Hannelore: Poetik der Novelle. Stuttgart/Weimar 1993.

Segebrecht, Wulf: Geselligkeit und Gesellschaft. Überlegungen zur Situation des Erzählens im geselligen Rahmen. In: Germanisch-romanische Monatsschrift, 25 (1975), S. 306-322.

Söring, Jürgen: Die Verwirrung und das Wunderbare in Goethes „Unterhaltungen deutscher Ausgewanderten". In: Zeitschrift für deutsche Philologie, 100(1981), S. 544-559.

Tiedemann-Bartels, Hella: „Unveräußerliche Reserve bei aller Bewunderung". Benjamin über Hofmannsthal. In: Austriaca, 36(1933), S. 299-305.

Tóth, T.: Der Marschall von Bassompierre und sein Erlebnis. Versuch einer Analyse der Hofmannsthalschen Novelle. In: Mádl, A./Gottschalk H.-W. (Hrsg.): Jahrbuch der ungarischen Germanistik, Budapest/Bonn 1992, S. 391-403.

Norman Rinkenberger:
Musik und ‚Gebärdensprachen' als alternative Ausdrucksmöglichkeiten bei Hugo von Hofmannsthal und Johann Wolfgang von Goethe

> Ob man es singt, ob man es spricht:
> Doch aller Gedichte Vollendung ist - -
> O glaube mir, - - ein getanztes Gedicht
> *Hofmannsthal (I, S.19)*

> Unaufhaltsam wie ein Uhrwerk lief sie ihren Weg, und die sonderbare Musik gab dem immer wieder vonvorne anfangenden und losrauschenden Tanze bei jeder Wiederholung einen neuen Stoß. Wilhelm war von dem sonderbaren Schauspiele ganz hingerissen; er [...] war verwundert, wie in diesem Tanze sich ihr Charakter vorzüglich entwickelte. Streng, scharf, trocken, heftig und in sanften Stellungen mehr feierlich als angenehm zeigte sie sich. Er empfand, was er schon für Mignon gefühlt, in diesem Augenblicke auf einmal.
> *Goethe (HA 7, S. 116)*

Das mimische Wort

Die gebärdensprachlichen, nonverbalen, nicht-phonetischen Phänomene einer Kommunikation zu verbalisieren, bedeutet – wie auch das Darstellen des Tanzes, der Musik oder ähnlicher (außersprachlicher) Künste mittels der Sprache – für die entsprechende Literatur immer eine außerordentliche Herausforderung, wobei die nicht-konventionelle, poetische Sprache noch am ehesten zu diesem ‚Übersetzen' einer Struktur, von einer Sphäre auf eine andere, fremde Sphäre, in der Lage scheint, weshalb sich wohl gerade die Texte zum Tanz, zur Gebärde, zur Musik u.Ä. auffallend durch eine künstlerisch-kreative und metaphorische Sprache auszeichnen.[1]

Goethes wie auch Hofmannsthals Werke sind von einer solchen Sprache durchdrungen und beide veranschaulichen durch ihren dichterischen Bezug zu außersprachlichen Künsten, zur Musik (bspw. in den jeweiligen Operndichtungen und Singspielen) einen (kritischen) Grenzbereich der (Wort-)Sprache, den sie kreativ und bilderreich verarbeiten.[2]

---

[1] Wobei allerdings eingeräumt werden muss, dass jegliches referentielles Sprechen schwierig ist, da alle Dinge und Vorstellungen zunächst semiotisiert werden und es zu einer beinahe endlosen Verweisungskette der Signifikanten kommen kann, die jedoch inhaltsvolle Kommunikation nicht verunmöglicht.

[2] Bei Hofmannsthal sind die Aspekte eines generellen Sprachzweifels und der

Hugo von Hofmannsthals Verständnis der ‚Gebärdensprache' als einer eigenständigen Sprache, die er gegen die Sprache der Worte markant heraushebt, wird neben zahlreichen anderen Stellen in Hofmannsthals Werk in seinem prägnanten Aufsatz „Über die Pantomime" deutlich:

> Worte rufen eine schärfere Sympathie auf, aber sie ist gleichsam übertragen, vergeistigt, verallgemeinert; Musik eine heftigere, aber sie ist dumpf, sehnsüchtig ausschweifend; die von Gebärde aufgerufene ist klar zusammenfassend, gegenwärtig, beglückend. Die Sprache der Worte ist scheinbar individuell, in Wahrheit generisch, die des Körpers scheinbar allgemein, in Wahrheit höchst persönlich. Auch redet nicht der Körper zum Körper, sondern das menschliche Ganze zum Ganzen. (RA I, S. 505[3])

In diesem Kontext ist für Hofmannsthal auch gerade der Stummfilm mit seinen bewegten Bilderwelten interessant und korrespondiert eng mit der mimischen und gestischen Ausdruckskraft von Hofmannsthals Pantomimen sowie seinem körperlich-bildlichen und ‚außersprachlichen Dichten'. Das Kino als ‚Ersatz für die Träume' wird für ihn im letzten Drittel seines Lebens zum Betätigungsfeld, wenn Hofmannsthal sich neben frühen film-theoretischen Aussagen mit der Verfilmung seiner Pantomime „Das fremde Mädchen", des „Rosenkavalier" und den Filmprojekten „Daniel De Foe" und „Lucidor" befasst.

Doch nicht nur in der Pantomime, den Stummfilmarbeiten oder den Libretti, auch in Hofmannsthals Dramen spielt die Gebärdensprache eine überaus bedeutende Rolle; ähnlich wie bei Goethe ist sie bei Hofmannsthal allerdings noch verstärkt integraler Bestandteil des dramatischen Werks. Ebenso findet aber bei beiden Dichtern auf theoretischer bzw. poetologischer Ebene (mit unterschiedlicher Gewichtung) eine Auseinandersetzung mit Tanz, Musik, Gebärdensprachen und der Aufführungspraxis im Allgemeinen statt.

Der Weg zur Gebärde, zum außersprachlichen Ausdruck, der u.a. das Innere einer Figur nach außen, in eine erlebbare, soziale Sphäre zu wenden vermag, scheint in der dramatischen Form gerade einen Gipfelpunkt zu erreichen. Denn das Drama[4], in dem eine (in sich

---

Sprachkritik allerdings sichtlich stärker vertreten als bei Goethe.
[3] Alle Hofmannsthal- und Goethe-Zitate werden – mit Ausnahme der Briefquellen – im fortlaufenden Text mit Angabe der Seite zitiert, wobei die im Literatur- und im separaten Siglenverzeichnis benannte Sigle benutzt wird.
[4] ‚Drama' (drãma, gr.) bedeutet eigentlich Handlung und so ließe sich womöglich

abgeschlossene) Handlung durch Figuren in Rede und Gegenrede, sowie mittels mimischer und gestischer Zeichen in einer szenischen Aktion, d.h. durch Wort *und* Tat, auf einer Bühne dargestellt wird, ist prädestiniert für die dichterische Umsetzung der ‚Gebärdensprache'. Insbesondere die dramatische Form vermag die Spannungen und Brüche, die zwischen dem sprachlichen und dem gestischen Code auftreten können, zu veranschaulichen, da sie stets an körperhafte und sinnlich erfahrbare Figuren gebunden ist.

In Hofmannsthals fiktivem Gespräch zwischen Balzac und dem Orientalisten Hammer-Purgstall „Über Charaktere im Roman und im Drama" geht es unter anderem auch um die Eignung zum Dramendichter. Hofmannsthal legt hierbei Balzac die Worte in den Mund, die ein Verständnis von Drama befördern.

> BALZAC: Lassen Sie mich Ihnen sagen, daß die Charaktere im Drama nichts anderes sind als kontrapunktische Notwendigkeiten. Der dramatische Charakter ist eine Verengung des wirklichen. [...] Die Katastrophe als symphonischer Aufbau, das ist die Sache des Dramatikers, der mit dem Musiker so nah verwandt ist. (XXXI, S. 31)

Neben den verengten Charakteren ist hier für das Drama der symphonische Aufbau relevant, so dass musikalische Prinzipien Eingang in den dramatischen Text finden. Mit der Annäherung an die Musik wird eine Tendenz zu einem erstrebten Gesamtkunstwerk erkennbar. Dies kann als Misstrauen gegen die zweckvolle, analytische Rede verstanden werden, wie es auch der Bezug zum Konzept der mythologischen Oper im Zusammenhang mit „Die ägyptische Helena" erhellen kann. Im Tonfall macht sich dort bereits die Nähe zur Musik bemerkbar:

> „Wie ich [der Dichter; Anm. d. Verf.] die Handlung führe, die Motive verstricke, das Verborgene anklingen lasse, das Angeklungene wieder verschwinden – durch Ähnlichkeit der Gestalten, durch Analogie der Situation, durch den Tonfall, der oft mehr sagt als die Worte."

> „Aber das sind ja meine [des Komponisten; Anm. d. Verf.] – das sind ja die Kunstmittel des Musikers!" (XXXI, S. 227)

In diesem erfundenen Gespräch zwischen einem unbenannten Dichter,

---

bereits in der ursprünglichen Bedeutung (‚handeln' = ‚greifen, ergreifen, befühlen') ein Verweis auf die Gebärde (der Hand) festmachen. Vgl. Kluge, Friedrich: Etymologisches Wörterbuch der deutschen Sprache. 23. erw. Aufl. Berlin/New York 1999, S. 192, 353.

der aber mit Hofmannsthal verglichen werden kann, und Richard Strauss distanziert sich der Dichter scharf von der analytischen, zweckvollen Rede als Sprache der dramatischen Dichtung, was auch – wie noch zu zeigen ist – für den Titelhelden des „Schwierigen" Gültigkeit besitzt:

> „Ich [= der Dichter; Anm. d. Verf.] mißtraue dem zweckvollen Gespräch als einem Vehikel des Dramatischen. Ich scheue die Worte; sie bringen uns um das Beste."
> „Aber der Dichter hat doch nichts anderes, um seine Figuren zur Existenz zu bringen, als daß er sie reden läßt. Für sie sind doch die Worte, was für mich die Töne und für einen Maler die Farben sind."
> „Gewiß. Die Worte ja. Aber nicht die zweckhafte, ausgeklügelte Rede. Nicht das, was man Kunst des Dialogs oder psychologischen Dialog nennt [...]."(XXXI, S. 226)

Der ‚Sprache der Begriffe und Urteile' wird in der ‚Ägyptischen Helena' das dichterische, mythische Wort als Kunstmittel des lyrischen Dramas entgegengehalten, wobei die mythologische Oper die „wahrste aller Formen" (XXXI, S. 227) sei. Die Hochschätzung der Oper beruht auf der Harmonie von Sprache und Musik, die sich als Ziel schon bei Nietzsche findet. Dabei erscheint die mythische Erfahrung als eigentliches, wahrstes Ideal der Wahrnehmung von Welt.

Die Ablehnung der zweckvollen Rede jedoch hat nicht zur Folge, dass jegliche Wirkung der Worte verpönt ist. So zielt die weder absichtsvolle noch ausgeklügelte Sprache im dramatischen Werk auf eine durchaus positive Form der Wirksamkeit. Für den Dramatiker ist das Erreichen des Publikums und die Kommunikation mit demselben entscheidend, wobei der Zuschauer – wie auch der Leser[5] – bei Hofmannsthal als vorausgesetzter aktiver, gleichwertiger Partner immer schon mitgedacht ist und anvisiert wird. Nicht nur in seiner Herausgebertätigkeit also, sondern gerade auch als Autor selbst bindet Hofmannsthal den Leser stets in den kreativen Prozess mit ein. Dies gilt vor allem für das rezeptionsästhetisch anspruchsvolle Fragment, ist aber gleichfalls in nahezu jedem Werk Hofmannsthals gültig; unablässig ist die Kommunikation mit dem (imaginären) Leser von nicht geringer Bedeutung. Neben den verbal-sprachlichen Äußerungen ist dies ebenso zutreffend

---

[5] Eine entsprechende Äußerung Hofmannsthals findet sich etwa in der Vorrede zum ‚Deutschen Lesebuch': „Denn ein Buch ist zur größeren Hälfte des Lesers Werk, wie ein Theater des Zuschauers." (Lesebuch, S. XIV)

für die gebärdensprachlichen und körperlichen Mitteilungen des Textes, die wie bereits erwähnt eine – mitunter prekäre – Übersetzung des einen Sprachsystems in das andere versinnbildlichen.
Nach Kommerell tritt speziell beim Drama

> eine neue Latenz des Wortes in die Wirklichkeit über, die seiner lyrischen Eigenschaft von ferne verwandt ist: es wird Gebärdenträger im mimischen Sinne und verbürgt nun so auch im nur gelesenen Text das gespielte Spiel.[6]

Die Gebärde ist demnach schon im dramatischen Text enthalten und kann vom Leser in seinen Gedanken als gespieltes Spiel vorgestellt werden.[7]
Hofmannsthal selbst spricht in seinem Essay „Max Reinhardt" von Schauspielern, die er als Kompositionsfiguren in der Wortschöpfung „Tänzer-Schauspieler" begreift und damit beide ‚Qualitäten', die nonverbale Sprache des Tänzers und das (auch) verbale Vermögen des Schauspielers, zu einer Einheit verbindet. Hofmannsthal verweist auf die Mittel, welche das theatralische System „von Andeutungen und Reizen" (RA I, S. 314) herstellen: „Der sich bewegende ausdrucksvolle Leib des Tänzer-Schauspielers oder Sängers, aus dessen Mund – in völliger Einheit mit seiner Gebärde – das mimische Wort hervorgeht; die gebaute, bemalte [...] Bühne [...]" stellen die „Wirklichkeiten" dar, die „einer höchsten Unwirklichkeit" – nämlich dem Theater – dienen sollen (RA I, S. 314).[8]

---

[6] Kommerell, Max: Gedanken über Gedichte. 4. Aufl., Frankfurt a.M. 1985, S. 34. (künftig zitiert: Kommerell 1985)
[7] Steiner zeigt dies für die Bühnenanweisungen, die sich zuweilen bei Hofmannsthal eher an einen Leser wenden, als dass sie Anleitungen für den Schauspieler oder Regisseur sind. Sie intendieren in hohem Maße Visualität und damit Theater im geschriebenen Text. Vgl. Steiner, Jacob: Die Bühnenanweisung bei Hofmannsthal. In: Wissenschaft als Dialog. Studien zur Literatur und Kunst seit der Jahrhundertwende. Hrsg. von Renate von Heydebrand und Klaus Günther Just. Stuttgart 1969, S. 224-246. (künftig zitiert: Steiner)
[8] Dabei kommt auch dem Bühnenbild eine große Bedeutung zu, bereits im Aufsatz „Die Bühne als Traumbild" hat Hofmannsthal das visuell *Körperhafte* des szenischen Ausdrucks, der Bühne herausgestellt, wobei der ‚wahre' Bühnenbildner durch seine Augen direkt physisch gelitten und die darzustellenden Gefühle am eigenen Leib erfahren haben muss: „Wer die Bühne aufbauen wird, muß durchs Auge gelebt und gelitten haben. [...] Er muß Liebe, Haß und Furcht gelitten haben und gespürt haben, wie Liebe, Haß und Furcht ein vertrautes Tal, ein gewohntes Haus, ein höchst gewohntes Gemach verwandeln [...]" (RA I, S. 492-493).

Auch in Goethes Gespräch „Über Wahrheit und Wahrscheinlichkeit der Kunstwerke" geht es um die beiden auf dem Theater vorzufindenden Seiten von Wirklichkeit und Unwirklichkeit, oder wie es dort heißt „das Kunstwahre und das Naturwahre" (HA 12 Kunst, S. 70). Die Unwirklichkeit ist, wenn sie ihre Künstlichkeit bewusst herausstellt, ebenfalls als Kunstwahres anzusehen, also nicht einfach die negative Seite des Naturwahren, doch muss die Grenze zwischen beiden sichtbar bleiben. „Nur dem ganz ungebildeten Zuschauer kann ein Kunstwerk als ein Naturwerk erscheinen." (HA 12 Kunst, S. 70) So ist beispielsweise der Monolog als Versprachlichung des Innenlebens der Charaktere ein auffälliges Symptom für den Kunstcharakter des Dramas, das doch eigentlich recht natürlich daher kommt. Goethes fiktives Gespräch wird von dem Anwalt des Künstlers, der sich mit dem Zuschauer unterhält, auf den Bereich der Oper gelenkt, die ihm zur Verdeutlichung der Unwirklichkeit der Bühnenkünste dient:

> Wenn aber die guten Leute da droben singend sich begegnen [...], ihre Liebe, ihren Haß, alle ihre Leidenschaften singend darlegen, [...] können Sie sagen, daß die ganze Vorstellung oder auch nur ein Teil derselben wahr scheine? (HA 12 Kunst, S. 68)

Woraufhin der Zuschauer, im Gefühle durch die Worte des Anwalts ertappt worden zu sein, entgegnet: „Fürwahr, [...] [e]s kommt mir von allem dem freilich nichts wahr vor." (HA 12 Kunst, S. 68) Dem Anwalt geht es hier nicht um die Frage der „äußeren Wahrheit" der bloßen Naturnachahmung, ob man von einem Kunstwerk verlangen solle, dass alles an ihm wahr und wirklich erscheine, sondern vielmehr um die „innere Wahrheit, die aus der Konsequenz eines Kunstwerks entspringt", d.h. die Übereinstimmung des Werkes mit sich selbst; Kunstwahrheit gerät bei Goethe auf diese Weise bewusst in Opposition zur Naturwahrheit (vgl. und zitiert: HA 12 Kunst, S. 70 sowie S. 602). Eine getreue Naturnachahmung ist in der Oper und für deren lebhaftes, vergnügliches Rezipieren höchst nebensächlich. Unter den Liebhabern von Kunstwerken ist es der „Kenner", der – so der Anwalt – Kunstwerke nicht wie Gegenstände behandle, sondern – abseits der Wahrheit des Nachgeahmten – nach der Kunstgestalt des Werkes frage und „die Vorzüge des Ausgewählten, das Geistreiche der Zusammenstellung, das Überirdische der kleinen

Kunstwelt" sieht (vgl. und zitiert: HA 12 Kunst, S. 72). Dieser wahre Liebhaber fühle, „daß er sich zum Künstler erheben müsse, um das Werk zu genießen" und dass er aus seinem eigenen „zerstreuten Leben" durch wiederholte Anschauungen von Kunstwerken sich selbst eine „höhere Existenz" geben müsse (vgl. und zitiert: HA 12 Kunst, S. 72). Ferner verlangt ja auch Hofmannsthal – wie hier Goethe, der wohl vermittelt durch den Anwalt spricht – vom Zuschauer bzw. Leser, sich auf die Höhe des Schöpfers zuzubewegen, sich einzubringen und mittätig zu rezipieren. Dabei rekurriert der Anwalt des Künstlers in Goethes Gespräch besonders auf den Gesang, der ebenfalls in dem Hofmannsthal-Zitat eine Rolle spielt. ‚Sänger' und ‚Tänzer-Schauspieler' erscheinen in Hofmannsthals Zitatauszug als parallele Alternativen *einer* Idee. Was beim ersten der Tanz verkörpert, ist Melodie und Tonfall beim zweiten. Im Sänger vereinigt sich Musik und Bewegung des Tänzers mit der ‚unwirklichen' Rede des Schauspielers, wobei gerade Musik und Tanz den Kunstcharakter noch einmal verdeutlichen, andererseits aber auch alternative Ausdrucksmöglichkeiten neben der vermeintlich natürlichen Rede eröffnen. Die Musik, in Bezug auf welche Schauspieler und Sänger parallelisiert werden, bietet auch etwas über die Rede Hinausgehendes, indem Stimmungen durch Rhythmus und Töne erzeugt werden, was wiederum als lautliche Körpersprache verstanden werden kann. Gesang wird dabei zum doppelten Zeichen, das Wort und Gebärde zu *einem* Akt verwebt.

Der Schwerpunkt in Hofmannsthals Kompositum ‚Tänzer-Schauspieler' liegt auf dem Grundwort ‚Schauspieler', wobei an diesem jedoch mittels der erweiterten Kennzeichnung als ein ‚sich bewegender ausdrucksvoller Leib' und durch das Bestimmungswort ‚Tänzer' die Körperbetonung der wortlosen Sprache des Tanzes – in einer fast tautologischen Wendung – ausdrücklich hervorgehoben wird. Indem so durch ein beigefügtes Bestimmungswort dieser körperbezogene Aspekt aus dem eigentlichen Grundwort hinaustransportiert und auf den Schauspieler als differenzierendes Attribut übertragen wird, bleibt aber das sprachliche Moment auf der Seite des Schauspielers aktiv. Ähnliches gilt für ‚das mimische Wort', in dem die Dichte zwar nicht so sehr durch die Zusammenfügung in einem Wort erreicht wird, doch bestimmt ebenfalls das Adjektiv den non-verbalen Teil des im Wort selbst nur negativ enthaltenen Vorstellungsbereichs. Fast paradox konzipiert werden in diesem Ausdruck Gegensätze zusammengebracht, die beide für das Dramatische wichtig sind, wohingegen der Begriff ‚Tänzer-Schauspieler' in sich eher kumulativ-ergänzend gestaltet ist. Die obige Äußerung Hofmannsthals stellt dabei natürlich nur eines von ungezählten Beispielen dar, die alle eine Einheit von Wort und Gebärde betonen, die als ‚mimisches Wort' zu begreifen ist, das für einen umfassenden, sinnlichen Ausdruck Gestisch-Mimisches mit der gesprochenen Sprache kombiniert[9] – ein Bestreben, das sich analog auch bei Goethe wiederfinden lässt, der z.B. poetisches Wort und dramaturgisch-‚verdichtete' Musik in seinen Dramen miteinander verbindet.

Eine solche (untrennbare) Einheit, wie sie das ‚mimische Wort' vorgibt, das in Hofmannsthals Dramen zum szenischen Prinzip anwächst, ist auch gegeben, wenn in der Sprache des Körpers etwas anderes als mit der gleichzeitigen Sprache der Worte gesagt wird: Karis ‚Schubladenspiel' im „Schwierigen", wie es im Folgenden analysiert wird, sowie Clavigos Pantomime und die melodramatischen Elemente aus Goethes frühem Trauerspiel „Clavigo" gewähren dazu plastisch-dramatisierte Einblicke.

Die Körpergebärde und die Bedeutung ihrer Absenz in Hofmannsthals Lustspiel „Der Schwierige" und in „Das Theater des Neuen"

Zunächst soll Hans Karls ‚Schubladenspiel' als eine Pantomime des ‚Schwierigen' im ersten Akt betrachtet werden. Hier zeigt sich deutlich die Diskrepanz zwischen verbalen und gestischen Äußerungen. Erstere können durchaus durch die zweiten unterlaufen werden, versteht man sie zu lesen, was allerdings nicht unbedingt für Crescence gilt. Diese ‚Le-

---

[9] In einer „Reflexion ganz allgemeiner Art" innerhalb des Aufsatzes „Eugene O'Neill" streicht Hofmannsthal in Bezug auf den dramatischen Dialog heraus, das dessen wichtigstes Element „das Mimische" sei. (vgl. und zitiert: RA II, S. 214) Dabei ist in anderer Formulierung die Idee des mimischen Wortes wieder aufgegriffen, denn der (sprachliche) Dialog besteht zu entscheidenden Anteilen aus dem Mimischen.

sefähigkeit' besitzen im Stück nur sein alter Diener Lukas und Helene Altenwyl.[10]

Anhand des Telefongesprächs zwischen dem Protagonisten Graf Hans Karl Bühl (Kari) und seinem Freund, dem Grafen Adolf (Ado) Hechingen, ist dann die Bedeutung der Gebärde für ein Zustandekommen der gelungenen Kommunikation zweier Menschen ex negativo herauszuarbeiten. Daneben wird auch die Frage nach der ‚Wahrheit der Gebärde', die in diesem Sinn Unsagbares oder sprachlich Verhülltes im Gestus der Figuren sichtbar werden läßt, in die Beschäftigung mit dem ‚Schwierigen' einfließen, während in der Beziehung zwischen Hans Karl und Helene eine ‚erotische Pantomime in der Begegnung' nachgezeichnet werden kann. Gerade das Telefon steht bei Hofmannsthal einer dichterischen Sprechweise – auch und nicht zuletzt aufgrund der Abwesenheit von jeglichen Gebärden – entgegen und wird als informelles Medium aufgefasst, was sich auch in seinem „Theater des Neuen" zeigen läßt.

Vor diesem Hintergrund soll dann am Ende des Aufsatzes ein vergleichender Ausblick auf die Pantomime des Clavigo, nebst einer Betrachtung des Melodramatischen in Goethes gleichnamigem Trauerspiel vorgenommen werden.

Das Lustspiel „Der Schwierige", das nach Kommerell „auch den Nichtösterreicher zuerst durch den Anschein der Leere" befremden kann, gibt jedoch sein ‚Wesentliches' preis, wenn der Rezipient „mit*liest*, was um die Worte herum ist"[11]. Szondi hat auf die Doppelbödigkeit

---

[10] Beide letztgenannten Figuren sind – neben dem Schwierigen – höchst aufnahmefähig und empfindsam für persönliche Umgangsformen und individuelle Körpersprachen. In der mit einer besonderen Ausstrahlung versehenen Gräfin Helene Altenwyl kehrt zudem ein Charakter wieder, den Hofmannsthal bereits poetologisch gefasst hatte – u.a. in seinem Aufsatz die „Unterhaltung über den ‚Tasso' von Goethe" (E, S. 519-531). Diverse Parallelen können belegen, dass Hofmannsthal „sowohl die Prinzessin in Goethes ‚Torquato Tasso' wie auch Paters Konzept des diaphanen Charakters vor Augen hatte", als er die Figur der Helene Altenwyl entfaltete. Vgl. und zitiert: „Leuchtendes Zauberschloß aus unvergänglichem Material." Hofmannsthal und Goethe. Ausstellung im Freien Deutschen Hochstift. Frankfurter Goethe-Museum 12. November 2001 bis 13. Januar 2002. Eggingen 2001, S. 366f. (künftig zitiert: Zauberschloß)

[11] Kommerell, Max: Hugo von Hofmannsthal. In: Hofmannsthal im Urteil seiner

dieses Lustspieles hingewiesen, das auf dem Grund „des Konversationsstücks und der Charakterkomödie [sich] erhebt"[12]; es ist also beides zugleich, wenn auch in unterschiedlicher Gewichtung. In Anbetracht der Interdependenz von Gesellschaft und dem ihr angehörenden Titelhelden, von dem ein Charakterzug im (endgültigen[13]) Titel bereits exponiert ist, spiegelt nach Pickerodt „der Schwierige in seiner Relation zur Gesellschaft deren allgemeine Problematik individuell zurück."[14] Es ist die Konversation, die den ‚Schwierigen' weitestgehend beherrscht, wozu ebenfalls die Momente zählen, in denen sie sich selbst zum Thema wird.[15] Auf diese Weise findet auch innerhalb (der Kritik) der Konversation letztlich keine Brechung der konventionellen Sprachbewegung statt, sie ist ein Leitmotiv des Geschehens und dementsprechend dominiert das ‚Konversationsstück' auch die „Charactercomödie" (XII, S. 221), wie Hofmannsthal noch sein Lustspiel in einer Notiz von 1909 bezeichnet. Bewusst gestaltet er allerdings dann den ‚Schwierigen', für den Lessings „Minna von Barnhelm" und die an diesem Stück erkannte ‚Form des Indirekten'[16] zum Vorbild dienen, als Konversationslustspiel.

Kritiker. Dokumente zur Wirkungsgeschichte Hugo von Hofmannsthals in Deutschland. Hrsg. von Gotthart Wunberg. Frankfurt a. M. 1972 (= Wirkung der Literatur. Deutsche Autoren im Urteil ihrer Kritiker; Bd. 4), S. 392-402; hier: S. 399. (Herv. d. Verf.)

[12] Szondi, Peter: Theorie des modernen Dramas. 4. Aufl. Frankfurt a.M. 1967, S. 89. Dass es sich bei dem „Schwierigen" je nach Perspektivenwahl und interpretativer Konzentrierung sicherlich auch um ein Zeitstück und gleichfalls um ein Heimkehrerdrama handeln kann, bleibt in diesem Aufsatz ausgeklammert. Vgl. dazu: Tekolf, Oliver: „...zurückzukehren – das ist die Kunst." Hugo von Hofmannsthals publizistisches und dramatisches Werk 1914-1929. Nordhausen 2004; hier besonders: S. 127-230. (künftig zitiert: Tekolf)

[13] Hofmannsthal hatte ebenfalls überlegt, das Stück „Der Mann ohne Absicht" zu nennen (vgl. XII, S. 160).

[14] Pickerodt, Gerhart: Hofmannsthals Dramen. Kritik ihres historischen Gehalts. Stuttgart 1968 (= Studien zur allgemeinen und vergleichenden Literaturwissenschaft; Bd. 3). S. 213. (künftig zitiert: Pickerodt 1968) Dieses hebt sich gerade gegenüber Molières „Misanthrope" ab, der aufgrund seines Charakters „einer an sich unproblematischen Gesellschaft gegenübersteht." Vgl. und zitiert: Pickerodt 1968, S. 213.

[15] Mit Pickerodt ist hier noch hervorzuheben, dass „die Konversation über Konversation [insgesamt] das Selbstverständnis der Gesellschaft zum Inhalt [hat], nicht jedoch das Problem des Mit-einander-Sprechens überhaupt." Pickerodt 1968, S. 223.

[16] Für Hofmannsthal gewinnen Lessings Lustspiele diesbezüglich an Bedeutung, weil er in ihnen den „Meister des Indirekten" (XII, S. 185) zu erkennen glaubt: „Die Handlung in der ‚Minna' wird nur dadurch möglich, daß er [= Lessing; Anm. d.

Das bedeutet aber nicht, dass alle Charaktere im ‚Schwierigen' durch die gesellschaftlich sanktionierte Sprache gehindert wären in ihren individuellen Ausdrucksmöglichkeiten, denn diese vermag z.T. das Mimische, die Gebärdensprache zu offenbaren.

Karis ‚Schubladenspiel' als möglicher Reflex der (begriffs-) sprachkritischen Momente des Lord Chandos'

Hans Karls Spiel mit den Schreibtischschubladen ist dabei ein schlagendes Beispiel, das Spannungsverhältnis von verbalem und gestisch-mimischem Ausdruck zu veranschaulichen. Karis Herausziehen und Zustoßen der Schubladen, sowie das Durchsuchen derselben gewinnen durch den gleichzeitig stattfindenden Dialog mit seiner Schwester Crescence an psychologischer und dramaturgischer Bedeutung, die das Innere von Hans Karl offenbaren, was die Worte vermeintlich verdecken (vgl. XII, S. 14f).

Der Abneigung Hans Karls gegen gesellschaftliche Veranstaltungen – wie beispielsweise eine Soiree – zum Trotz, will seine Schwester ihn genau zu einem Besuch einer solchen nötigen, damit er dort als Heiratsvermittler ihres Sohnes Stani auftritt (vgl. XII, S. 58-61). Dabei ist es von besonderer Brisanz, dass er seinen Neffen Stani mit der Frau (Helene) zusammenbringen soll, für die er selbst innigste Gefühle hegt, was sich an diesem Punkt vornehmlich – aber nicht allein – durch seine außersprachliche Aktivität äußert.[17] Erst der weitere Verlauf des

---

Verf.] die Hauptfiguren beständig auseinanderhält, und alles, was zwischen ihnen liegt, zum Reflex macht, durch die Nebenpersonen" (XII, S. 185). Hofmannsthal hat dieses Prinzip im ‚Schwierigen' umgesetzt, indem Helene Altenwyl und Antoinette Hechingen, von denen im ersten Akt ausführlich die Rede ist, in diesem selbst gar nicht auftreten. Ausschließlich über die Rede und die außersprachlichen Handlungen anderer Personen sind die beiden genannten Frauen im ersten Akt präsent. Insbesondere Agathe, die Kammerjungfer von Antoinette, gerät zu deren Sprachrohr.
[17] Chelius-Göbbels hat in diesem Sinne erläutert, dass auch in der Art der Rede von Hans Karl, Hinweise stecken, die sein Inneres (seine Zuneigung gegenüber Helene) erhellen können. Ihre Untersuchung der Formen mittelbarer Aussagen (, wozu auch die Gebärde bei ihr zählt,) im dramatischen Werk Hofmannsthals widmet sich dabei besonders dem ‚Schwierigen', allerdings leistet sie an vielen Stellen nicht mehr als eine wenig detaillierte Bestandsaufnahme dieser ‚indirekten Aussagen'. Zur Betrachtung von Hans Karls verbaler Antwort auf die Vermutung von Crescence, Helene sei die einzige Frau, die ihn fixieren könnte, sind aber die Ausführungen von

Lustspiels wird dies direkt offenlegen. So kann das Zustoßen der Schubladen hier als Zeichen „sehr schlechter Laune"[18], aber auch als Beleg seiner inneren (emotionalen) Erregung begriffen werden, da sie von einer ungestümen Art gekennzeichnet sind, gerade dann, wenn von Helenes angeblicher Verheiratung mit Neuhoff die Rede ist.[19] So verweist die beinahe aggressive Heftigkeit, mit der Graf Bühl die Schubladen ‚zustößt' und ‚herauszieht', darauf, dass er in den Momenten seine Bewegungen offenbar nicht mehr zu kontrollieren vermag. Daher scheint es naheliegend, zu vermuten, dass das ‚Schubladenspiel' hier die Funktion eines ‚Ventils' erhält, das die innere Erregung Hans Karls mit entsprechendem Druck und für einen kurzen Moment nach außen durchlässt. So weist das außersprachliche Handeln von Hans Karl an dieser Stelle auf die abwesende Helene hin, denn es bricht ja gerade dann aus ihm hervor, wenn Helene Gesprächsgegenstand wird, die auch

---

Chelius-Göbbels der Erkenntnis förderlich. Während Kari in der Schublade sucht, erwidert er Crescence: „Aber ich weiß gar nicht, wie du auf die Idee – ich bin der Helen attachiert, sie ist doch eine Art von Cousine, ich hab' sie so klein gekannt – sie könnte meine Tochter sein." (XII, S. 14) Chelius-Göbbels schildert hieran, dass die Sprechweise zur Verlautbarung des inneren Geschehens werden kann. Hans Karls direkt erscheinender Aussagesatz, ‚ich bin der Helen attachiert', bricht förmlich aus ihm hervor, er fällt sich selbst dadurch ins Wort, was als Zeichen seiner inneren Erregung zu deuten ist. Der obige Aussagesatz, „der weder durch Konjunktion noch durch Konjunktiv als bloße Annahme gekennzeichnet ist, drückt das aus, was Hans Karl durch denselben zu negieren suchte. Der intendierte Aussagegehalt erscheint durch die unbeabsichtigte Aussageweise überdeckt" – so Chelius-Göbbels. Vgl. und zitiert: Chelius-Göbbels, Annemarie: Formen mittelbarer Darstellung im dramatischen Werk Hugo von Hofmannsthals. Eine Untersuchung zur dramatischen Technik und ihrer Entwicklung unter besonderer Berücksichtigung des Lustspieles „Der Schwierige". Meisenheim am Glan 1968 (= Deutsche Studien; Bd. 6), S. 29. (künftig zitiert: Chelius-Göbbels)

[18] In der Eröffnungsszene mit Karis altem Diener Lukas und dem neuen Pagen Vinzenz, auf die noch kurz einzugehen sein wird, erläutert Lukas bereits das außersprachliche Verhalten von Hans Karl, das sich im Dialog zwischen Kari und Crescence wiederfindet: „Wenn er [= Hans Karl; Anm. d. Verf.] anfängt, alle Laden aufzusperren oder einen verlegten Schlüssel zu suchen, dann ist er sehr schlechter Laune." (XII, S. 8) Lukas vermag die Gebärdensprache seines Herrn zu lesen und richtig zu deuten, während Vinzenz für jegliche körpersprachliche Äußerungen offenbar blind ist.

[19] Vgl. dazu etwa: „CRESCENCE: Sie [= Helene; Anm. d. Verf.] wird ihn [= Neuhoff; Anm. d. Verf.] heiraten. HANS KARL *stößt die Lade zu*. [...] HANS KARL *zieht mit einiger Heftigkeit eine andere Lade heraus*. (XII, S. 14-15)."

als Objekt weiterer Dialoge im ersten Akt immer wieder ähnliche Reaktionen in Kari auslöst.[20] Eine solche körpersprachliche Tendenz – wenn auch aus anderen Motiven herrührend – wird in der Pantomime des Clavigo wiederbegegnen.

Im Text wird Karis ‚Schubladenspiel' zu einem ‚quasi-sprachlichen' Akt gesteigert, indem die Hans Karl betreffenden Bühnenanweisungen des Herausziehens und Zustoßens der Schreibtischfächer hier den Charakter einer konvenablen Antwort erhalten, welche die zuweilen monologähnliche Rede von Crescence durch den zwischengeschobenen Text der Regieanmerkung (nicht nur rein optisch) unterbrechen und den Anschein einer ‚Wechselrede' beim Leser evozieren können, die indessen auf Seiten Karis schweigend und sich gebärdend vonstatten geht.

Die Erkenntnis, dass die Äußerungen des ‚Schwierigen' auf verbaler und gebärdenhafter Ebene zuweilen in verschiedene bis gegenläufige Richtungen weisen, vollzieht sich an diesem Punkt allerdings primär im Leser/Zuschauer des Stückes, für Crescence bleibt das mimische Spiel ihres Bruders anscheinend belanglos, obwohl sie zumindest eine gewisse Aufregung seitens Karis bemerkt: „Du enervierst Dich!" (XII, S. 15). Doch sie registriert wohl lediglich das gegenwärtige Tun ihres Bruders, auf das sie eine recht simple Reaktion folgen läßt, die die tatsächliche Tiefe des ‚Schubladenspiels' scheinbar verkennt.[21] Hans Karls Antwort, dass er eigentlich gar nichts suche und nur den falschen Schlüssel hineingesteckt habe (vgl. XII, S. 15), mutet ob seiner längeren und zudem

---

[20] Etwa im Dialog mit Stani reagiert Hans Karl ob der Erregung unkontrolliert auf die Worte seines Neffen, der Helen kurzentschlossen heiraten will (‚ auch um damit einer eventuellen Verheiratung Helenes mit Neuhoff zuvorzukommen,) und der glaubt, Helen werde ihn schon „mit der Zeit adorieren." Tief berührt kann Hans Karl darauf nur noch betroffen reagieren: *„vor sich, unwillkürlich* Auch das ist möglich." (Vgl. und zitiert: XII, S. 57)

[21] Es könnte allerdings im Hinblick auf ihre spätere Nachfrage (vgl. XII, S. 16) möglich sein, dass Crescence sehr wohl den Umfang der Empfindungen Karis bezüglich Helenes ahnt und sein Schubladenspiel in gewisser Weise verstanden hat. Entweder ist es ihr nicht gleich zu Bewusstsein gekommen, welches Problem sie damit anreißt, oder sie missversteht fast absichtlich, um ihrer eigenen Absicht gerecht zu werden. Wieder ergibt sich sowohl für Kari als auch für den Zuschauer die Schwierigkeit, aufgrund unterschiedlicher Andeutungen ein konsistentes Bild des Gegenüber zu erlangen, und zu bemerken, worauf Crescence in diesem Fall abzielt.

recht erregten Beschäftigung mit den Schubladen mehr als sonderbar an und kann kaum als wirkliche Begründung angenommen werden. Auch einen der Aussage Karis möglicherweise zu entnehmenden Test, ob es sich um den richtigen Schlüssel handelt, könnte das ‚Schubladenspiel' nicht sinnvoll erklären. Möglicherweise meint Hans Karl jedoch, dass er den richtigen Schlüssel in den Schubladen sucht, um diese dann eventuell abschließen zu können, was seine Antwort dementsprechend als Lüge enttarnen würde. Vielleicht aber stellt die Handlung von Kari auch gemäß seiner Antwort überhaupt keine Suche, sondern vielmehr eine Art Ablenkungsbeschäftigung dar, die das Gesprächsthema in seiner Unterredung mit Crescence bagatellisieren und so die Situation etwas entspannen soll, wobei – wie oben dargelegt – die plötzlich aufkommende Heftigkeit der Handlung an das Gespräch über Helene gebunden ist und somit auf seine intimen Gefühle für sie hindeutet.[22] Für Crescence wird die zweifelhafte Antwort Karis jedoch nicht zum Anlass, nachzufragen.

Das pantomimische Spiel Hans Karls analysierend, spricht Schwalbe in dem Zusammenhang etwas missverständlich von der „Gebärde der Selbstverhüllung"[23], da er an diesem Punkt nicht deutlich genug zwischen der Rezeption des Lesers und der Rezeption von Crescence unterscheidet, die etwas später sogar zur Kenntnis nehmen will, das sich

---

[22] Ob Hans Karl allerdings hier bereits die Briefe der Antoinette sucht, die sie ihm während ihrer gemeinsamen ‚Liaison' geschrieben hat, bleibt an dieser Stelle unklar. Kari weiß zwar davon, dass die Briefe abgeholt werden sollen, was das spätere Gespräch mit Agathe in der sechsten Szene des ersten Aktes aufdeckt (XII, S. 22), doch reagiert er überrascht, als Agathe früher als erwartet die Briefe mitnehmen will. Die Dringlichkeit, sie eiligst und aufgeregt zu suchen, war noch nicht gegeben, weshalb es nicht letztlich einleuchtet, wenn Steiner in seiner Untersuchung der Bühnenanweisung bei Hofmannsthal die Suche und das ‚Schubladenspiel' in Szene 3 direkt damit in Verbindung bringt. Wäre das allerdings zutreffend, was weder gänzlich zu widerlegen, noch völlig zu bestätigen ist, bekäme die Szene eine weitergehende besondere Brisanz, da dann gleichzeitig zwei Frauen, die in Beziehung zu Kari stehen, ‚anwesend' wären – Antoinette über die Suche in den Briefen und Helene im Gespräch mit Crescence. Die eventuelle Suche nach einem passenden Schlüssel würde dann womöglich Karis Absicht ‚verraten', die Briefe einschließen zu wollen. Vgl. Steiner, S. 236.
[23] Schwalbe, Jürgen: Sprache und Gebärde im Werk Hugo von Hofmannsthals. Freiburg i. Br. 1971 (= Studien zur deutschen Sprache und Literatur; Bd. 2), S. 151. (künftig zitiert: Schwalbe)

ihr Bruder „von der Helen desinteressiert" (XII, S. 16) habe, während der Leser in den Gebärden Karis gerade das Gegenteil einer Selbstverhüllung identifizieren kann. Dass Schwalbe die Szene jedoch ebenfalls in diesem Sinne deutet, d.h., dass die Selbstverhüllung nur innerhalb des Stückes Crescence, nicht aber dem Leser gegenüber Gültigkeit besitzt, wird dann denkbar, wenn es immer noch etwas dunkel und nicht auf den Adressaten hin differenziert heißt: „die Gebärde der Selbstverhüllung enthüllt Hans-Karl."[24] Hofmannsthal greift hier auf eine alte Technik der Lustspieldramaturgie zurück: „Das Publikum versteht, wo der Dialogpartner nicht oder miß-versteht."[25] Diese Mittel der Inkongruenz von Wort und Gebärde nutzt Hofmannsthal zur impliziten Charakterdarstellung durch die ‚Selbstenthüllung' der Figur *vor dem Rezipienten* und diese ist – gerade wenn es um die Illustration des Protagonisten geht – ein bedeutsames und oft angewandtes Verfahren in Hofmannsthals Lustspiel.

Crescence wähnt sich am Ende der achtzehnten Szene sogar im Einverständnis mit Kari, der sich hingegen erst einen „Ruck" (XII, S. 60) geben muss, um sich bei seiner Schwester für deren „gute[s] Tempo" (XII, S. 60), das sie ihm beibringt, zu bedanken.[26] Insgesamt ist Hans Karls gestisches Verhalten bemerkenswert, „weil dadurch der Untergrund der Beziehungen ahnbar wird, der durch dies äußerliche Planen"[27], d.h.

---

[24] Vgl. und zitiert: Schwalbe, S. 151-152.
[25] Vgl. und zitiert: Krabiel, Klaus-Dieter: Sprachskepsis im Konversationsstück? Hugo von Hofmannsthals Lustspiel „Der Schwierige". In: Verbergendes Enthüllen. Zu Theorie und Kunst dichterischen Verkleidens. Festschrift für Martin Stern. Hrsg. von Wolfram Malte Fues und Wolfram Mauser. Würzburg 1995, S. 311-328; hier: S. 31. (künftig zitiert: Krabiel)
[26] Crescence, die die leise Ironie ihres Bruder hier nicht versteht, ist von Hofmannsthal zusätzlich in ein leicht ironisches Licht gerückt: Während sie ihr Anliegen, das ‚Programm' Hans Karl vorbringt, an dem ihr – wie sie öfter betont – viel liegt, geht sie fünfmal bis zur Tür, kehrt dort um und kommt wieder bis zum Schreibtisch zurück, wo sich Kari derweil befindet. Es erweckt den Anschein, als ob Crescence jeweils an der Türe angelangt, von einem plötzlichen Einfall überkommen werde, der sie zum Schreibtisch zurückkehren lässt. Sie wirkt dabei ‚schusselig' und zerstreut, was der von ihr hervorgehobenen Wichtigkeit des Programms auf komische Weise entgegensteht. (Vielleicht versucht sie aber auch nur ihre Überredungsstrategie durch das ‚Vergessens-Spiel' zu kaschieren.)
[27] Rech, Benno: Hofmannsthals Komödie. Verwirklichte Konfiguration. Bonn 1971 (= Abhandlungen zur Kunst-, Musik- und Literaturwissenschaft; Bd. 112), S. 86.

durch das ‚Programm', das Crescence ihrem Bruder für die Soiree mitgibt, sonst verdeckt ist. Die Gebärdensprache von Graf Bühl, sein insgesamt unruhiges und z.T. unkontrolliertes Verhalten lassen im Leser/Zuschauer schon zu Beginn des Stücks Zweifel an der Realisierbarkeit des ihm aufgebürdeten ‚Programms' aufkommen, noch ehe der ‚Schwierige' dessen Umsetzung überhaupt versucht hat. So können sich diese Bedenken auch auf die weitere Rezeption des Lustspiels auswirken.

Die wortlosen Pantomimen Hans Karls, die sein Innenleben dem Rezipienten enthüllen, sein beredtes Schweigen, das auf die Vermutungen von Crescence antwortet (vgl. XII, S. 19), sein stilles Rauchen, das Stanis rationalisierter Sprache des Kalküls entgegensteht (vgl. XII, 31ff), sein Unbehagen der mechanisierten Sprache der Urteile gegenüber sowie seine sprachskeptischen Äußerungen bringen den ‚Schwierigen' in die Umgebung des Philipp Lord Chandos.

Karis Körpersprache erscheint zuweilen als eine Konsequenz der im Chandos-Brief gestalteten und verbalisierten Sprachkrise[28], die das Entstehen des Briefs von Seiten Chandos' eigentlich unmöglich machte. Doch der Chandos-Brief offenbart auch die Möglichkeiten einer ‚neuen' Sprache, die hier in ihrer ganzen sich aufdrängenden Leiblichkeit für Chandos aufgezeigt wird. Nach einer Phase, in der Chandos in einer rauschhaften Harmonie „das ganze Dasein als eine große Einheit" (XXXI, S. 47) erlebt, zerbricht ihm dieses Totalitätsgefühl in unzählige Teile; es weicht einem Zustand von äußerstem „Kleinmut und Kraftlosigkeit" (XXXI, S. 48) und verkehrt sich sogar aufgrund eines allumfassenden Sprachzweifels in das Gegenteil, so dass Chandos „völlig die Fähigkeit abhanden gekommen [ist], über irgend etwas zusammenhängend zu denken oder zu sprechen" (XXXI, S. 48). Indem so das Potential der konventionellen Sprache (insbesondere die Sprache der ‚Begriffe' und ‚Urteile') als überaus prekär erfahren wird, Dinge und ihr Wesen angemessen zu benennen, gerät Chandos in eine Krisensituation. Die Folge davon und die damit einhergehende Wandlung im

---

(künftig zitiert: Rech)

[28] Vgl. dazu Hofmannsthals Aufzeichnung aus dem Jahr 1911: „das Analogon zu den kontemporanen Zweifeln an der Sprache (‚Brief') corollar hiezu die Bemühungen um Ballett und Pantomime" (RA III, S. 510). Vgl. auch XXXI, S. 297.

Innern des Lords ist sein Schweigen, das den „gänzlichen Verzicht[...] auf literarische Betätigung" (XXXI, S. 45) bedeutet. Doch gibt es einzelne, „freudige und belebende Augenblicke" (XXXI, S. 50), die Chandos aus seiner allerweltlichen Apathie aufwecken und die er als Epiphanien erlebt, in denen eine Erscheinung seiner banalen, „alltäglichen Umgebung mit einer überschwellenden Flut höheren Lebens wie ein Gefäß erfüllend" (XXXI, S. 50), ihm sich ankündigt. In diesen Momenten „sonderbare[r] Bezauberung" glaubt Chandos in ein „neues, ahnungsvolles Verhältnis zum ganzen Dasein" treten zu können, „wenn wir anfingen mit dem Herzen zu denken", doch fällt diese Verzückung von ihm ab, so weiß er dann „nichts darüber auszusagen" (XXXI, S. 52). Was von Chandos ausgeht, nennt er selbst „ein ungeheures Anteilnehmen, ein Hinüberfließen in jene Geschöpfe" (XXXI, S. 51) und diese Bewegung wird durch das von den Dingen ausgehende ‚sinnliche Entgegenkommen' verschärft (vgl. XXXI, S. 52).

Im (dinglichen) Anderen, „dessen stumme Wesenheit" (XXXI, S. 53), zum Ursprung der wortlosen Begeisterung für Chandos werden kann, liegt also ein Schlüssel zur neuen Kommunikation innerhalb der Augenblickserfahrung. In den „Momenten der Erhöhung" (XXXI, S. 295) hat Chandos das Gefühl, sein Körper bestünde aus lauter „Chiffren" (XXXI, S. 52); Chandos selbst weiß nicht, ob er diese Erfahrungen „dem Geist oder dem Körper zurechnen soll" (XXXI, S. 52), da er die Bezauberung derart unmittelbar, d.h. direkt *körperlich* wahrnimmt und erlebt. Die Hinweise für eine leibliche Kommunikation als ein Teil von Gebärdensprache im Chandos-Brief sind offenkundig und zahlreich, weshalb Rutsch daher den ‚epiphanischen Dialog' von Chandos mit den Dingen zurecht als „primär physische[n] Vorgang"[29] bezeichnet.

Karis Gebärden- bzw. Körpersprache kann vor diesem Hintergrund als

---

[29] Vgl. und zitiert: Rutsch, Bettina: Leiblichkeit der Sprache. Sprachlichkeit des Leibes. Wort, Gebärde, Tanz bei Hugo von Hofmannsthal. Frankfurt a. M. u.a 1998 (= Europäische Hochschulschriften, Reihe 1: Deutsche Sprache und Literatur; Bd. 1675; zugl. Diss. Univ. Duisburg 1998), S. 81f. (künftig zitiert: Rutsch) Rutsch wagt an diesem Punkt den Übergang in die Leiblichkeit der Kommunikation, indem sie nachzuweisen versucht, dass es sich bei der oben dargestellten „Verbindung zwischen Lord Chandos und dem jeweils sich zeigenden Gegenstand vor allem um eine leiblich begründete handelt – [...] um eine Beziehung, an welcher der leibliche Aspekt einer geist-leiblichen Gesamtheit entscheidenden Anteil hat." Rutsch, S. 80.

Weiterführung der leiblichen Kommunikation und als dramatische Bearbeitung der hohen sprachlichen Sensibilität von Chandos verstanden werden, die auf solche Weise auch in Hofmannsthals Drama „Der Schwierige" (aber nicht nur dort) eingeschrieben sind.

Die Pantomimen und Gebärden im ‚Schwierigen' ersetzen oder füllen das Schweigen mit den Handlungen, die die inneren Gemütsbewegungen von Kari (für den Leser/Zuschauer) erlebbar machen und die in den Regieanweisungen konkret gefasst sind. Insofern wird die Bühnenanweisung im ‚Schwierigen', weit über das bloße dramaturgische Mittel erhoben, zu einem organischen Bestandteil des Stücks, die – mit Steiner – „die Konstellation, wie sie das gesprochene Wort erstellt und die durch die Charaktere der Personen bedingt ist, theatermäßig sicht- und hörbar macht und nicht bloß additiv hinzutritt."[30] Das Schweigen oder besser die Gesprächspausen werden in die Dramaturgie integriert und sind nicht länger nur Leerstellen, sondern ihnen ist Bedeutung eingeschrieben:

> Während im Frühwerk die Dialoge häufig durch ein „Schweigen" oder auch nur durch „Stille" unterbrochen werden, bemühen sich die späteren Dramen um eine genaue dramaturgische Differenzierung dessen, was in den Gesprächspausen geschieht. Sie ersetzen das Schweigen durch die Gebärden oder die Pantomime der Bühnenfiguren, also durch Körpersprache, die die Lücken im Dialog mit Ausdruck füllt. Wer raucht oder in Schubladen kramt, statt einfach nur zu schweigen, sagt damit bekanntlich sehr viel.[31]

> Das Schweigen tritt heraus in das Zeichen, die Bewegung mutiert zur Gebärde, lesbar in der Schrift (der Bühnenanweisung), hörbar im Stammeln, sichtbar im Vibrieren der Glieder.[32]

Der Dichter selbst hat mehrfach auf die bereits angedeuteten Analogien

---

[30] Steiner, S. 239.

[31] Osterkamp, Ernst: Die Sprache des Schweigens bei Hofmannsthal. In: Hofmannsthal Jahrbuch, 2(1994), S. 111-137; hier: S. 133. Osterkamp, der die Entwicklung vom Schweigen hin zur Gebärde als Ausdruck dessen, was sich der begrifflichen Sprache entzieht, nachzeichnet, bezieht sich hier allerdings auf vermeintliches Allgemeinwissen oder eine Art von Trivialerkenntnis, dass ein Schubladenkramender viel mitzuteilen hätte, ohne jedoch in irgendeiner Form auszuführen, was genau damit gesagt sein könnte.

[32] Kofler, Peter: Der „Schwierige" von Hugo von Hofmannsthal. Die Geburt der Komödie aus der Gebärde der Melancholie. In: Geste und Gebärde. Beiträge zu Text und Kultur der Klassischen Moderne. Hrsg. von Isolde Schiffermüller. Innsbruck/Wien/München 2001 (= Essay & Poesie; Bd. 12), S. 158-188, hier: S. 173. (künftig zitiert: Kofler)

zwischen Hans Karl und Chandos hingewiesen, schon in einem frühen Stadium der Stückgenese heißt es dazu:

> R[odaun] 13 I 1910 / Der Schwierige / Hans-Karl zweifelt an dem Festen Gegebenen. Die Unterschiede [...] zwischen den Menschen, auch die Couranten Wertungen sind ihm abhanden gekommen (vergl. „ein Brief") [...] Im Laufe des Stückes erfolgt seine Cur: sie ist freilich so sonderbar wie die Rettung Münchhausens aus dem Sumpf. [...] Es ist alles gleichgiltig – ausser man tut. *[Das ist der Zopf an dem Münchhausen sich aus dem Sumpf zieht.]* (XII, S. 223)[33]

Das Prinzip der Diskretion, das das Sprechen des ‚Schwierigen' fast durchgehend prägt, scheint allerdings in gewissen Momenten jedoch zu einer bewussten, beinahe taktischen Zurückhaltung zu tendieren, z.B. einer Antwort enthoben zu sein, um so seine wahren Gefühle und Regungen verbergen zu können.[34] Auch die sprachskeptischen Bemerkungen von Hans Karl erscheinen zuweilen in einem anderen, weniger glaubhaften Licht, wenn der Zusammenhang mitbeachtet wird, in dem die – an sich wohl echten – Sprachzweifel geäußert werden:

Um nicht auf sein bevorstehendes Debüt als Redner auf einer

---

[33] Der Gestus Münchhausens, der hier für Karis „Cur" angedeutet ist, ist auch für die Kritische Theorie von Adorno bedeutsam. In einem der Textfragmente der Minima Moralia „Zur Moral des Denkens" heißt es: „Vom Denkenden heute wird nicht weniger verlangt, als daß er in jedem Augenblick in den Sachen und außer den Sachen sein soll – der Gestus Münchhausens, der sich an dem Zopf aus dem Sumpf zieht, wird zum Schema einer jeden Erkenntnis, die mehr sein will als entweder Feststellung oder Entwurf." Adorno, Theodor W.: Minima Moralia. Reflexionen aus dem beschädigten Leben. In: Theodor W. Adorno. Gesammelte Schriften. Hrsg. von Rolf Tiedemann. Band 4. Frankfurt a. M. 1997. S. 83. In dieser Geste kann sich möglicherweise etwas von der Anstrengung ‚artikulieren', die in einer Theorie nicht zum Ausdruck kommen würde. Im Bild des sich selbst rettenden Münchhausens nähern sich Hofmannsthals Sprachkritik und die Kulturkritik der Kritischen Theorie. In der Eigenständigkeit von Adornos Argumentation, die nicht auf dem Boden der zu kritisierenden Kultur gründen soll, wird für Adorno, der als Gesellschaftskritiker gemäß seines Konzeptes sämtliche kulturelle Traditionen abschneiden muss, der *Gestus* Münchhausens, der sich ohne fremde Hilfe befreit, erkenntnisleitendes Motiv. Wohl ‚der lebendige Geist des Widerspruchs' hat Adorno dennoch bewogen, in dieser Formulierung mit dem Münchhausenbild (dem Lügenbaron) wieder auf eine bekannte Tradition anzuspielen.
Das Tun jedenfalls ist der Schlüssel zur Erkenntnis und stellte nicht zuletzt Karis „Cur" dar. Für die Antinomie von Handeln bzw. Tun und Sprechen bei Hofmannsthal ist u.a. der Brief an Wildgans vom 14.2.1921 interessant. Vgl.: Wildgans, Anton/ Hugo von Hofmannsthal: Briefwechsel. Hrsg. von Norbert Altenhofer. Heidelberg 1971, S. 31.

[34] Vgl. dazu auch: Krabiel, S. 313.

Herrenhaussitzung angesprochen zu werden, wodurch sich Hans Karl erhofft, dieser Verpflichtung zu entgehen, verwickelt er seinen Freund Adolf Hechingen in ein ‚Scheingespräch' (vgl. XII, S. 141): „Ich bitt' dich, sprich recht lebhaft mit mir, so ein bissel agitiert, wie wenn wir etwas Wichtiges zu erledigen hätten." (XII, S. 141) Bei den folgenden Äußerungen von Kari ist daher der Kontext zu beachten, in dem die Bemerkung von der Indezenz aller Rede fällt. Allein dadurch wird erkennbar, dass Karis Aussagen nicht bedingungslos für wahr zu halten sind, da die Authentizität der Worte durch die Situation und Karis ‚dezentes Geschick' teilweise untergraben wird:

> HANS KARL Ich soll aufstehen und eine Rede halten, über Völkerversöhnung und über das Zusammenleben der Nationen – ich, ein Mensch, der durchdrungen ist von einer Sache auf der Welt: daß es unmöglich ist, den Mund aufzumachen, ohne die heillosesten Konfusionen anzurichten! Aber lieber leg' ich doch die erbliche Mitgliedschaft nieder und verkriech' mich zeitlebens in eine Uhuhütten. Ich sollte einen Schwall von Worten in den Mund nehmen, von denen mir jedes einzelne geradezu indezent erscheint!
>
> HECHINGEN Das ist ein bisserl ein starker Ausdruck.
>
> HANS Karl *sehr heftig ohne sehr laut zu sein* Aber alles, was man ausspricht, ist indezent. Das simple Faktum, daß man etwas ausspricht, ist indezent. Und wenn man es genau nimmt, mein guter Ado, aber die Menschen nehmen eben nichts auf der Welt genau, liegt doch geradezu etwas Unverschämtes darin, daß man sich heranwagt, gewisse Dinge überhaupt zu erleben! Um gewisse Dinge zu erleben und sich dabei nicht indezent zu finden, dazu gehört ja eine so rasende Verliebtheit in sich selbst und ein Grad von Verblendung, den man vielleicht als erwachsener Mensch im innersten Winkel mit sich tragen, aber niemals sich eingestehen kann! *Sieht nach rechts* Er [= der Gastgeber Altenwyl, der ihn zur Rede nötigen wollte; d. Verf.] ist weg. *Will fort.* (XII, S. 142)

Demnach ist es nicht uninteressant, die sprachskeptischen Bemerkungen von Hans Karl vereinzelt auch auf ihren jeweiligen Kontext und ihre Veranlassung hin zu hinterfragen. Karis Gebärdensprache ist infolgedessen weniger ein Anzeichen seiner generellen Sprachkritik oder Folge einer vermeintlichen Unaussprechlichkeit, sondern in erster Linie gewährt sie Einblicke ins Innere des Titelhelden, die im sprachlichen Bereich nicht zutage treten, da Kari sie dort meist zu verdecken weiß. Zuweilen kommt es so bei Hans Karl zu einer großen Diskrepanz zwischen verbalem und gestischem Ausdruck.

Es ist die „Komik des sprechenden Sprachkritikers"[35], der einerseits weiß, dass „[d]urchs Reden [...] ja alles auf der Welt zustande [kommt]" und andererseits es als lächerlich empfindet, „wenn man sich einbildet, durch wohlgesetzte Wörter eine weiß Gott wie große Wirkung auszuüben, in einem Leben, wo doch schließlich alles auf die letzte unaussprechliche Nuance ankommt" (XII, S. 97).

Stand bei Chandos allerdings der mimetische Aspekt der Sprachskepsis im Vordergrund, dass das Wort die Dinge (das Bezeichnete) nicht treffe, hat sich bei Kari – ohne den erstgenannten Zweifel zu überwinden – das Gewicht etwas auf den pragmatischen Aspekt dieser Skepsis verschoben, ob also das Wort auch die Beziehungen zwischen den Zeichenbenutzern herzustellen vermag, denn im ‚Schwierigen' geht es ja gerade um das Problem des Miteinander-Sprechens. Wie Chandos versucht Graf Bühl noch, sich mitzuteilen, teils um der Höflichkeit willen, denn auch Chandos antwortet auf eine briefliche Nachfrage Bacons, die er meint, nicht im Raume stehen lassen zu können. Er muss wie Kari das Unmögliche möglich machen. Wählt Chandos noch die intime Variante des Briefes, in dem durch die Anrede an Bacon kein Nur-zu-sich-selbst-Sprechen gegeben ist, sondern eine monologische Form der Anrede, die keine Unterbrechungen im Fluss erlaubt, muß Kari sich geradezu in einer ‚Dauerkonversation' seinen Empfindungen stellen. Seine etwas andere Art zu reden und im Konversationston – um überhaupt verstehbar zu bleiben – von den Schwierigkeiten mit jenem zu reden, macht einerseits die Komik aus, doch verweist sie darüber hinaus auch auf die inhärente Tragik dieses Lustspiels. „Der Schwierige" ist sicherlich kein ‚brutal komisches' Stück, dafür ist es zu feinsinnig und zuweilen auch zu tragisch in seiner Wirkung und Thematik.

Die Spuren des Gelächters sind in Hofmannsthals Komödien durchgängig sehr gering – wie dies auch Vogel aufgezeigt hat.[36] Hofmannsthal

---

[35] Wittmann, Lothar: Sprachthematik und dramatische Form im Werke Hofmannsthals. Stuttgart u.a. 1966 (= Studien zur Poetik und Geschichte der Literatur; Bd. 2), S. 153. (künftig zitiert: Wittmann)

[36] Vogel, Juliane: Commedia con sordino. Das Verschwinden des Lachens aus den Lustspielen Hugo von Hofmannsthals. In: Komik in der österreichischen Literatur. Hrsg. von Wendelin Schmidt-Dengler. Berlin 1996 (= Philologische Studien und Quellen; H. 142), S. 166-178. (künftig zitiert: Vogel)

verzichtet auf das (direkte) Gelächter in seinen Stücken – entsprechende Regieanweisungen fehlen fast gänzlich – und damit auch auf dessen leibliche Dimension, auf die „Eruptionen des gleichsam verselbständigten Körpers, welche die traditionelle Trägerinstanz des Dramas, die Sprache, erschüttern müssen [...]."[37] Vor dem Hintergrund des bisher Gesagten lassen sich folglich zwei diametrale Bewegungen, die Körperlichkeit betreffend, in Hofmannsthals Komödie feststellen: einerseits tritt der lachende Leib des Schauspielers in den Hintergrund und andererseits gewinnt in Hofmannsthals Werk die etwas verhaltenere Freisetzung von Körperlichkeit in der Forcierung der Gebärdensprachen an Bedeutung. Die Sprache, die im massiven Gelächter völlig untergeht, bleibt in Hofmannsthals Komödien wichtig und essentiell, zusammen mit der sublimen Gebärdensprache der Figuren geht sie eine fruchtbare Symbiose ein: das ‚mimische Wort' – auch wenn dabei Gebärdensprache und Wort differieren können:

Auf diese Weise kommt gerade das, was sich im ersten Akt in Karis Innerstem abspielt nicht (oder bestenfalls indirekt) zur Sprache. Es gilt, dass Kari „in vielen Punkten, an denen seine intimsten Interessen berührt sind, erkennbar etwas anderes sagt als er denkt und fühlt"[38], was ihn nicht zuletzt zum ‚Schwierigen' macht. In dessen Gebärdensprache jedoch enthüllt sich dem Leser/Zuschauer das, was seitens Kari verdeckt bleiben sollte.

Die Dienerszene

Hat sich in Karis Pantomime die Inkongruenz von Wort- und Gebärdensprache gezeigt, dann ist mit der Dienerszene ein Beispiel für die Korrespondenz von verbalem und gestischem Ausdruck bei der einzelnen Figur gegeben. Die Kommunikation zwischen Karis altem Diener Lukas, der mit Hans Karl in einer Sphäre des (wortlosen) Einverständnisses lebt, und dem neuen Pagen Vinzenz scheitert, weil beide einen gänzlich anderen Sprachcode sprechen und – was fast schwerer wiegt – Vinzenz nicht in der Lage ist, in der Gebärdensprache von Lukas zu lesen:

---
[37] Vogel, S. 166-167.
[38] Krabiel, S. 313.

VINZENZ *schnüffelt an allen Möbeln herum* Also was? Sie wollen mir jetzt den Dienst zeigen? Es hätte Zeit gehabt bis morgen früh, und wir hätten uns jetzt kollegial unterhalten können. Was eine Herrenbedienung ist, das ist mir seit vielen Jahren zum Bewußtsein gekommen, also beschränken Sie sich auf das Nötige; damit meine ich die Besonderheiten. Also was? Fangen Sie schon an!

LUKAS *richtet ein Bild, das nicht ganz gerade hängt* Er kann kein Bild und keinen Spiegel schief hängen sehen. Wenn er anfängt, alle Laden aufzusperren oder einen verlegten Schlüssel zu suchen, dann ist er sehr schlechter Laune.

VINZENZ Lassen Sie jetzt solche Lappalien. [...] (XII, S. 7-8)

Vinzenz zeigt sich verärgert über die Antwort von Lukas, da die Information, die Vinzenz gleich in zweifacher Weise erhält, nämlich auf der sprachlichen als auch auf der gebärdenhaften Ebene, nicht seinen Erwartungen entspricht. Dies zeigt, dass beide Diener etwas völlig anderes mit dem Wort ‚Besonderheit' verbinden. Dass Lukas' (außer-)sprachliches Verhalten bereits die ‚Besonderheit' darstellt, nach der Vinzenz gefragt hat, kommt diesem nicht in den Sinn. Laut Kofler parallelisiert Lukas im obigen Zitat seine Worte mit der entsprechenden Geste des Bildausrichtens, „um seiner Wortgebärde den nötigen Nachdruck zu verleihen"[39]. Demnach geht Kofler also von einer bewussten Handlung seitens Lukas aus, die seine Rede unterstützen und ergänzen soll, um die gewünschte Wirkung auf Vinzenz ausüben zu können. Wenn es sich dabei wirklich um einen ‚*nötigen* Nachdruck' handeln sollte, dann deutet das darauf hin, dass Lukas der Meinung ist, ohne eine die Sprache (performativ) begleitende Gebärde sei keine Verständigung mit Vinzenz möglich. Es stellt sich aber die Frage, ob Lukas seine Handlung wirklich bewusst ausführt, oder ob sie nicht eher für den alten Diener eine Art Automatismus bedeutet und nur auf der Seite von Hofmannsthal als eine Form von Nachdruck gedacht ist. Die Parallelisierung von Gebärde und Aussage wird zumindest deutlich in dem Dienergespräch aufgehoben, wenn Lukas einen Spiegel putzt, aber mit der Eigenart des Anmeldens von Besuch, auch dem der Familie, über etwas völlig anderes redet. Zwar war der Spiegel schon zuvor in Lukas' Ausführungen aufgetaucht, doch ist gerade jetzt davon nicht länger die Rede. Lukas spricht nicht nur über die für Kari auszuführenden Dienste,

---

[39] Kofler, S. 181.

er vollzieht sie gleichzeitig.[40] Vinzenz müsste seinen Kollegen nur beobachten und er wäre im Bilde über die Verhältnisse im Hause, statt ebenfalls auf einen kollegialen Konversationston zu bauen, mit dem er gegen den Hausherrn zusammen mit dem anderen Bediensteten noch vor Dienstantritt seine Situation klären und alles nach seinen Vorstellungen einrichten will.

In der obigen Eröffnungsszene treffen alte und neue Zeit aufeinander, Lukas vertritt dabei die ‚alten Werte', den Takt, die Diskretion und vor allen Dingen das wortlose Verstehen mit seinem Herrn. Konträr dazu erscheint die Figur des neuen Dieners Vinzenz geradezu als Verkörperung der allein ‚zweckhaften, ausgeklügelten Rede' aus der ‚Ägyptischen Helena'. Seine rationalisierte Sprache ist voller Absichten und bestimmter Kalküle und zudem kennzeichnet ihn eine dreiste, ganz und gar unwissenschaftliche Neugierde, die mit dem Verb ‚schnüffeln' Assoziationen an die tierische Sphäre wie an den Spionagebereich[41] eröffnet.[42]

Kofler stellt beide Dienertypen anhand ihrer Gebärdensprache gegenüber:

> Angesichts der offenkundigen Taktlosigkeit, der geradezu animalischen Aufdringlichkeit seines neuen Kollegen – Vinzenz ‚schnüffelt an allen Möbeln herum' – zieht sich Lukas in die Lautgebärde des Räusperns zurück [XII, S. 9], nicht ohne vorher jedoch dessen Rede als ‚Gewäsch' [XII, S. 9] zu desavouieren. Sein Verstummen ist der Ausdruck vollendeter Diskretion, und die ihr immanente Ironie deutet voraus auf das Schweigen seines Herrn.[43]

---

[40] Dabei stellt sich allgemein die Frage, inwieweit die Handlung, die der Bühnenanweisung entspringt eine bewusste Handlung der agierenden Figur ist oder bloßes Verhalten derselben, das ihr auf den Körper geschrieben wurde. Es wäre möglich zu sagen, dass die Regieanweisung den Diener Lukas Dinge tun lässt, von denen er selbst keine Bewusstheit hat. Damit schriebe sie von außen etwas auf die Figur, das für ein Außen (den Rezipienten) wirksam werden soll.

[41] Tatsächlich ist Vinzenz bemüht den alten Diener bezüglich der ehelichen Absichten von Hans Karl, die im Zusammenhang mit seiner Beschäftigung stehen, ‚auszuquetschen'. Vinzenz' Fragen muten wie ein Verhör an, so dass Sprach- und Körpergebärde (‚schnüffeln') auch hier in eins gehen (vgl. XII, S. 9).

[42] Auf diese Weise erhält Vinzenz Züge, welche u.a. auch einen heute neuen Typus der Literaturwissenschaft symbolisieren, die zweckökonomisch produktorientiert und an kurzsichtigen Relevanzdiktaten ausgerichtet, sich selbst ‚innovativ' den Boden geistiger Vielfalt und philosophisch-wissenschaftlicher Tiefe entzieht.

[43] Kofler, S. 180.

Vinzenz' Indiskretion resultiert also nicht nur aus seiner für das Bühlsche Haus unangemessenen Verwendung seiner (Begriffs-)Sprache, sondern auch aus seinen Gebärden des taktlosen ‚Schnüffelns'. Dass Kari nach seinem ersten, pantomimischen Auftritt (HANS KARL *ist leise eingetreten;* XII, S. 10) den neuen Diener nicht erkennt und ihn mit seinem Sekretär Neugebauer – ebenfalls ein hochtrabend und zweckorientiert Redender – verwechselt, ist symptomatisch für das Nichtverstehen zwischen Vinzenz und seinem neuen Herrn. Hans Karls Misstrauen gegenüber der zweckvollen und instrumentalisierten Kommunikation muss sich gerade an Vinzenz' Rede und dessen indiskreter Gebärdensprache entzünden.

Absenz der Gebärde

Die obige Diskussion von Karis Gebärden und seinem Sprechen, dessen Indezenz ihn zu peinigen scheint, führt auf eine Beispielszene, in der er einzig auf die verbale Äußerung zurückgeworfen ist. In ihr tritt ein Hauptmotiv des Lustspiels hervor: die Schwierigkeiten und Störungen der Konversation, wobei die häufigen Missverständnisse ihr Versagen bedeuten. Die Komik im ‚Schwierigen' beruht gerade auf dieser Art der gestörten Kommunikation, der Missverständnisse, deren ständiges Zutage-Treten Hans Karl durchaus bemerkt: „Ah, diese chronischen Mißverständnisse!" (XII, S. 13)

Wenn Hans Karls Telefongespräch mit Ado Hechingen am Ende der fünfzehnten Szene des ersten Aktes ebenfalls von einem solchen Missverständnis beherrscht wird, dann liegt das nicht zuletzt daran, dass aufgrund der körperlichen Absenz seines Gesprächspartners ein klärendes oder relativierendes ‚Gebärdenspiel' ausgeschlossen ist.

Graf Bühl, dem die „couranten Wertungen [...] abhanden gekommen" (XII, S. 223) sind[44] – und es ist zu vermuten, dass sein unmittelbares, erst einige Wochen zurückliegendes Erlebnis des Krieges[45] dazu geführt hat

---

[44] Ihm kommt etwa „bei Konversationen auf die Länge alles sogenannte Gescheite dumm und noch eher das Dumme gescheit vor ..." (XII, S. 18).

[45] Durch die Kammerzofe Agathe erfährt der Rezipient, seit wann Kari aus dem Felde zurückgekehrt ist: „AGATHE Nach diesen entsetzlichen sieben Wochen, seitdem wir [= Antoinette und sie selbst; Anm. d. Verf.] wissen, daß unser Herr Graf [= Hans Karl Bühl; Anm. d. Verf.] aus dem Felde zurück ist [...]" (XII, S. 23)

– zeigt die Umwertung der alten Werte auch gerade in der Hochschätzung Ado Hechingens, den er in der Extremsituation des Krieges, im Angesicht des Todes also wirklich kennen gelernt hat.[46] Während Hechingen von der Gesellschaft (einschließlich seiner Frau Antoinette), gerade weil er so ein „guter, vortrefflicher Mensch" (XII, S. 41) ist, für unelegant gehalten und ob seiner unschuldigen, aber naiven Sprache missachtet wird, spricht Hans Karl von der Freundschaft zu Ado, die dieser „wörtlich nehmen"[47] (XII, S. 41) kann und bekräftigt mehrmals: „Ich hab' ihn gern" (XII, S. 40). Um so mehr muss es überraschen, dass auch die Kommunikation zwischen diesen beiden ‚Kriegskameraden', die eine innere Beziehung verbindet, nicht frei von Störungen ist. Doch liegt dies in der zu untersuchenden Sequenz nicht so sehr an einem unterschiedlichen (Gebärden-)Sprachcode oder an dem Misstrauen von Hans Karl, sondern primär am Übertragungsmedium, dem Telefon, und der damit zusammenhängenden Absenz jeglicher (für den anderen sichtbarer) Gebärden[48], weil die beiden Dialogpartner sich an verschie-

---

[46] Im Gespräch mit Crescence erklärt Hans Karl das Zustandekommen und die Gründe seiner besonderen Freundschaft zu Ado Hechingen. Seine Gebärdensprache verrät dabei, dass er die Frage seiner Schwester, ob Hechingen nicht ein „kompletter Dummkopf" (XII, S. 18) sei, für deplaziert hält, wohingegen seine verbale Äußerung diesmal das Bemühen ausdrückt, sich gegenüber Crescence verständlich zu machen (zweimalige Rückversicherung: ‚weißt du'): „Weißt du, ich hab' ihn ja früher gar nicht gekannt, oder *er hat sich gegen die Wand gewendet und richtet an einem Bild, das nicht gerade hängt* – nur als Mann seiner Frau – und dann draußen, da haben wir uns miteinander angefreundet. Weißt du, er ist ein so völlig anständiger Mensch. Wir waren miteinander, im Winter Fünfzehn, zwanzig Wochen in der Stellung in den Waldkarpathen, ich mit meinen Schützen und er mit seinen Pionieren, und wir haben das letzte Stückl Brot miteinander geteilt. Ich hab' sehr viel Respekt vor ihm bekommen. Brave Menschen hat's draußen viele gegeben, aber ich habe nie einen gesehen, der vis-à-vis dem Tod sich eine solche Ruhe bewahrt hätte, beinahe eine Art Behaglichkeit." (XII, S. 18) Wenn Hechingen Hans Karl so erscheint, dann besitzt er für ihn – so Pickerodt – „die Qualität subjektiver Innerlichkeit". Pickerodt 1968, S. 218-219.

[47] „Wörtlich – das heißt unumwunden, ohne die Notwendigkeit der Übersetzung, ohne die Mißverständnisse stiftende Mittelbarkeit der Sprache" – so drückt sich ein echtes, unverstelltes Gefühl aus. Vgl. und zitiert: Brinkmann, Richard: Hofmannsthal und die Sprache. In: Deutsche Vierteljahresschrift für Literaturwissenschaft und Geistesgeschichte, 35(1961), Nr. 1, S. 67-95; hier: S. 90.

[48] Auch die Handgebärden des Einzelnen werden durch das Telefonat gehemmt, da die damaligen Telefone (zur Zeit der Niederschrift des „Schwierigen") den Einsatz beider Hände erforderlich machten: einmal natürlich zum Halten des Hörers und des

denen Örtlichkeiten befinden und zudem aufgrund der technischen Mängel der Übertragung nicht einmal der Tonfall vermittelt werden kann. Darüber hinaus – und dies ist sicherlich ein nicht unwesentlicher Grund für Hofmannsthals persönliche und Karis impulsive Abneigung[49] gegen das Telefon – sind es die damaligen, „konkreten medienhistorischen Gegebenheiten", die immer noch eine „Anleitung zum Telephonieren notwendig machen", indem sich die Telefongesprächspartner – laut anweisender Empfehlung – an genau festgelegte und „unmißverständliche Redewendungen im Ablauf eines Telephongesprächs zu halten" hatten, bis hin zur konkreten, ironisch anmutenden Anrede- und Verabschiedungsvorgabe: „Halloh! Hier N.N., wer dort? [...] Bei gänzlicher Beendigung der Unterredung wird gegenseitig ‚Schluss' gesagt", woraufhin beide Teilnehmer den Telefonhörer auflegen sollen.[50] Hofmannsthal, dem es sein gesamtes Leben hindurch so sehr um das Erlangen des richtigen Tons, das Suchen nach der eigenen Sprache geht, kann sich von einem solchen medien-technokratischen und (dialog-)sprachlichen Korsett nur abgeschreckt abwenden. Auf ironische Weise gebrochen führt der Dichter daher im „Schwierigen" einen Telefon-Beispieldialog vor Augen, der sich in seiner fernmündlichen Rhetorik weitestgehend an den „eingeübten Spielregeln einer Generation von Telephonbenutzern, die sich ihrer Vorbehalte gegen die ‚indiskrete Maschine' nicht ganz entledigen können" abarbeitend orientiert.[51]

So wird die Apparatur, die „indiskrete Maschine" (XII, S. 47) – wie Kari das Telefon deutlich abschätzig bezeichnet –, die eigentlich zum Zwecke der Verständigung geschaffen ist, im erfolglosen Telefonat zwischen

---

weiteren – um die Gegenstelle anzurufen bzw. zur Aufrechterhaltung des Gesprächs – war ein gleichzeitiges Drehen der Dynamohandkurbel des Telefons notwendig, das die andere Hand einband. Im „Allgemeinen Teil des Abonnentenverzeichnisses aus dem Jahr 1901" gibt es dazu ausführliche Hinweise. Vgl. Hiebler, Heinz: Hugo von Hofmannsthal und die Medienkultur der Moderne. Diss. Univ. Graz 2001, S. 381. (künftig zitiert: Hiebler)

[49] Obwohl Hofmannsthal für die Anschaffung und den Anschluss des Telefons in seinem Rodauner ‚Fuchsschlössel' nicht unerhebliche Summen aufgewandt hat, bleibt der Apparat doch nur ein zwar Distanzen überwindendes, aber ‚entsetzliches' Verständigungsmittel. Vgl. Hiebler, S. 380-381.

[50] Vgl. und zitiert: Hiebler, S. 381-382.

[51] Vgl. und zitiert: Hiebler, S. 382. Beispielsweise endet das Telefonat mit Karis vorschriftsmäßig geäußertem „Schluß!" (XII, S. 53)

Hans Karl und Hechingen zum Missverständigungsmittel, zumal das Telefon (der damaligen Zeit) – auch aufgrund seiner Mängel – kein Gerät darstellt, das zu „zwangloser oder gar formloser Konversation [...] einlädt."[52]

> Es [= die ‚indiskrete Maschine'; Anm. d. Verf.] hängt an der Wand des Gräflich Bühlschen Arbeitszimmers in einem älteren Wiener Stadtpalais. Die Maschine hat sich in den Lebensraum der Elite gedrängt; sie klingelt und läßt sich nicht abweisen; sie läutet [...] den Abgesang einer Adelswelt ein, die sich selbst zur Einbildung geworden ist.[53]

Das Instrument wirkt beinahe wie ein Fremdkörper im Vergleich zu dem sonstigen Mobiliar (bislang war im Stück nur vom Schreibtisch, Bildern und Spiegeln die Rede, die eine eher museale Sphäre haben assoziieren lassen), zumal das ‚Arbeitszimmer' nicht als solches benutzt wird. „Sozial bestimmt es [= das Arbeitszimmer; Anm. d. Verf.] den Grafen, indem es ihn mit einem Dasein konfrontiert, das nicht wie das seine im Konversationston gehalten ist."[54] Karis äußert hohe sprachliche Sensibilität und sein subtiles Gebärdenspiel könnten kaum deutlicher kontrastiert werden als mit diesem technischen Apparat, der – bedingt durch seinen Mechanismus – feinste sprachliche Nuancen tilgt und außersprachliches Verhalten zur Verständigung erst gar nicht zulässt. Karis Antipathie gegenüber dieser Maschine wird im folgenden Zitat deutlich erkennbar. Darüber hinaus offenbart es, dass Graf Bühl durchaus auch ein entschieden Handelnder sein kann:

> *Das Telephon läutet.*
>
> LUKAS *tritt ein* Ich fürchte, das Telephon war hereingestellt.
>
> HANS KARL Ich will das nicht.
>
> LUKAS Sehr wohl, Euer Erlaucht. Der neue Diener muß es umgestellt haben, ohne daß ich's bemerkt habe. Er hat überall die Hände und die Ohren, wo er sie nicht haben soll.
>
> HANS KARL Morgen um sieben Uhr früh expedieren. (XII, S. 50)

In zwei sehr knappen, unmissverständlichen Sätzen zeigt Kari einmal,

---

[52] Vgl. und zitiert: Hiebler, S. 382.
[53] Politzer, Heinz: Die letzten Tage der Schwierigen. Hofmannsthal, Karl Kraus und Schnitzler. In: Merkur, 28(1974), Nr. 3, S. 214-238; hier: S. 214. (künftig zitiert: Politzer)
[54] Politzer, S. 214.

dass ihn das Telefon – insbesondere sein aufdringliches, unkontrollierbares Klingeln, das mit dem Verhalten von Vinzenz zu parallelisieren ist – in seiner intimen Sphäre (des ‚Arbeitszimmers') verletzt, und andererseits, dass er Vinzenz, der verantwortlich ist für die Indiskretion des ‚Hereinstellens' der Maschine, nicht länger in seinem Hause dulden wird. Durch Lukas erfährt Hans Karl, dass es sich bei dem Anrufer in dieser Szene um den Diener vom Grafen Hechingen handelte, in dessen Auftrag er um ein Gespräch mit Graf Bühl bitten wollte, woraufhin Hans Karl seinerseits veranlasst, dass Lukas ihn mit Hechingen telefonisch verbindet, um selbst mit seinem Freund zu sprechen, was dann auch geschieht:

Das Telephon läutet wieder.

HANS KARL *geht ans Telephon und spricht hinein* Ja, ich bin es selbst. Hier. Ja, ich bin am Apparat. Ich bleibe. Graf Bühl. Ja, selbst.

AGATHE Ich küss' die Hand. *Geht schnell ab, durch die Mitteltür.*

HANS KARL *am Telephon* Hechingen, guten Abend! Ja, ich hab's mir überlegt. Ich habe zugesagt. Ich werde Gelegenheit nehmen. Gewiß. Ja, das hat mich bewogen, hinzugehen. Gerade auf einer Soiree, da ich nicht Bridge spiele und deine Frau, wie ich glaube, auch nicht. Kein Anlaß. Auch dazu ist kein Anlaß. Zu deinem Pessimismus. Zu deinem Pessimismus! Du verstehst nicht? Zu deiner Traurigkeit ist kein Anlaß. Absolut bekämpfen! Allein? Also die berühmte Flasche Champagner[55]. Ich bringe bestimmt das Resultat vor Mitternacht. Übertriebene Hoffnungen natürlich auch nicht. Du weißt, daß ich das Mögliche versuchen werde. Es entspricht doch auch meiner Empfindung. Es entspricht meiner Empfindung! Wie? Gestört? Ich habe gesagt: Es entspricht meiner Empfindung! Eine ganz gleichgültige Phrase! Keine Frage, eine Phrase! Ich habe eine gleichgültige Phrase gesagt! Welche? Es entspricht meiner Empfindung. Nein, ich nenne es nur eine gleichgültige Phrase, weil du es so lange nicht verstanden hast. Ja. Ja. Ja! Adieu. Schluß! *Läutet.* [...] (XII, S. 52-53)

Insbesondere an zwei Stellen dieses Telefonats fällt auf, dass die Kommunikation beider Freunde – wohl veranlasst durch die Übertragungsmängel des Apparats – gestört ist. Zum einen scheint Hechingen das Wort ‚Pessimismus' nicht zu verstehen – aus welchen Gründen bleibt hier noch unklar, obwohl es auf ein intellektuelles Nichtverstehen hindeutet, da Hechingen die weiteren Worte sofort zu begreifen scheint

---

[55] Auf diese ‚berühmte Flasche' wird im ‚Schwierigen' öfter hingedeutet; auch bei seiner späteren Unterredung mit Antoinette (die Gegenstand des Telefonats ist) befindet sich Ado in ‚montierter Stimmung', es wäre nun zu spekulieren, inwiefern dies auf das Missverstehen mit seiner Frau Einfluss hat.

–, woraufhin Kari einen umschreibenden Begriff ‚Traurigkeit' wählt. Interessanter ist aber das zweite Aussetzen ihres Gesprächs; die schlechte Übertragung erzwingt offenbar die einförmige Wiederholung, die aus Karis Mund überaus seltsam anmutet: „Ich habe gesagt: Es entspricht meiner Empfindung. Empfindung! Eine ganz gleichgültige Phrase! Keine Frage, eine Phrase! Ich habe eine gleichgültige Phrase gesagt!" (XII, S. 53) Auf diese Weise treten die entscheidenden Worte des Telefonats gleich mehrmals auf: ‚Pessimismus', ‚Phrase' und fünfmal das Wort ‚Empfindung'. Es stellt sich hier die Frage nach der sprachlichen Struktur und den Umständen jenes Wechsels von ‚Empfindung' zu ‚Phrase', der kaum drastischer zum Ausdruck bringen könnte, dass das anfangs Gesagte in das Gegenstück zum ursprünglich Intendierten transformiert wird. Dies geschieht durch die bedeutungsverschiebende Wiederholung und die mitschwingende Resignation des Sprechers aufgrund anhaltender Kommunikationsprobleme, so dass der Ausspruch ‚Es entspricht meiner Empfindung' in doppeltem Sinne (begrifflich und inhaltlich) schließlich zur ‚Phrase'[56] tendiert. Dass gerade Kari hier das Wort ‚Phrase' benutzt, verstärkt das Gefühl der Verbrauchtheit und Unauthentizität der Wortsprache.

> In Hans Karls Satz „Es entspricht meiner Empfindung!" schwingt der Ton einer gesellschaftlichen Formel hörbar mit; trotzdem kommt in ihm das persönliche Verhältnis zu Hechingen zum Ausdruck. Hans Karl vertraut also einer Konversationsformel die intime Wirklichkeit seiner Freundschaft mit einem andern an, sein Mitgefühl mit dem in zerrütteter Ehe lebenden Freund [...]. Das Wort Empfindung trägt also das volle Gewicht individueller Wahrheit [...] Wie kommt es zu dieser völligen Leere und Nichtigkeit der ‚gleichgültigen Phrase'? [...] Der ‚Apparat' ist schuld am Nichtverstehen.[57]

Wittmann ist hier insofern zuzustimmen, als dass sich im Wort ‚Empfindung' Karis ‚individuelle Wahrheit' manifestiert, dass aber der Apparat *allein* schuld sei am Nichtverstehen, ist eine zu kurz gegriffene Erklärung. Die – durch den Apparat erzwungene – fast stereotype

---

[56] Wie groß die Diskrepanz der Bedeutung der beiden Worte ‚Empfindung' und ‚Phrase' ist, läßt sich erahnen, beachtet man z.B. Karl Kraus' Definition der ‚Phrase', die er als das instrumentalisierte und selbstzweckhafte Sprechen begreift. Edmund Wengraf bezeichnet die Phrase als ein schleichendes Gift, das das geistige Leben dieser Epoche durchdringt.
[57] Wittmann, S. 149-150.

Wiederholung degradiert das Wort ‚Empfindung' zu einem bloß akustischen Lautkörper, der ohne das unterstützende Gebärdenspiel zur ‚gleichgültigen Phrase' entartet.[58] Zwar ist in dem Apparat die Ursache für die Verständnisschwierigkeiten zu suchen, doch deuten diese annähernd symbolisch darüber hinaus. Denn in gerade diesem spezifischen Missverständnis zeigt sich, dass die den Körper immer miteinbeziehende Empfindung nur den Ausdruck innerer Freundschaft gewährleisten kann, der rein verbalisiert banal klingen muss. Dementsprechend gestaltet sich die Offenbarung dann auch als Phrase, da sie an den Inhalt, den Sinn, auf den hingewiesen werden soll, nicht heranreichen kann.

Und letztlich wird angesichts der

> notwendigen Wiederholungen und Paraphrasierungen [...] in belachbarer Weise auch Hans Karls prinzipielle Abneigung gegen leere Phrasen, deren Verwendung er sich im Verlauf des Telephonats selbst bezichtigen muß, ad absurdum geführt.[59]

Er selbst scheint das Problem nicht so sehr im defekten Apparat zu suchen, wie Hans Karls Fazit des missglückten Telefonats zeigt: „Es gibt Menschen, mit denen sich alles kompliziert, und dabei ist das so ein exzellenter Kerl!" (XII, S. 53) Vielmehr das (Zwischen-)Menschliche ist auf diese telefonbedingte Distanz mit Hechingen, allerdings auch mit ihm selbst (denn er ist ja der ‚Schwierige') verkompliziert.

Demzufolge hat das Telefon im ‚Schwierigen' längst nicht mehr nur die übliche Funktion, die Geschlossenheit des Bühnenraumes zu durchbrechen[60], es wird vielmehr zu einem Mittel, das ex negativo die Bedeu-

---

[58] Vgl. dagegen die Auffassung von Rothenberg, der davon ausgeht, dass Kari so sehr geniert sei, Hechingen gegenüber von seiner ‚Empfindung' gesprochen zu haben, „daß er [= Kari; Anm: d. Verf.] die ursprüngliche Wendung bei Gelegenheit und mit Hilfe eines akustischen Mißverständnisses zurücknimmt und herunterspielt zur gleichgültigen Phrase." Rothenberg, Jürgen: „Durchs Reden kommt ja alles auf der Welt zustande". Zum Aspekt des Komischen in Hugo von Hofmannsthals Lustspiel „Der Schwierige". In: Jahrbuch der deutschen Schillergesellschaft, 21(1977), S. 393-417; hier: S. 401. Dieses akustische Missverständnis ist aber nicht als ein geradezu angenehm erfahrener Ausweg aus der Geniertheit zu deuten, denn Kari wiederholt seinen Ausspruch später noch mal in aller Deutlichkeit und negiert dann die Phrasenhaftigkeit seiner Empfindung auf Hechingens Nachfrage hin.
[59] Hiebler, S. 386.
[60] Vgl. Kayser, Wolfgang: Das sprachliche Kunstwerk. Eine Einführung in die Literaturwissenschaft. 19. Aufl. Bern 1956, S. 199-200.

tung der Gebärdensprache für eine wechselseitige Verständigung aufdeckt und das überdies zum Stigma von Hans Karls Sprachzweifel gedeiht. Gesteigert wird der Effekt des Missverstehens noch dadurch, dass Hechingen später – anders als beispielsweise Crescene – als überaus aufmerksam gezeigt wird, was die Gebärdensprache seines Freundes anbelangt.

In der obigen Szene artikuliert sich außerdem eine kritische Haltung – die ein wenig an die im Bild des Vergrößerungsglases enggeführte Kritik aus dem Chandos-Brief gemahnt – gegenüber dem Telefon als neues Medium der (Miss-)Verständigung, auch wenn es sich bei diesem um ein akustisches und nicht um ein optisches Instrument handelt. Chandos geht gerade in seiner Krisenphase auf, dass die Begriffe nicht mehr klar gegeneinander abzugrenzen sind, dass ihre Segmentgrenzen verschwimmen. Ihm zerfällt alles in sich wieder teilende Teile (vgl. XXXI, 49). Genau diese zu hohe Nahsicht, die keine Distanz mehr ermöglicht und auch die Begriffsgrenzen verschwimmen lässt, weist Chandos am Bild des Vergrößerungsglases aus:

> Mein Geist zwang mich, alle Dinge, die in einem solchen Gespräch [= ein familiäres, häusliches Gespräch über andere Personen; Anm. d. Verf.] vorkamen, in einer unheimlichen Nähe zu sehen: so wie ich einmal in einem Vergrößerungsglas ein Stück von der Haut meines kleinen Fingers gesehen hatte, das einem Blachfeld mit Furchen und Höhlen glich, so ging es mir nun mit den Menschen und ihren Handlungen. (XXXI, S. 49)

Gerade eine vermeintliche, technische Errungenschaft der Menschheit, die ihr den Blick auf bislang nicht Erkennbares eröffnet, wird hier zum Signum der Krise. Chandos kann mit dieser sich neu eröffnenden und zunächst scheinbar schärferen Perspektive nichts anfangen, da der Kontext und der Größenbezug fehlen.[61] Die Ausschnitthaftigkeit ver-

---

[61] Braungart liefert den Hinweis, dass Chandos' Problem des Sehens der Dinge ‚in einer unheimlichen Nähe' eine Parallele zur Darstellung der Makropsie (‚krankhaftes Größersehen') aufweist: „Die Beschreibung des Lords vom Sehen der Dinge in einer ‚unheimlichen Nähe' und das Bild von der Haut des kleinen Fingers als Landschaft entspricht genau der Definition der Makropsie, bei der die Gegenstände größer als normalerweise gesehen werden". Vgl. und zitiert: Braungart, Georg: Leibhafter Sinn. Der andere Diskurs der Moderne. Tübingen 1995. (zugl.: Habil.-Schr. Univ. Tübingen 1992/93). Schon der Titel des Kapitels „Der Körper aus Chiffern und die Geisteskrankheit des Lord Chandos. Sprachverlust und Hysterie", das sich mit Hofmannsthal beschäftigt, weist Braungarts etwas einseitige Sicht aus, mit der er den Chandos-

hindert eine Einordnung und eine angemessene Einschätzung ob der Größe des Beobachteten. Indem er allerdings den vergrößernden Blick kennt, kann er ihn nicht mehr abwenden, Chandos wird durch seinen Geist zu dieser zerteilenden, verfremdenden Sicht ‚gezwungen', die sich bei ihm auf die „Menschen und ihre[...] Handlungen" (XXXI, S. 49) ausweitet. In dieser Hinsicht lässt sich im Chandos-Brief (und zusätzlich in der zweckfreien und begriffskritischen Rede von Hans Karl) eine Positivismuskritik herauslesen, die im Brief im Bild des Vergrößerungsglases sowie der dadurch hervorgerufenen Perspektivenverzerrungen versinnbildlicht ist.

Karis Auffassung (und nur unschwer ist dahinter eine Anschauung des Autors zu vermuten), wonach die menschliche Physiognomie, Mimik, Gestik und der eigene, individuelle Tonfall sowie u.U. auch beredsames Schweigen für eine gelingende Kommunikation zweier Menschen unerlässlich sind, wo es also auf die persönlichen und feinen ästhetischen Nuancen der (auch körperlichen) Zwischenmenschlichkeit ankommt, einem solchen Menschen kann der technische Apparat nur als

---

Brief analysiert. In seiner Akzentuierung der ‚Hysterie' von Chandos, welche sich auch *körperlich* artikuliert, lehnt sich Braungart überwiegend an die Studien von Freud und Breuer an, die allerdings an manchen Stellen zu dominant seine Interpretation bestimmen. Der obige Hinweis ist zwar für eine erweiterte Betrachtung des ‚Briefs' recht interessant, aber es scheint doch fraglich, ob die psychoanalytische Deutung vom ‚Größersehen' auf den mikroskopischen Blick von Chandos einfach zu übertragen ist.

Grundsätzlich ist aber der Einfluss der ‚Hysteriestudien' auf Hofmannsthal nicht zu übergehen, was die Forschung nicht allein anhand der Anstreichungen in Hofmannsthals Ausgabe derselben gezeigt und sich in der Ausgestaltung der „Elektra" bezüglich ihrer speziellen tierhaften Gestik manifestiert hat. Vgl. dazu auch: Urban, Bernd: Hofmannsthal, Freud und die Psychoanalyse: quellenkundliche Untersuchung. Frankfurt a.M./Bern/Las Vegas 1978 (=Literatur und Psychologie; Bd. 1), besonders S. 21ff., 38. In der Charakterzeichnung der hofmannsthalschen Elektra, in ihrer Unfähigkeit, zu vergessen, sind Spuren ersichtlich, die wohl die ‚Hysteriestudien' von Breuer und Freud im Werk hinterlassen haben. Worbs zeigt auf, dass insbesondere die Studie über Breuers Patientin Berta Pappenheim (Anna O.) als Modell für Hofmannsthals „Elektra" gelten kann: Anna O. ist wie Elektra traumatisch an die Ereignisse um den Tod ihres Vaters gebunden. Worbs weist aber auch darauf hin, dass trotz mancher Übereinstimmungen mit dem Fall der Anna O., Hofmannsthal mit der „Elektra" keine bloße Illustration moderner Hysteriestudien verfasst hat. Vgl. Worbs, Michael: Nervenkunst. Literatur und Psychoanalyse im Wien der Jahrhundertwende. Frankfurt a. M. 1983, hier: S. 280f und 293.

soziale Defizienz erscheinen. Hans Karl, der sich selbst mehr versteht, wenn er schweigt, und der mit der zweckvollen, rationalen Rede, der Begriffssprache ähnliche Probleme verbindet wie Chandos, hat ‚draußen' (im Krieg) begreifen gelernt, dass „in den Gesichtern der Menschen etwas geschrieben steht" (XII, S. 100), was mittels der modernen unsinnlichen (und immer unsinnlicher, weil virtueller werdenden) Kommunikation gewiss nicht mehr mitteil- und übertragbar ist.[62]

Weiterhin lässt das verunglückte Telefonat den Schluss zu, dass gerade die darin erzwungene Absenz jeglicher sichtbaren Gebärden für den Interaktionspartner auch hier dazu geführt hat, dass eine Verständigung der beiden Freunde gescheitert ist. Derart vermag sich ex negativo die Bedeutung der Gebärdensprache auszudrücken, zumal weitere Beispiele zum Beleg dieser These im Werk Hofmannsthals zu finden sind.

Eine Szene aus dem ‚Schwierigen', die sich aus der Umsetzung der ‚Form des Indirekten' ergeben hat, ist der Dialog zwischen Kari und Agathe im ersten Akt, wobei Hans Karl ihr die (Liebes-)Briefe der Antoinette überreicht. Ein direktes Zusammentreffen von Hans Karl und Antoinette wird unterlaufen durch Hofmannsthals Erfindung der Kammerzofe Agathe, aus deren Mund Kari die Einzelheiten über Antoinettes Einstellung zu ihm erfährt. Innigst bemüht vertritt diese vor Kari die Interessen von Antoinette, wobei sie in ihrer recht naiven Plumpheit nicht vermag, den gewünschten Erfolg herbeizuführen. Das (indirekte) Übermitteln der Botschaft durch die Kammerjungfer erzwingt den Ausschluss jeglicher Gebärden von Antoinette, die als Senderin im Hintergrund verweilt und so auf die Reaktionen von Kari nicht eingehen kann sowie sich auf die Rede und die Handlungen von Agathe verlassen muss. „Aug' in Aug'" (XII, S. 52), nicht brieflich und ebenso keinesfalls am Telefon, könne Kari bei der Frau Gräfin gewiss etwas ausrichten, doch (zumindest zunächst) bleibt ein wechselseitiges Verstehen den beiden versagt, da Antoinette nicht selber anwesend ist und folglich mit ihrem Gebärdenspiel nicht (re)agieren kann. Dabei wird hier nicht einmal wie am Telefon zumeist möglich die Stimme und damit der

---

[62] „Surrogate können uns nicht zufriedenstellen. [...] *Wir sind auf der Suche nach Sinnlichkeit!*" Trier, Lars von: Manifest I – Programmerklärung, veröffentlicht am 3. Mai 1984 zur Premiere von „The Element of Crime". In: Björkman, Stig: Trier über von Trier. Gespräche mit Stig Björkman. Hamburg 2001, S. 68. (Herv. i. Orig.)

Tonfall von Agathes Herrin, der eigentlichen Senderin, übermittelt.
Auf diese Weise wird das, was zwischen den Hauptpersonen liegt zum Reflex durch die Nebenfigur Agathe bzw. zum gebärdenlosen Missverstehen am Telefon, denn die Wesensarten der Charaktere werden im ‚Schwierigen' nicht so sehr mittels der Rede, als vielmehr durch die differenzierte und mannigfaltige Gebärdensprache offengelegt. Dies wird zudem noch dadurch karikiert, als beim Abgang von Agathe Kari sich bereits am kurz zuvor geläuteten Telefon befindet und die mit den Briefen versehene Kammerzofe nicht mehr direkt verabschiedet, was ferner noch eine medienhistorische Nachwirkung zeitigt:

> Als komischer Effekt geht die Ablösung des alten Mediums Brief durch das Telefon hier in jenem Augenblick über die Bühne, in dem sich die Kammerjungfer von Bühls Ex-Geliebter Antoinette Hechingen mit den zurückverlangten Liebesbriefen ihrer Herrin verabschiedet, indessen Hans Karl am Telephon bereits den Anruf Ado Hechingens, des von ihm seinerzeit betrogenen und im Krieg zum Freund gewonnenen Ehemanns, entgegennimmt.[63]

Die Aussparung[64] der Gebärde der sprachlich Interagierenden führt zur gestörten Kommunikation innerhalb des Telefonats, wobei in Karis Gespräch mit der Kammerzofe zwar Gebärdensprache vorkommt, jedoch bleibt die eigentliche Senderin der Nachricht hinter den lediglich stellvertretenden Gebärden von Agathe körpersprachlich verborgen; die (von Antoinette) erwünschte Wirkung des ‚Ersatz-Dialogs' wird auch hier verfehlt.

Ein weiteres Beispiel – einem anderen Werk Hofmannsthals entnommen

---

[63] Hiebler, S. 386. Hiebler legt hingegen bei der Begründung der Missverständnisse von Kari und Agathe, sowie Kari und Ado ein anderes Gewicht als der vorliegende Aufsatz. Für ihn Scheitern beide Gespräche aus völlig unterschiedlichen Ursachen, einmal liegt es an der Sprachauffassung der Damen und andererseits an der mangelhaften akustischen Verständigung am Telefon. Eingedenk der vorhandenen Begründungsdifferenzen besteht das verbindende Element darin, dass sowohl am Telefon als auch beim Ersatzdialog die Körper und die Gebärden der nur auf Distanz 'interagierenden' Sender ausgeklammert bleiben.

[64] „Der Schwierige" ist noch in anderer Hinsicht von einer Aussparung gekennzeichnet, indem der Krieg (das ‚Draußen') und die damit im Zusammenhang stehende Verschüttungserfahrung von Kari bloß noch Gegenstand der individuellen Erinnerung ist, „nur über diese Brücke ragt der Krieg noch in die Gegenwart des Spiels hinein". Pickerodt, S. 214. Vgl. dazu abweichend auch: Tekolf, S. 162-188. Für den wohl undarstellbaren Schrecken des Krieges, der ein Grund sein kann für das Abhandenkommen der ‚couranten' Werte und auch der Zweifel an der Sprache, wird die inkommunikable Erfahrung des ‚Draußen' zur Chiffre.

–, das die Schwierigkeit einer Kommunikation anzeigt, die sich unter Ausschluss der Gebärdensprache am Telefon zu vollziehen hat, ist „Das Theater des Neuen".

Der „Brecht-Prolog"[65], der mit den Worten des Schauspielers Homolka, Brechts „Baal"[66] den „Durchbruch ins Unbedingte, Neue, Elementare" (D III, S. 506) bescheinigt, weil darin „Gebärde und Wort eins [ist]" (D III, S. 506) und dabei die ‚Abwirtschaftung der Sprache' (vgl. D III, S. 508) sowie den ‚Untergang bzw. die Schrankenlosigkeit des Individuums' (vgl. D III, S. 510f) proklamiert, ist bislang in der Sekundärliteratur relativ oberflächlich beachtet worden.[67] In dem Prolog treten nur Schauspieler des Theaters in der Josefstadt auf, diese „spielen sozusagen jeder sich selbst" und das in der realistischen Umgebung eines Büroraums in selbigem Theater (vgl. und zitiert: D III, S. 503).

Im Zusammenhang dieser Argumentation ist das im ‚Theater des Neuen' häufig vorkommende Telefon sowie die Reflexion über Möglichkeit und Unmöglichkeit der durch den Apparat hergestellten Kommunikation von besonderer Bedeutung. Dass das Telefon hier eine – wenn nicht sogar die – zentrale Position einnimmt, wird bereits in der ersten Regieanweisung augenscheinlich, in der es eine eigene, separate Erwähnung erfährt; der Prolog beginnt (recht geschäftlich) mit seinem Klingeln. Darüber hinaus verbringt Waniek viel Zeit während des kurzen Stücks am Apparat, wobei auch die anrufende Gegenseite zu Beginn einmal namentlich erwähnt wird: Fräulein Nitschmann aus

---

[65] Mayer, Mathias: Hugo von Hofmannsthal. Stuttgart, Weimar 1993 (= Sammlung Metzler; Bd. 273), S. 12. (künftig zitiert: Mayer)

[66] Vgl. Brecht, Bertolt: Baal. Drei Fassungen. Kritisch ediert und kommentiert von Dieter Schmidt. Frankfurt a.M. 1966. Brechts Version von 1926, der „Lebenslauf des Mannes Baal" stellt dabei die Fassung dar, die Hugo von Hofmannsthal zu dem Vorspiel „Das Theater des Neuen" inspirierte. Der „Lebenslauf des Mannes Baal" wurde nebst Vorspiel am 21.3.1926 an Max Reinhardts ‚Theater des Neuen' in der Josefstadt in Wien unter der Regie von Herbert Waniek aufgeführt. „Das Theater des Neuen" erscheint dann am 4./5.4.1926 in den „Münchner Neuesten Nachrichten". Vgl. Tekolf, S. 17. Brechts „Baal" thematisiert in einer losen Folge von Szenen, in denen die Orte ebenso wechseln wie die Zeit sprunghaft voranschreitet, eine betont antibürgerliche, fast anarchische Haltung.

[67] Vornehmlich widmet sich die aktuelle Arbeit von Tekolf aus dem Jahr 2004 dem „Theater des Neuen" in größerem Umfang, allerdings unter dem Aspekt der Zeitliteratur, des Zeitstücks, der hier unbeachtet bleiben muss. Vgl. Tekolf, S. 8-30.

Berlin (vgl. DIII, S. 503).

Es eröffnet sich hier eine Gelegenheit, anhand dieser und weiterer – im dramatischen Werk Hofmannsthals immer wieder begegnenden – Aussagen, das Verhältnis des Dichters zu den Kommunikationstechniken seiner Zeit, speziell im Hinblick auf seine kritische Haltung gegenüber dem Telefon, aufzuzeigen. Doch auf den differenzierten Medienumgang von Hofmannsthal, der gerade mittels Gebärdensprachen analoge Komponenten der Kommunikation forciert und der durchaus etwa mit dem Stummfilm neue Medien in seinem ästhetischen Konzept berücksichtigt, kann dieser Aufsatz allerdings lediglich verweisen. Als eine der wenigen Untersuchungen zu diesem reizvollen Thema ist die – bereits erwähnte – Dissertation von Heinz Hiebler[68] zu nennen. Im „Theater des Neuen" zeigt sich das schon aus dem ‚Schwierigen' bekannte Problem der Kommunikation mittels des Telefons:

> WANIEK *Am Telefon* [...] *Erschrocken* Mich mit Berlin verbinden ... damit ich unser Programm mündlich am Telephon ... wie? Wer spricht da hinein! Nein. Ich habe Herrn Waldau nicht gesehen ... In vier bis fünf Minuten? Von der Kanzlei aus? Ja, wie denken Sie sich denn das? Ein Programm von fünfzehn Maschinenseiten? Wie? Ich spreche. Hören Sie mich, Fräulein Nitschmann? Es ist doch ganz undenkbar. Sie hören nicht? Ist dort niemand? *Er hängt ab.* (D III, S. 503)
>
> WANIEK: Man zitiert mich ans Telephon, um in drei Minuten Auskunft über ein Projekt von dieser inneren und äußeren Tragweite zu geben? [...]
>
> WANIEK: Dinge dieser Art lassen sich doch nur Aug in Aug vertreten. Es handelt sich doch hier um die subtilste Schwebung, um Weltanschauliches und dessen

---

[68] Hiebler leistet umfangreiche Vorarbeiten zur Technik-, Funktions- und Kulturgeschichte der Medien. Darauf aufbauend nimmt er eine Bestandsaufnahme der konkreten Beziehungen Hofmannsthals zu den Medien seiner Zeit vor und versucht, deren Einflüsse auf das Werk sowie das poetologische Selbstverständnis des Dichters nachzuweisen. Dabei wird Hofmannsthals medientheoretische Sonderstellung erkennbar, der einerseits an den tradierten Wurzeln der (klassischen) Literatur arbeitet und sie adaptiert (und nicht zuletzt sein Schaffen am großen Vorbild Goethe ausrichtet), aber andererseits neue Wege sucht und sich stets an den Rändern der Sprache bewegt, wenn Hofmannsthal sich mittels Sprache immer wieder um die Vermittlung des eigentlich Unaussprechlichen bemüht, wie er es in seinem Theater, in den Pantomimen, in den Libretti und im Film, aber auch in seinen poetologischen Schriften unternommen hat. Anhand des Buchdrucks, der Fotografie, des Telefons, des Grammofons, des Hörfunks und des Films bezieht Hiebler Mediengeschichte auf die tatsächliche Rezeption Hofmannsthals und liefert so einen neuen Blick auf dessen Werk.

Vertretung gegenüber Männern einer anderen Generation! Das kann man doch nicht in einen Apparat hineinbrüllen! (D III, S. 504)

Waniek soll sein Projekt, ein mehrseitiges Elaborat über das ‚Theater des Neuen' in wenigen Minuten am Telefon vertreten, was auf zwei verschiedene Arten als unmöglich charakterisiert wird und im Stück seine Entrüstung provoziert.

Einmal ist Waniek am Telefon gegeben und die weiter über das Projekt diskutierenden Schauspieler sowie der Rezipient vernehmen und erleben die Schwierigkeiten, die diese Maschine (wegen technischer Mängel) bereitet. Zum anderen äußert Waniek in einem Gespräch mit den Schauspielern dann noch einmal reflexiv die grundsätzlichen Defizite des Telefons, um Weltanschauliches beispielsweise zu vermitteln. Dafür müssten die Partner (wie bei Karis angestrebter Kommunikation) ‚Aug in Aug' gegenüberstehen und schon gar lässt sich die ‚subtilste Schwebung' seines Programms nicht in einen Apparat ‚hineinbrüllen'.

Unter der Annahme, dass das am Telefon noch nicht genehmigte Projekt doch tatsächlich durchgeführt wird, entscheiden sich die Schauspieler für das Eröffnungsstück „Baal" von Brecht, welches Homolka emphatisch charakterisiert: „Es ist der Mythos unserer Existenz, die elementare Erfassung unseres Daseins." (DIII, S. 506) Homolka ist der Auffassung, dass der „Mensch von heute" das Wort hasse, er „haßt die Gaukeleien des Geistes. Er will Ding, Blut, Wesen" (D III, S. 508) und glaubt damit (vielleicht zurecht) ein zeitgenössisches Bedürfnis der Menschen ausgedrückt zu haben: den *modernen*, zweckrationalen Mythos, der eher an die später von Adorno/Horkheimer kritisierte Mythosdarstellung der „Dialektik der Aufklärung"[69] gemahnt, als dass

---

[69] Für Horkheimer/Adorno sind Mythos und Aufklärung verschwistert, denn schon im Mythos finden sich nach ihnen aufklärerische Elemente instrumenteller Vernunft, und umgekehrt nähert sich die Aufklärung an ihrem vermeintlichen Endpunkt wieder der mythischen Ursprungssituation an; so ist für sie bereits in der *Odyssee*, die sie als Grundtext der europäischen Zivilisation heranziehen, die Entwicklung hin zum Faschismus eingezeichnet.
Damit ist das Mythosverständnis bei Horkheimer/Adorno ein gänzlich anderes gegenüber dem von Hofmannsthal, es lassen sich hier aber in dem Modell des Schauspielers Homolka Züge finden, die in der Mythosdarlegung aus der „Dialektik" als letztlich faschistoide Tendenzen bloßgestellt worden sind. Vgl. Horkheimer, Max und Theodor W. Adorno: Dialektik der Aufklärung. Philosophische Fragmente. In: Theodor W. Adorno. Gesammelte Schriften. Hrsg. von Rolf Tiedemann. Band 3.

er auch nur ansatzweise zur folgenden Forderung von Waniek passen würde: „Wir haben den magischen Raum zu schaffen, in dem die materiellen und sozialen Begrenzungen sich auflösen und der Mensch sich selber zum Sinnbild wird." (D III, S. 508) Merklich scheint Hofmannsthals Konzept der mythologischen Oper aus „Die Ägyptische Helena" an dieser Stelle durch. Waniek würde sich sogar „augenblicklich aufhängen", wenn „jede mythenbildende Kraft erloschen wäre." (D III, S. 507)[70] Für den feinsinnigen und aufmerksamen Waniek ist die Freiheit vom Zweckhaften und rein Absichtsvollen sowie vom bloßen Effizienzstreben wesentlich, indem er der unzeitgemäß-antibanalen ‚Kraft' Raum gewährt; angesichts der Kurzsichtigkeit heutiger, geisteswissenschaftsblinder und -verstümmelnder Bildungspolitik würde er vermutlich recht bald zum Strick greifen.

Homolka, welcher das ‚neue Seelenhafte' durch den Leib des Schauspielers hindurch Gestalt werden lassen will, was sich letztlich nur in der Sprache vollziehen ließe, die allerdings den Leib und das Schweigen mit in sich einschlösse[71], geht es nicht um das ‚Verzapfen von Geist', sondern um eine ‚rohe' Sprache in einer – wie er konstatiert – ‚chaotischen Zeit', die kaum etwas mit der Sprache zu tun hat, die einmal als Vehikel des Geistes galt (und zumindest für Thimig noch gilt).

Hofmannsthal seinerseits – der der Sprache trotz Zweifeln immer noch Wirkungsmacht einräumt – fordert nicht den völligen Verzicht auf moderne Medien, was sich auch an seinem vielgestaltigen Werk zeigt; ihm ist wohl eher an der Entwicklung von Medienkompetenz und damit einem durchaus kritisch-distanzierten Umgang gelegen.

> Der unsentimentale Umgang mit der Geistlosigkeit der Zeitgenossen läßt Hofmannsthals „Theater des Neuen" zu einer Parabel über den Kampf des konservativen Revolutionärs gegen den unhistorischen, an moderne Medien und Techniken geketteten Geist der Gegenwart werden.[72]

Frankfurt a. M. 1997; hier insbesondere: S. 61-99 (*Exkurs I* – Odysseus oder Mythos und Aufklärung).
[70] Homolkas Definition des neuen Menschen widerspricht hier Wanieks Aussagen. Vgl. dagegen Tekolfs Gruppierungen, der u.a. Waniek und Homolka auf eine Seite stellt: Tekolf, S. 26.
[71] „Es braucht unsern Leib. Unsern Schrei. Unsere Stummheit" (D III, S. 507), so Homolka, der sich dabei auf seine Brust schlägt.
[72] Hiebler S, 392.

Als Waniek im Verlauf dann die Verbindung mit Berlin zwecks verbaler Vorstellung seines Programms und bevorstehender Entscheidung darüber angekündigt wird, stürzt dieser nervös und ratlos ans heftig läutende Telefon:

> WANIEK: Die Verbindung mit Berlin. Ja, ich komme. Was soll ich tun? Was soll ich sagen?
>
> *Hängt ab*
>
> Kann ich eine geistige Welt, die man sich in monatelangem Nachdenken ausgebaut hat, am Telephon begründen?
>
> *Eilt weg, wird am Fenster rechts noch einmal sichtbar.* (D III, S. 509)

In der drastischen zeitlichen Kontrastierung zwischen dem langwährenden geistigen Entstehungsprozess des Theaterprojekts und der erzwungenen, um ein vielfaches kürzeren Zeitspanne („in drei Minuten') seiner Erläuterung am Telefon, wird zum einen Wanieks Passion sichtbar, mit der er sich dem Programm widmete, so dass er es für unmöglich erachtet, dies in solcher verstümmelnden Knappheit in einen von Nebengeräuschen belasteten Apparat brüllend darzulegen. Zum anderen äußert sich überdies neben einer Technik- und Zeitkritik, die Skepsis darüber, „ob die ohnehin mangelhafte Sprache am Telefon, welches Kommunikation gänzlich auf die gesprochene Sprache reduziert, überhaupt etwas leisten kann."[73] Die greifbare Nähe zum „Schwierigen" liegt auf der Hand.

Entsprechend Homolkas angedeuteter Denkweise, dinghaft-brachial und unsensibel für Feinsinnigkeiten, fällt sein befehlsmäßiger Rat aus, den er dem im Hintergrund sichtbaren, höchst angespannten Waniek in dieser Situation unaufgefordert 'entgegenbrüllt': „Was sie zu sagen haben, sind zehn Worte. Das „Theater des Neuen" wird gemacht und die Eröffnung heißt „Baal" von Brecht." (D III, S. 509) Die Aussage drückt sowohl Homolkas herrische Sprechweise als auch seine gänzliche Verständnislosigkeit für Wanieks Problemlage aus; Homolka ist unfähig, sich in die geistigen Welten von Waniek und dessen Kommunikation, bei der es auf Nuancen und zarte Töne ankommt, einzufühlen.

Erst am Ende des Prologs tritt Waniek dann wieder auf und verkündet die – zuvor abseits des Bühnengeschehens – telefonisch erhaltene Ge-

---

[73] Tekolf, S. 24.

nehmigung aus Berlin als Fait accompli: „Bewilligt! Alles bewilligt! Wir beginnen sofort die Proben und eröffnen das ‚Theater des Neuen' am einundzwanzigsten März!" (D III, S. 513)

Das Telefon hat an dieser Stelle zwar seinen wirtschaftlich-nützlichen Dienst verrichtet, es hat maßgeblich zu einer raschen Übermittlung von Entscheidungen beigetragen und auch Waniek erscheint zuerst recht erleichtert, doch die blitzartige Nachricht bar jeder ästhetisch-künstlerischen Dimension von der uneingeschränkten Bewilligung (ohne Bedingungen, Aufschübe oder Hindernisse), die der mehr noch überwältigt wirkende Waniek an seine darauf nicht vorbereiteten Schauspieler[74] weiterleitet, lässt diese regelrecht verzweifeln, da sie mit so viel lähmender, indifferenter, aber auch undiktierter Freiheit und regellos-dadaistischem 'anything goes' nicht umgehen wollen oder können, wie es Friedell abschließend bemerkt: „Daß heißt ja geradezu, einem den Boden unter den Füßen wegziehen." *Vorhang*. (vgl. und zitiert: D III, S. 513)

Wie schon im ‚Schwierigen' wird in leicht abgewandelter Form auch im ‚Theater des Neuen' das Telefon zum Symptom einer Sprachkrise und als bloßes Verständigungsinstrument demaskiert, das ebenso wenig subtile Ideen oder Weltanschauliches wie auch zwischenmenschlich Soziales zu transportieren vermag, da es die sinnlich-körperliche Dimension weitestgehend ausschließt.

Wer in der kommunikativen Praxis wie die Figuren in den obigen Texten Hofmannsthals nur auf den Gehörsinn angewiesen ist (Telefon), läuft Gefahr, Wesentliches zu verpassen und missverstanden zu werden. Ähnlich trifft dies auch auf die bloß stellvertretenden Gebärden zu, was ex negativo die Relevanz der Gebärde generell unterstreicht. Denn die Gebärdensprache zeichnet sich auch dadurch aus, dass mit ihrer Hilfe mehrere Sinnesorgane zugleich angesprochen werden, und somit eine

---

[74] Einzig Homolka münzt die Nachricht sogleich in eine Aktion um und eilt in Gedanken an das durch ihn initiierte Eröffnungsstück „Baal" nach oben, während der konsternierte Friedell und Waniek noch über die Konsequenzen der totalen Bewilligung sprechen (vgl. D III, S. 513). Für Friedell, dem der Schauspieler als „Amöbe unter den Lebewesen" gilt, welches sich von der „Situation diktieren läßt, ob es Tier oder Pflanze sein soll", muss damit sein Selbstverständnis als „symbolischer Mensch", als Schauspieler zusammenbrechen (D III, S. 513).

authentischere Botschaftsübermittlung gewährleistet sein kann.

Die Begegnung als ‚erotische Pantomime'

Am Ende des zweiten Aktes des ‚Schwierigen' kehrt zwischen Helene und Hans Karl eine Gebärde wieder, die Hofmannsthal schon in dem Sonett „Die Beiden" in ähnlicher Weise formuliert hat.[75] „Die Beiden" sind – nach Mayer – „das Zeugnis einer erotischen Begegnung von Mann und Frau, die sich gerade im Scheitern ihrer gesellschaftlichen Formulierung [...] manifestiert."[76] Als eben dieser Ausdruck und als Darstellung der großen Emotion ihrer leiblichen Nähe, die die Körper beben lässt, verfehlen sich die Hände der ‚Beiden' im Gedicht, wie auch die Hände von Hans Karl und Helene sich nicht ‚finden', aber damit den hier bevorstehenden Abschied auch nicht besiegeln. Nach Schwalbe wird das, was sich in dem obigen Sonett als Versuch artikuliere, „in der dramatischen Form des Miteinander und Zueinander zweier lebendiger Figuren zur Lebensgebärde", die auf ein künftiges Dasein hin ausgerichtet ist[77] und welche sich in der vierzehnten Szene des zweiten Aktes manifestiert:

> HELENE *ist dem Umsinken nah, beherrscht sich aber.*
>
> HANS KARL *Tränen in den Augen* Mein Gott, jetzt hab' ich Sie ganz bouleversiert, das liegt an meiner unmöglichen Art, ich attendrier mich sofort, wenn ich von was sprech' oder hör', was nicht aufs Allerbanalste hinausgeht – es sind die Nerven seit der Geschichte, aber das steckt sensible Menschen wie Sie natürlich an – ich gehör' eben nicht unter Menschen – das sag' ich ja der Crescence – ich bitt' Sie tausendmal um Verzeihung, vergessen Sie alles, was ich da Konfuses zusammengeredt hab' – es kommen ja in so einem Abschiedsmoment tausend Erinnerungen durcheinander – *hastig, weil er fühlt, daß sie nicht mehr allein sind –* aber wer sich beisammen hat, der vermeidet natürlich, sie auszukramen – Adieu, Helen, Adieu.
>
> HELENE *kaum ihrer selbst mächtig* Adieu! *Sie wollen sich die Hände geben, keine Hand findet die andere.* (XII, S. 103-104)

Einerseits fühlen sich Hans Karl und Helene fast veranlasst, ihrem

---

[75] Die letzten sechs Verse des Gedichts, das wohl aus dem Jahr 1895 stammt, lauten: „Jedoch, wenn er aus ihrer Hand / Den leichten Becher nehmen sollte, / So war es Beiden allzuschwer: / Denn Beide bebten sie so sehr, / Daß keine Hand die and're fand / Und dunkler Wein am Boden rollte." (I, S. 50 und S. 246)

[76] Mayer, S. 24-25.

[77] Vgl. und zitiert: Schwalbe, S. 159.

verbalen Adieu – denn mit Worten hat der Abschied tatsächlich stattgefunden – die Geste des Händedrucks folgen zu lassen; so würde das Abschiedswort die Geste motivieren, durch sie wäre das Lebewohl sicht- und fühlbar dokumentiert. Und andererseits bewegen sich ihre Hände aufeinander zu, um den Anderen vielleicht einmal direkt (es wäre das erste Mal im Stück) zu spüren, ohne dabei einen Abschied erwirken zu wollen. In der Gebärdensprache ihrer sich verfehlenden Hände kommen zwei Ebenen zusammen: Einmal ist es wohl ihre unmittelbare körperlich-sinnliche Nähe, die Kari und Helene ‚erzittern' lässt, so dass ihre Hände sich nicht finden, zum anderen wird darin aber auch deutlich – und dies ist gewichtiger –, dass sie diese Emotion gerade deshalb so stark verspüren, weil sie ihren verbalen Abschied gar nicht – mittels eines Körperzeichens – beglaubigen wollen.

Betrachtet man in diesem Kontext eine vorhergehende Äußerung Karis und bezieht sie auf das Verfehlen ihrer Hände, dann erscheint der Abschied sogar als etwas ‚Unwürdiges' zwischen diesen beiden, denn Helenes Hände – so sagt es Hans Karl – „[können] nichts Unwürdiges besiegeln" (XII, S. 103).

In der Gebärdensprache von Kari und Helene wird so die uneingestandene Liebe erkennbar und auch den Figuren im Lustspiel ist dies bewusst.[78] Die Tränen von Kari und die Beinahe-Ohnmachten[79] von Helene werden für beide zu unmittelbaren Körperzeichen, die ihre Liebe zueinander offenbaren, auch oder gerade weil in den Worten, mit denen Hans Karl – gemäß seines ‚Programms' – Helene den Stani einreden sollte, aber sich selbst ins Spiel brachte, der Abschied schon beschlossen scheint. Durch ihr Verfehlen der Hände kann der „definitive[...] Moment" (XII, S. 103) des Adieus zum wortlosen und ausschließlich gestisch markierten Augenblick des Eingeständnisses ihrer Liebe werden. Doch ist dieser keineswegs gesichert: Würden sich ihre Hände

---

[78] Vgl. dazu auch Kofler, für den wird im Nichtfinden der Hände „keineswegs die Unmöglichkeit der Begegnung signalisiert, sondern gerade die höchste Erregung *in der Begegnung*." Kofler, S. 187. (Herv. i. Orig.)

[79] In diesen Affektausdrücken von Helene zeigt sich eine radikale Form des Schweigens, der Unsagbarkeit, die ihre (sprachlich uneingestandene) Liebe offenbaren kann, auch wenn in der Ohnmacht (als Zeichen) durchaus Momente von Inszenierung und Konventionalisierung eingeschrieben sein können.

finden, würde auch die Gebärde den Abschied besiegeln; demgegenüber können jedoch „die sich verfehlenden Hände eben auch ein drohendes Verfehlen der Verbindung [bezeichnen]".[80] Die daraus resultierende Unsicherheit, die zarte erotische Spannung ergreift das körperliche Verhalten von Helene und Kari, wobei in ihrer nonverbalen Kommunikation – die beiderseitigen Erschütterungen und Beklommenheiten unterschiedlich sich äußernd – ihre Zuneigung und ihre Liebe enthüllt wird: Während sie nach Karis wortlosem Weggang „totenblaß dasteht", dann „taumelt" (XII, S. 104), erscheint Hans Karl „nochmals in der Tür rechts, sieht herein, wie unschlüssig, und verschwindet gleich wieder, wie er Crescence bei Helene sieht" (XII, S. 104).

Hofmannsthal hat an dieser Schlusspassage des ‚Abschiedsdialogs' entscheidende Änderungen vorgenommen, indem er die ursprünglichen Liebesszenen an dieser Stelle einer rigorosen Kürzung unterzogen hat, denn in einer früheren Variante aus dem Jahr 1917 heißt es nach Karis ‚Adieu' in der Regieanweisung: „er küsst sie es ist ganz unwillkürlich sie stehen beide. Sie sinkt über seinen Arm hin" (XII, S. 398). Und anstelle der obigen Gebärde des Händeverfehlens findet sich in der früheren Version ebenfalls eine eindeutige Liebesszene, die nur durch den abrupten Schluss etwas von der innigen, leidenschaftlichen Körperlichkeit zurücknimmt: „sie drückt ihn unwillkürlich an sich, und küsst ihn heftig, lässt ihn aber gleich wieder los" (XII, S. 398).[81] Durch die Streichung dieser Partien und die spätere Einfügung der mehrdeutigen Gebärdensprache (der Hände) in das endgültige Stück gelingt es Hofmannsthal, den Schluss des zweiten Aktes in einer spannungsgeladenen Schwebe und im Zweifel zu belassen (vgl. XII, S. 168), allerdings auch nicht ganz ohne körpersprachlich-erotische Hinweise auf die Beziehung zwischen Kari und Helene zu liefern.

Umgekehrt verhält es sich mit der Begegnung gegen Ende des ‚Schwierigen'. War das Ausbleiben der Handreichung noch ein Zeichen dafür, den Abschied gebärdenhaft zu umgehen, ist das Entfallen der

---

[80] Vgl. und zitiert: Renner, Ursula: „Sprechen ist ein ungeheurer Kompromiß". Hugo von Hofmannsthals Lustspiel „Der Schwierige" (Nachwort). In: Hofmannsthal, Hugo von: Der Schwierige. Lustspiel in drei Akten. Hrsg. von Ursula Renner. Stuttgart 2000. S. 173-198; hier: S. 191.
[81] Vgl. dazu auch: Krabiel, S. 323-324.

Umarmung zwischen Kari und Helene im gängigen Verständnis eher ein Zeichen fehlender oder mangelnder Beglaubigung ihrer (diesmal verbal) vollzogenen Annäherung. Zunächst setzt sich jedoch die nonverbale Kommunikation, die oben als Zeichen ihrer beiderseitigen Zuneigung gedeutet worden ist, auch bei ihrer darauffolgenden Begegnung im dritten Akt fort. Entsprechend beginnt die achte Szene als Pantomime:

> *Helene ist durch die unsichtbare Tür links herausgetreten, im Mantel wie zum Fortgehen. Sie wartet, bis Crescence und Stani sie nicht mehr sehen können. Gleichzeitig ist Hans Karl durch die Glastür rechts sichtbar geworden; er legt Hut, Stock und Mantel[82] ab und erscheint. Helene hat Hans Karl gesehen, bevor er sie erblickt hat. Ihr Gesicht verändert sich in einem Augenblick vollständig. Sie läßt ihren Abendmantel von den Schultern fallen, und dieser bleibt hinter der Treppe liegen, dann tritt sie Hans Karl entgegen.* (XII, S. 126)

Helene und Hans Karl befinden sich also hier außerhalb des offiziellen Rahmens im Treppenhaus, und sie bewegen sich aufeinander zu, wobei Helene Kari zuerst entdeckt und das Zeichen, das dieser durch sein Zurückkommen setzt, vermittelt ihr eine erlösende Erkenntnis, die sich in ihren Gesichtszügen mimisch reflektiert und ihre entschiedene Handlung leitet. Sie beantwortet dieses Zeichen mit der – in der Forschung viel diskutierten – Geste des Mantelabwurfs, noch ehe sie überhaupt Hans Karl begegnet. Für Requadt, der die Mantelsymbolik im Werk Hofmannsthals untersucht hat, bedeutet das „Abwerfen des Mantels [...], daß sie [= Helene; Anm. d. Verf.] in einer äußersten Situation sich in sinnbildlicher Nacktheit darstellt, und in dieser Selbstaufgabe darf sie ‚direkt' sprechen, erhält ihr Wort Substanz."[83] Die Gebärde des symbolischen ‚Abwerfens' der Kleidung korreliert mit der entsprechenden Gestik Karis. Im darauffolgenden Dialog mit Hans Karl wird Helenes Bereitschaft zur ‚Selbstaufgabe' (oder besser: Selbsthingabe) mehrfach deutlich, wenn sie von der Liebe spricht und Attribute des physischen

---

[82] Kofler verweist darauf, dass diese – von Kari abgelegten – Dinge auf die Insignien des Hermes verweisen (Flügelhut, Heroldsstab und Mantel, wobei letzterer allerdings nur je nach künstlerischer Darstellung erscheint), ohne jedoch dies weiter zu interpretieren. Vgl. Kofler, S. 187. Es wäre vielleicht dahingehend zu deuten, dass Kari sein umherziehendes ‚Hermes-Sein' (Hermes als Gott der Reisenden) hier ablegt und statt dessen in dem ‚ruhigeren Hafen der Zweisamkeit' anlangt.
[83] Requadt, Paul: Sprachverleugnung und Mantelsymbolik im Werke Hofmannsthals. In: Deutsche Vierteljahresschrift für Literaturwissenschaft und Geistesgeschichte, 29 (1955), Nr. 2, S. 255-283; hier: S. 269. (künftig zitiert: Requadt)

Leidens mit ihr in Verbindung bringt: „Die Liebe ist nicht süßlich" (XII, S. 132) und drastischer: „Die Liebe schneidet ins lebendige Fleisch"[84] (XII, S. 133). In beiden Äußerungen stellt Helene den Bezug zu etwas her, das nicht sprachlich, sondern körperlich-sinnlich zu erfahren, zu *erleiden* ist. In der obigen Szene des Mantelabwurfs verbindet Helene aber diese Bereitschaft zur Selbsthingabe mit dem Selbstbewusstsein, das in ihrer Gebärdensprache sichtbar und im Tonfall hörbar wird: „Helene *hier und weiter in einer ganz festen, entschiedenen Haltung und in einem leichten, fast überlegenen Ton* [...] (XII, S. 127), derweil Hans Karls Rede durch ihren Ton *„unsicher"* und *„zögernd"* (XII, S. 128) wird. Der abgeworfene Mantel dient dann im folgenden Gespräch mit Hans Karl als „Beweisstück für ihre Absicht, entgegen aller Konvention dem ‚Schwierigen' nachzugehen"[85] (vgl. XII, S. 127-131). Sie gestehen sich ihre Liebe, doch bleibt dann – das für eine Komödie übliche – happy end aus, eine Umarmung (oder ähnliches) findet zwischen ihnen beiden nicht statt, die esoterische Verlobung wird statt dessen sprachlich ‚vollzogen', aber erst als Kari einer dritten Person sie mitzuteilen gezwungen ist: „HANS KARL [...] Sie hat sich – ich hab' mich – wir haben uns miteinander verlobt" (XII, S. 136). Das frische Paar ist auch am Schluss des Stückes zu „bizarr" (XII, S. 144), als dass es sich an diese tradierten Formen des gesellschaftlichen Umgangs halten würde. Die „heimliche Verlobung im Treppenhaus, an der die brüskierte Gesellschaft [...] eine Umarmung coram publico vermißt, bedeutet somit nicht die Heimholung des Schwierigen in die Konvention [...]".[86]

Eine Umarmung findet – auf Anordnung von Stani – jedoch statt, zwischen Crescence und Poldo Altenwyl vollzieht sie sich als Substitut zur Herstellung des „offizielle[n] Gesicht[es]" (XII, S. 144): *„Altenwyl ist mit einigen Gästen die Stiege heruntergekommen. Crescence eilt auf Altenwyl*

---

[84] Hiermit übernimmt Helene sinngemäß die Worte der namenlosen Bauerntochter aus Hartmann von Aues „Der arme Heinrich", die sich freiwillig dem Opfertod, der das Herausschneiden des Herzens bedeuten würde, hingeben will, um den ‚armen Heinrich' vom Aussatz zu befreien – wobei dies also auf deutlich plastischere Weise als bei Helene geschähe. Vgl. Aue, Hartmann von: Der arme Heinrich. Mittelhochdeutscher Text und Übertragung. Auf der Grundlage der Textedition von Helmut de Boor. Frankfurt a.M. 1991, besonders S. 59ff. Vgl. dazu auch: Politzer, S. 217.
[85] Requadt, S. 269.
[86] Mayer, S. 93.

zu und umarmt ihn. Die Gäste stehen überrascht" (XII, S. 144). Da das eigentliche, aber ‚bizarre' Paar nicht mitspielt, wird die konventionell geforderte Umarmung als Spiel-im-Spiel inszeniert in einer gesellschaftlichen ‚Ersatz-Geste', sie ist damit in den Raum der Zeichen zurückgenommen. Hofmannsthal überlässt es hier dem Rezipienten (als aktivem ‚Mitspieler'), die Umarmung des eigentlichen Paares nachzuvollziehen. Das Ausbleiben der Gebärde ist eventuell auch nur auf der Bühne als sichtbare weggelassen, vielleicht vergleichbar dem Vorgehen des Filmemachers Ernst Lubitsch (1892-1947), wenn eine Abblende einer Szene den Zuschauer anregt, die Handlung weiterzudenken. Damit könnte sie als Ellipse fungieren, die die Umarmung nur in der Präsentation weglässt, diese aber nicht negiert. Die Geste fände dann im privaten nicht öffentlich instruierten Bereich statt und würde damit zur selbst aussagebestimmten Gebärde. Somit wäre zumindest durch die Phantasie des Zuschauers die Umarmung im Hintergrund vorhanden. Mittels der auf der Bühne ausbleibenden Umarmung zwischen Kari und Helene ist vielleicht einfach eine desavouierende konventionelle Gebärde unterlaufen; denn die geforderte Umarmung im ‚Schwierigen' zeigt sich als primär von außen herangetragene Gebärde und damit gesellschaftlich stark konventionalisiert.

Im Spannungsfeld von Mantelabwurf, Umarmung und Begegnung ist auch die kurze Erzählung „Die Wege und die Begegnungen" heranzuziehen, wenn es dort heißt:

Mich dünkt, es ist nicht die Umarmung, sondern die Begegnung die eigentliche entscheidende erotische Pantomime. Es ist in keinem Augenblick das Sinnliche so seelenhaft, das Seelenhafte so sinnlich, als in der Begegnung. [...]

[In der Umarmung ist das Fremdsein, das Fremdbleiben das Furchtbare, das Grausame, das Paradoxon – in der Begegnung flattert um jeden von beiden seine ewige Einsamkeit wie ein prachtvoller Mantel, und es ist, als könnte er ihn auch von sich werfen, im nächsten Augenblick schon.] Die Begegnung verspricht mehr, als die Umarmung halten kann. Sie scheint, wenn ich so sagen darf, einer höheren Ordnung der Dinge anzugehören, jener, nach der die Sterne sich bewegen und die Gedanken einander befruchten. Aber für eine sehr kühne, sehr naive Phantasie, in der Unschuld und Zynismus sich unlösbar vermengen, ist die Begegnung schon die Vorwegnahme der Umarmung. (E, S. 161)[87]

---

[87] Die in eckigen Klammern gesetzten Passagen sind nur im Erstdruck von „Die Wege und Begegnungen" enthalten, wobei in der zitierten Ausgabe der Text ebenso angegeben ist.

In dieser Passage sind einige markante Elemente der zuletzt besprochenen Szene aus dem ‚Schwierigen' aufgegriffen. Zunächst fällt die Bewertung der Umarmung, die im Drama zwischen dem Paar ausgeblieben war, allgemein ins Auge. So ist nicht sie die ‚eigentliche entscheidende erotische Pantomime', sondern ein vermeintlich früheres Stadium einer Beziehung, da es um die Begegnung geht. Die Begegnung wird hier zur Pantomime, deren Bewegungsabläufe und gebärdenhaft vorgetragene Aussagen rezipiert werden können. In der Begegnung wird das Gegenüber sogleich sinnlich erfasst und auch das Selbst sinnlich erlebt, denn Körper und Geist, Sinnlichkeit und Seelenhaftigkeit sind eng verwoben. Eine solche Begegnung verspricht viel, so viel, dass es die Umarmung dann möglicherweise kaum noch halten kann. Die Begegnung lebt ihrerseits von der Erotik, von der erregenden, ungezügelten Phantasie, die gerade durch das weitgehende Ausbleiben eines direkten körperlichen Kontaktes beflügelt wird, wohingegen in der Umarmung bereits eine Form von Sexualität enthalten ist; die Leidenschaft, das Erotische erscheinen als Phantasie des Sexuellen: „Erotik ist Begegnung [...], Sexualität ist Umarmung."[88]

So verspricht auch die Begegnung zwischen Kari und Helene im Treppenhaus enorm viel, denn sie offenbart Helenes Bereitschaft zur völligen Hingabe und Karis Einsicht zur Umkehr. Zudem kann Helenes Mantelabwurf im Zusammenhang des Zitats aus der Erzählung[89] als ungeheure Annäherung gelesen werden, indem sie auf diese Weise ihre Selbsthingabe symbolhaft ausdrückt und bar der gesellschaftlichen Konvention Kari ihre Liebe gesteht; was Helene (und auch Kari) letztlich davor bewahrt, eine gänzlich tragische Figur zu sein.

---

[88] Neumann, Gerhard: „Die Wege und die Begegnungen". Hofmannsthals Poetik des Visionären. In: Hugo von Hofmannsthal: Dichtung als Vermittlung der Künste, in: Freiburger Universitätsblätter, 30(1991), Nr. 112, S. 61-75; hier: S. 66.
[89] Requadt geht in seiner Arbeit zur Mantelsymbolik bei Hofmannsthal auf diese Stelle allerdings gar nicht ein.

Goethes und Hofmannsthals Arbeit an Singspiel und Pantomime – zur Durchdringung von Oper und Drama

Das Singspiel und die Musik

Bei Goethe – den Hofmannsthal hoch achtet und dessen Œuvre er überaus schätzt in einer Weise, die weit über die bildungsbürgerliche Goethe-Verehrung hinausgeht und Formen einer Wahlverwandtschaft trägt – lassen sich in mancher Hinsicht ähnliche Konzepte auffinden, wobei hier nicht chronografisch verfahren werden soll, so dass Hofmannsthals Bemühungen um ein leibliches Konzept und ein im weiteren Sinne ‚musikalisches Drama' eventuell bloß als Reflex auf seine intensive Goethelektüre und dessen Vorbildfunktion für Hofmannsthal erscheinen könnten, sondern dies wird als originär hofmannsthal'sch angesehen. Dennoch verbindet beide Dichter sicherlich noch mehr, als dass sie sich um ein Ausschreiten der Grenzen des eigenen kreativen Schaffensbereichs engagieren, natürlich in Teilen abhängig von den jeweils unterschiedlichen (medien)historischen und technischen Gegebenheiten.

Goethe wie auch Hofmannsthal zeigen beispielsweise durch ihren dichterischen Bezug zur Musik einen erweiternden Aspekt des Nonverbalen und Sinnlichen auf, der sich in Singspielen bzw. Libretti, aber auch in ihrem dramatischen Schaffen immer wieder niedergeschlagen hat und auf der komparatistischen Grenzregion zwischen Literatur und Musik sich bewegt.[90] Zudem können Goethe und Hofmannsthal über den Komponisten Richard Strauss in eine zeitenüberdauernde Beziehung gebracht werden, indem Strauss als ein Scharnier erscheint, das etwas von beiden Dichtern musikalisch bindet.[91]

---

[90] Zur Librettistik als Forschungsgebiet der Literaturwissenschaft (mit dem Schwerpunkt auf Goethes Arbeiten für das ‚Musiktheater'), sowie zur Soziologie des Librettos und zu den Problemen, beide Künste (Musik und Dichtung) mit ihren spezifischen Gesetzmäßigkeiten zu erfassen, vgl. Hartmann, Tina: Goethes Musiktheater. Singspiele, Opern, Festspiele, ‚Faust'. Tübingen 2004; hierzu insbesondere: S. 4-24. (künftig zitiert: Hartmann)

[91] Strauss hat sich aus eigenem Antrieb (und nicht erst – wie oft vermutet – unter Hofmannsthals Einfluss) „zum idealen Rezipienten selbst von abgelegenen und weniger bekannten Goethe-Texten" aufgeschwungen und sich Goethes Singspieldichtung angenommen, dieweil er in jener Haltung (seinem späteren Librettisten) Hofmannsthal begegnet, dessen dichterisch fundierte Goethe-Affinität, die des

Goethes große Dramen, Romane und Gedichte machen nicht den umfangreichsten Teil seines Gesamtschaffens aus. Der Weimarer Dichter war – wie Hofmannsthal – an vielem interessiert, auch am Verfassen von bereits erwähnten Singspielen, Libretti und ähnlichen Bühnenwerken für Musik, die Goethe als eigenständige literarische Gattung begreift. Allerdings zählen Goethes Arbeiten auf diesem Gebiet zu den unbekanntesten, da sie wohl einmal

> als Gebrauchsliteratur [...] nicht in das von Werkbegriff und Autonomieästhetik bestimmte G[oethe]-Bild des 19. und frühen 20. Jhs. [paßten]. Und aus musikalischer Sicht gelten G[oethe]s Bemühungen um die deutsche Oper seit jeher als folgenlose Episode der Gattungsgeschichte.[92]

Doch Goethes langjährige kreative Beschäftigung mit der Musik und der Oper[93] hat neben den Anregungen, die Goethe dadurch anderen Dichtern (und auch Philosophen – beispielsweise Nietzsche –) gab (und gibt), auch erkennbare Auswirkungen auf sein dramatisches Dichten[94], indem immer wieder melodramatische Elemente in seinen Dramen

---

Komponisten wohl noch übertraf, so dass diverse Anstöße Goethes in das unterschiedliche Werk beider Künstler aus jeweils persönlichem Interesse eingegangen sind. So sind die Goethe-Reminiszenzen auch und nicht zuletzt verbindendes Element zwischen Hofmannsthal und Strauss. Vgl. und auch zitiert: Kohler, Stephan: Das Singspiel als dramatischer Formtypus. Goethe – Strauss – Hofmannsthal. In: Goethe im Kontext. Kunst und Humanität, Naturwissenschaft und Politik von der Aufklärung bis zur Restauration. Ein Symposium. Hrsg. von Wolfgang Wittkowski. Tübingen 1984, S. 181-193; hier: S. 183f. (künftig zitiert: Kohler) Sowie: Borchmeyer, Dieter: „Die Genies sind eben eine große Familie..." Goethe in Kompositionen von Richard Strauss (03.05.2004). In: Goethezeitportal. http://www.goethezeitportal.de/db/wiss/goethe/borchmeyer_strauss.pdf (zuletzt besucht am: 15.03.2005), S. 5f. (künftig zitiert: Borchmeyer)

[92] Waldura, Markus: Die Singspiele. Goethes Stellung zur Gattung „Singspiel". Versuch der Durchsetzung einer deutschen Oper. In: Goethe-Handbuch. Bd. 2, Dramen. 1997, S. 173-194; hier: S. 173. (künftig zitiert: Waldura)

[93] Goethes Singspiele und Opern („Erwin und Elmire", „Jery und Bätely", „Claudine von Villa Bella", „Die Fischerin", „Lila", „Scherz, List und Rache", „Die ungleichen Hausgenossen", „Der Groß-Cophta", „Der Zauberflöte Zweyter Theil" und weitere Librettofragmente) sind z.T. von bekannten Komponisten vertont worden, was das Vorurteil wenigstens partiell entkräften kann, Goethe sei mit seinen Bemühungen um die deutsche Oper letztlich glücklos gescheitert. Vgl. u.a.: Waldura, Hartmann, Frantzke, Thomas: Goethes Schauspiele mit Gesang und Singspiele 1773-1782. Frankfurt a.M. u.a. 1998 (= Europäische Hochschulschriften, Reihe 1: Deutsche Sprache und Literatur; Bd. 1671; zugl. Diss. Univ. Leipzig 1997).

[94] Vgl. Waldura, S. 173.

auftauchen und Musik bzw. musikalische Formprinzipien hier einen nicht unerheblichen Stellenwert ausmachen. Es wäre noch hinzuzufügen, dass Goethe bei seinen qualitativ hochwertigen dramatischen Singspielproduktionen durch eine Beifügung literarischer Motive ebenso „eine Literarisierung des Singspiels beabsichtigte"[95], wie er das Drama mit Opernstilistik durchdringen lässt.

Hofmannsthal greift dann Goethes Idee des ‚musikalischen Dramas' mit seinen Möglichkeiten, „bedeutende Situationen in einer künstlichen Folge darzustellen"[96], kaum siebzig Jahre nach dem Ableben von Goethe wieder auf und entwickelt diese z.T. epigonal, aber gewiss auch gemäß seines eigenen ‚Singspielplans' weiter.[97] Goethes Singspiele dienen Hofmannsthal dabei als Muster der Gattung, was in der Diskussion zwischen ihm und Strauss über die Konzeption der „Frau ohne Schatten" deutlich wird. Hier bezieht sich Hofmannsthal anverwandelnd ausdrücklich auf Goethe und dessen ‚Begriff des Opernhaften' und umreißt damit die besondere Funktionsweise eines Operntextes, der – originär hofmannsthalsch – nicht zuletzt Pantomimisches in sich birgt:

> In dem neuen Buch von Chamberlain ist alles zusammengestellt, was sich auf Goethes unablässige Versuche, eine Oper zu schaffen, bezieht – die schließlich daran ermatteten, daß er keinen zulänglichen Komponisten fand. Wie er sich den Begriff des Opernhaften klarzumachen sucht, ihn vom bloß Theatralischen

---

[95] Vgl. und zitiert: van Ingen, Ferdinand: Goethes Singspiele. Literarischer Anspruch und Autonomie der Musik. In: Revolution und Autonomie. Deutsche Autonomieästhetik im Zeitalter der Französischen Revolution. Hrsg. von Wolfgang Wittkowski. Tübingen 1990, S. 102-131; hier: S. 112f.

[96] Goethe, Johann Wolfgang: Brief an Carl Friedrich Zelter vom 24. April 1831. In: Johann Wolfgang Goethe. Sämtliche Werke nach Epochen seines Schaffens. Münchner Ausgabe. Hrsg. von Karl Richter. Bd. 20.2: Briefwechsel zwischen Goethe und Zelter in den Jahren 1799 bis 1832. Hrsg. von Edith Zehm und Sabine Schäfer. München/Wien 1998, S. 1467-1468; hier: S. 1468. (künftig zitiert: MA 20.2) Goethe schreibt dort über den Erfolg von Marschners Oper „Der Vampyr": „Der Vampyr ist hier wieder gegeben worden; das Sujet ist detestabel, aber, nach dem was man mir erzählt, das Stück, als Oper, sehr gut erhalten. Da haben wirs! bedeutende Situationen in einer künstlichen Folge, und der Musikus kann sich Beifall erwerben. Worte, in verständiger, empfindbarer Folge, gewähren ganz dasselbe was Du so oft an meinen Liedern bewiesen hast." (MA 20.2, S. 1468)

[97] Vgl. Birus, Hendrik: Bedeutende Situationen in einer künstlichen Folge. Goethes und Hofmannsthals Singspiele und Opern (23.01.2004). In: Goethezeitportal. http://www.goethezeitportal.de/db/wiss/goethe/birus_singspiele.pdf (zuletzt besucht am: 15.03.2005), S. 2 und 22f. (künftig zitiert: Birus)

einerseits, vom rein Dramatischen andrerseits abscheidet, das war das Resultat jahre-, jahrzehntelanger innerer Bemühung um die Form, die er vielleicht die günstigste aller dramatischen Formen nennt. Bedeutende Situationen in einer künstlichen Folge: dieses Wort, in dem er sich das für die Oper zu Erstrebende zusammenfaßt, hat mich für die „Frau ohne Schatten" unendlich ermutigt. Ja, es ist, als zielte dieses Wort geradezu auf einen Stoff, wie den ich das Glück hatte zu finden, und eine Behandlungsweise, wie sie bei mir von Erfahrung und Instinkt diktiert wurde. Es sind elf bedeutende, *fast pantomimisch prägnante Situationen* – durch ihre Verbindung aber [...] ist ein Ganzes hergestellt, das an sich, alsSchauspiel [sic!], schon merkwürdig und reizend genug wäre, durch die Musik aber, die alles in alles schlingen [...], ja eines ins andere hinüberführen kann, wie der Alchimist die Elemente, erst seine letzte Vollendung und Weihe erhält.[98]

Bezeichnenderweise ist es Hofmannsthal, der die „Einleitung zu einem Band von Goethes Werken, enthaltend die Singspiele und Opern" verfasst, diese mit einem Motto[99] aus Goethes Briefwechsel mit dessen musikalischen Freund Carl Friedrich Zelter versieht und neben dem „Märchen" als „erzählter Oper" (RA I, S. 443) aus Goethes „Unterhaltungen deutscher Ausgewanderten", „Der Zauberflöte zweiter Teil", auch „Faust II", der das „Fest aller Feste und, da er auf Schritt und Tritt Musik postuliert, die Oper aller Opern" (RA I, S. 447) ist, interessanterweise – aus rezeptionsästhetischer Sicht – ebenso den „Wilhelm Meister" behandelt, dem Hofmannsthal innerhalb dieser Singspiel-Einleitung eine „in hohem Sinn opernhafte[...] Handlung" (RA I, S. 447) bescheinigt.[100] Auch in Texten also, die bekanntlich weder Singspiel noch Oper sind, vermag Hofmannsthal Opernhaftes zu erkennen, zudem wird hier seine spezifische Goethe-Aneignung ersichtlich, die indirekt auch über Hofmannsthals eigenes (Opern-)Schaffen – das Entstehen der Singspiel-Einleitung fällt in die Zeit seiner Arbeit an der Oper „Die Frau ohne Schatten" – Aufschluss gibt.[101]

---

[98] Strauss, Richard/Hugo von Hofmannsthal: Briefwechsel. Gesamtausgabe. Hrsg. von Franz und Alice Strauss. Zürich 1952, S. 203-204. (Herv. d. Verf.) Das mimische Wort scheint dermaßen ebenso prädestiniert für die Oper, für ‚die günstigste [aber auch kunstvoll-künstlichste] aller dramatischen Formen'. „Im Libretto verliert das einzelne Wort an Prägnanz, weil seine Verständlichkeit in der Vertonung nicht mehr garantiert werden kann. Mit dem szenisch-pantomimischen und damit visuellen Element verschafft sich das Libretto gewissermaßen ‚Gesicht', wo die Vertonung ihm das ‚Gehör' nimmt." Hartmann, S. 8f.
[99] „Musik füllt den Augenblick am entschiedensten." (RA I, S. 443)
[100] Vgl. dazu weiterführend auch: Kohler, S. 188f, sowie Birus, S. 17.
[101] Hofmannsthal schließt sich der Einschätzung von Novalis an, der „Goethes ‚Mär-

Hofmannsthal findet Elemente der Oper, des Opernhaften in Goethes Werken, und als den Mittel- und Endpunkt des Opernhaften: das Fest. [...] Mit Händen ist hier zu greifen, aus welcher Gesinnung später die Salzburger Festspiele hervorgingen, und 1919 fordert Hofmannsthal in der Tat, Mozarts sämtliche Opern und Goethes „Faust" in den Mittelpunkt eben der Salzburger Festspiele zu stellen!¹⁰²

Die „magischen Gestalten" aus Faust II wandeln – so Hofmannsthal – „gebundenen Schrittes, einen feierlichen mimischen Tanz, sie wandeln, und so wie sie wandeln, machen sie Musik." (RA I, S. 447)¹⁰³

Goethes Bemühungen um die Gattung Oper hören Ende 1816 auf, doch bedeutet dies

> keineswegs das Ende seiner Arbeiten für das Musiktheater: Auch wenn Goethe ab 1784 das Ideal einer durchkomponierten (d.h. rezitativischen bis durchgesungenen) Oper verfolgt hatte, hinderte ihn das zu keiner Zeit daran, Musik- und Sprechtheater sich gegenseitig durchdringen zu lassen¹⁰⁴.

Goethes Trauerspiel „Clavigo" stellt dabei nur ein hier ausgewähltes Beispiel¹⁰⁵ dar, diese Durchdringung anspielend zu exemplifizieren. In

---

chen' eine erzählte Oper nennt, und mit seinem eigenen Doppelwerk ‚Die Frau ohne Schatten' liefert er [= Hofmannsthal; Anm. d. Verf.] einen Beleg für den besonderen Charakter dieses Märchentyps", an den er sich auch merklich anlehnt. Zauberschloß, S. 134. Dabei ist die Darstellungsebene von Goethes ‚Märchen' der „Bühnenraum einer Imagination, die das Wunderbare des Märchens mit dem Festlichen der Oper vereint". Zauberschloß, S. 134.

¹⁰² Zauberschloß, S. 16. Ab 1920 oblag es dann Hofmannsthal, das Programm der Salzburger Festspiele festzulegen, wobei er Goethe und Mozart ganz bewusst ins Zentrum rückte: „Wenn Goethe hier gleichrangig neben Mozart zu stehen kommt, so findet das in Hofmannsthals Goethe-Rezeption nach 1900 seine Begründung. An der „Iphigenie" und am „Tasso" hatte er schon längst Aspekte des Konversationsstücks und damit Anteil an der geselligen Seite von Theater entdeckt; und er hatte mit dem Blick des opernerfahrenen Bühnenautors am „Wilhelm Meister", am „Märchen" [...], am „Faust II" die Elemente des Opernhaften und des Szenisch-Festlichen wahrgenommen, so daß [...] schon alle Argumente bereit liegen, Goethe in die Nachbarschaft Mozarts zu rücken." Zauberschloß, S. 90.

¹⁰³ Dass es sich (nicht nur) hier wohl kaum um eine aus rein analytischer Sichtweise getroffene Überlegung Hofmannsthals, sondern eher um eine anverwandelnde und von Hofmannsthals eigener Poetologie durchdrungene Lesart des goetheschen Werks handelt, dem „so musikhaften Schaffen der Poesie" (RA I, S. 448) Goethes, liegt auf der Hand.

¹⁰⁴ Vgl. und zitiert: Hartmann, S. 23.

¹⁰⁵ Ebenfalls in Goethes Schauspiel „Egmont" (1788) etwa sind gestalterisch musikhafte Elemente zu finden. Daneben wird im „Tasso" (1790) Musik bzw. das ‚Lied' zum dramatischen Thema, das auch für Tassos gesamtes Schaffen steht. Zur Funktion der Musik in den genannten und weiteren Stücken vgl.: Holtbernd,

diesem Sinne liegt das weitere Augenmerk des abschließenden Kapitels neben der Pantomime des Clavigo auch auf der Weise, wie mittels Musik eine neue *sinnliche* Komponente in die (dramatische) Dichtung hineingetragen wird und daneben in welcher Form Musik und Dichtung innerhalb des Dramas aufeinander reagieren, weshalb mit einem Ausblick auf Goethes frühes Trauerspiel geendigt werden soll.[106]

Gebärdensprache und Sprachgebärde im „Clavigo" nebst einem Seitenblick auf die dramaturgische Funktion der Musik

In Goethes „Clavigo" nun begegnet einmal im pantomimischen Höhepunkt des Dramas, im stummen Spiel des Clavigo, der auf die erfundene Geschichte des Beaumarchais körperlich reagiert, eine der Körpergebärde des Schwierigen vergleichbare Aktion und Situation. Darüber hinaus finden sich ebenfalls melodramatische Momente im „Clavigo", die das Verhältnis von Dichtung und Musik zu erhellen vermögen.

Die Niederschrift des „Clavigo" erfolgte 1774 – kurz vor dem Erscheinen des Werther-Romans – innerhalb von nur einer Woche, so zumindest berichtet es der Autor selbst in „Dichtung und Wahrheit":

> Weil nun bei jeder unserer geselligen Zusammenkünfte etwas Neues vorgelesen werden mußte, so brachte ich eines Abends, als ganz frische Neuigkeit, das Memoire des Beaumarchais gegen Clavigo im Original mit. Es erwarb sich sehr vielen Beifall; [...] nachdem man viel darüber [...] gesprochen hatte, sagte mein lieber Partner: „Wenn ich deine Gebieterin und nicht deine Frau wäre, so würde ich dich ersuchen, dieses Memoire in ein Schauspiel zu verwandeln, es scheint mir ganz dazu geeignet zu sein." – „Damit du siehst, meine Liebe", antwortete ich, „daß Gebieterin und Frau auch in einer Person vereinigt sein können, so verspreche ich, heute über acht Tage den Gegenstand dieses Heftes als Theaterstück vorzulesen, wie es jetzt mit diesen Blättern geschehen." Man verwunderte sich über ein so kühnes Versprechen, und ich säumte nicht, es zu

---

Benedikt: Die dramaturgischen Funktionen der Musik in den Schauspielen Goethes. ‚Alles aufs Bedürfnis der lyrischen Bühne gerechnet'. Frankfurt a.M./Berlin/New York/Paris/Wien 1992 (= Bochumer Schriften zur deutschen Literatur; Bd. 34; zugl. Diss. Univ. Bochum 1992).

[106] Dass neben dieser körperlich-sinnlich-musikalischen Ebene auch über die Aufstellung, die ‚dramatische Konfiguration' der Charaktere im Singspiel bzw. Drama in ihrer Gesamtheit und Plastizität eine Parallele zwischen Goethe und Hofmannsthal zu zeichnen ist, hat Polheim gezeigt: Vgl. Polheim, Karl Konrad: Die dramatische Konfiguration (mit Goethes „Iphigenie" und Hofmannsthals „Rosenkavalier" als Beispielen). In: Die dramatische Konfiguration. Hrsg. von Karl Konrad Polheim. Paderborn/München/Wien/Zürich 1997, S. 9-32.

erfüllen. Ehe ich, freilich durch eine großen Umweg, nach Hause kam, war das Stück schon ziemlich herangedacht; damit dies aber nicht gar zu großsprecherisch scheine, so will ich gestehen, daß schon beim ersten Lesen der Gegenstand mir dramatisch, ja theatralisch vorgekommen, aber ohne eine solche Anregung wäre das Stück [...] auch bloß unter den möglichen Geburten geblieben. (HA 10, S. 71f)

Auch wenn sicherlich eingeräumt werden muss, dass solchen – wenn auch nicht unreflektierten – in der fernen Rückschau vorgenommenen schöpferischen Selbstäußerungen eines Autors auf den Entstehungsprozess seines eigenen Werks, welche hier schon den Charakter einer Selbststilisierung annehmen, ohne Frage vorsichtig zu begegnen ist, wird doch erkennbar, dass der Stoff sich laut Goethe für eine dramatische Bearbeitung vortrefflich zu eignen schien. Es verwundert deshalb wenig, wenn Goethe eigens um die Bühnenwirksamkeit des Stücks bemüht war und den „Clavigo" neben „Stella" sowie beachtenswerterweise mit einer „Tendenz zur Oper" auch „Claudine" und „Elmire" skizzenhaft als „Systole zu kleineren faßlichen Produktionen besonders fürs Theater" (vgl. und zitiert: HA 4, S. 585) begreift, bei dem er zugunsten der Aufführ- bzw. Spielbarkeit auf komplexe Thematiken und diffizile Gestaltung größtenteils verzichtet.[107]

Eingedenk des problematischen Verhältnisses von Authentizität und (historischer) Stilisierung sowie der Neigung Goethes zur Selbstdarstellung in „Dichtung und Wahrheit", die „das Entstehen aller Dichtungen aus dem eigenen Erleben abzuleiten"[108] versucht – im Falle des „Clavigo" seine Untreue gegenüber Friederike Brion und deren selbstquälerische Verarbeitung als „poetische Beichte" im Drama (vgl. und zitiert: HA 9, S. 521f.) –, ist die äußere Anregung des Trauerspiels also weniger von der persönlichen als vielmehr aus Goethes Lektüre der Erinnerungen von Beaumarchais[109] abzuleiten, welche für Goethe als

---

[107] Die gleichzeitigen Bemühungen Goethes um das Singspiel korrespondieren ebenfalls mit dieser „eher ‚praktischen' Zielstellung des Dichters". Otto, Regina: Clavigo. In: Goethe-Jahrbuch. 90(1973), S. 22-36; hier: S. 33. (künftig zitiert: Otto)
[108] HA 4, S. 589.
[109] Pierre Augustin Caron de Beaumarchais' Erinnerungen, die auch den Reisebericht des vierten und letzten Bandes der Memoiren von Beaumarchais „Fragment de mon voyage des Espagne" enthalten, der für „Clavigo" als Rohmaterial bedeutend ist, erscheinen im Februar 1774 unter dem Titel „Quatrième mémoire à consulter contre M. Goëzman". Vgl. dazu und zum Verhältnis der französischen Quelle (Gegenwartsstoff) zum deutschen Schauspiel (Dramenhandlung) u.a.: Reiß, Gunter:

Quelle fungieren, die er z.T. sogar wörtlich übersetzt übernimmt, anderes aber – wie den kompletten Schluss[110] – weitreichend verändert oder hinzudichtet. Ein „Drama fürs Aufführen"[111] solle der „Clavigo" werden, und der Theatererfolg des Schauspiels bestätigt Goethes Absicht als eingelöste; Leppmann spricht sogar vom „bühnengerechtesten aller Goetheschen Dramen".[112] Jedoch hat das Trauerspiel beim Leser, der sich nach Goethes innovativem (aber bühnenungerechten) „Götz von Berlichingen" (1773) über die vermeintlich recht konventionelle Form[113] des „Clavigo" (1774) einigermaßen enttäuscht zeigte, eine sehr wechselhafte z.T. höchst widersprüchliche Aufnahme erfahren und stand zudem überwiegend im Schatten des nur sechs Wochen später erschienenen Briefromans „Die Leiden des jungen Werther"[114] – wobei der Widerstreit der Meinungen auch in der Forschung bis heute anhält.

Clavigo. In: Goethe-Handbuch. Bd. 2, Dramen. 1997, S. 106-122; hier besonders: S. 106-109. (künftig zitiert: Reiß) und Leppmann, Wolfgang: Clavigo. In: Goethes Dramen. Neue Interpretationen. Hrsg. von Walter Hinderer. Stuttgart 1980, S. 78-88. (künftig zitiert: Leppmann) Beaumarchais wurde am 24. Januar 1732 in Paris geboren. Der Uhrmachersohn duellierte sich 1764 mit dem untreuen Bräutigam seiner Schwester, José Clavijo. Er schrieb zahlreiche Komödien mit gesellschaftskritischem Hintergrund. Seine beiden Hauptwerke „Der Barbier von Sevilla oder Die nutzlose Vorsicht" und „Der tolle Tag oder Figaros Hochzeit" wurden mit großer Begeisterung aufgenommen, nicht zuletzt durch die Opern von Mozart und Rossini. Am 18. Mai 1799 starb er in Paris. Vgl.: http://www.landestheater-tuebingen.de/download/SZHeft_0304.pdf. (zuletzt besucht am: 29.03.05)

[110] Beaumarchais' Bericht endet mit der Enthebung Clavigos aus seinem Amt als Staatsarchivar und der Rückreise von Beaumarchais nach Frankreich, demgegenüber Goethes „Clavigo" mit dem Tod des titelgebenden Protagonsiten schließt. Vgl. auch: Reiß, S. 107f.

[111] Goethe, Johann Wolfgang: Brief an Kestner vom 15. September 1773. In: Goethes Werke. Hrsg. Von Großherzogin Sophie von Sachsen. IV. Abteilung, 2. Band: Goethes Briefe 1771-1775. Weimar 1887, S. 103-106; hier: S. 106 (künftig zitiert: WA IV.2).

[112] Leppmann, S. 78.

[113] Leppmann sieht hingegen nicht zu unrecht in der Art, wie Goethe das vorliegende historische Rohmaterial zu einem Bühnenstück gestaltete, ein „Experiment" begründet, „das seiner Zeit zweihundert Jahre voraus war – in „Clavigo" begegne nämlich u.a. ein „direkte[r] Vorläufer des Dokumentarstücks". Vgl. und zitiert: Leppmann, S. 80f.

[114] Vgl. Leppmann, S. 78f; HA 4, S. 592; Reiß, S. 106. Zur frühen Clavigo-Rezeption bzw. -Kritik vgl. auch: Otto, S. 22-36 ; sowie mit besonderem Bezug auf den ‚Götz': Strohschneider-Kohrs, Ingrid: Goethes „Clavigo". In: Goethe-Jahrbuch. 90(1973), S. 37-56. (künftig zitiert: Strohschneider-Kohrs)

Irgendwie nicht gewichtig genug, um mit den großen Dramen in einem Atem genannt, als Theaterstück andrerseits zu überzeugend, um etwa mit den Singspielen als Nebenwerk abgetan zu werden, fristet „Clavigo", immerhin das erste Werk, das Goethe unter eigenem Namen veröffentlichte, in der Forschung wie in vielen Werkausgaben ein kümmerliches Dasein.[115]

Hier aber geht es nicht um die „Clavigo"-Rezeption oder eine eventuelle -Renaissance sondern einzig darum, den physiognomischen, pantomimischen und musikalischen Gehalt des Trauerspiels aufzuzeigen, wobei die obigen Ausführungen bezüglich der von Goethe angestrebten Bühnenwirksamkeit seines frühen Stücks die Richtung dafür vorgeben.

Clavigo, kein Dichter wie Tasso, allerdings auch kein Mann des rein praktischen Handelns, aber ein mit Worten begabter Archivarius des Königs, hat ein Eheversprechen mit der einflusslosen bürgerlichen Marie Beaumarchais gebrochen, da er durch das Verlöbnis seine Karriere am Hofe und damit seinen gesellschaftlichen Aufstieg gefährdet sieht, woran nicht zuletzt sein Freund Carlos gewissen Anteil hat, der das Versprechen als „Narrheit" (HA 4, S. 262) und die potenzielle Einhaltung desselben gar als „Raserei" (HA 4, S. 262) bezeichnet. Maries auf den Plan gerufener Bruder Beaumarchais fordert in einem Gespräch mit Clavigo im zweiten Akt Rechenschaft von ihm, zwingt ihn zu einem schriftlichen Schuldeingeständnis und einem neuerlichen Heiratsversprechen, welches Clavigo auch gibt, da zum einen seine Gefühle Marie gegenüber wohl noch nicht erloschen sind und die Vision eines gemeinsamen bürgerlichen Lebens in ihm gefällig aufsteigt und er darüber hinaus durch die Gegenwart von Beaumarchais das von ihm selbst begangene Unrecht und den Wunsch, es wieder gutzumachen, lebhaft empfindet. Die geforderte ‚Erklärung' erteilt Clavigo indessen nur unter einer Bedingung:

> Ich will die Erklärung schreiben, ich will sie schreiben aus Ihrem [= Beamarchais'; Anm. d. Verf.] Munde. Nur versprechen Sie mir, nicht eher davon Gebrauch zu machen, bis ich imstande gewesen bin, Donna Marie [= Schwester von Beaumarchais; Anm. d. Verf.] von meinen geänderten, reuvollen Herzen zu überzeugen (HA 4, S. 276).

Nachdem Clavigo dann in einer – im Drama öfter wiederkehrenden – Geste der Unterwürfigkeit Marie zu Füßen fällt und um Vergebung

---
[115] Leppmann, S. 79.

bittet, die sie ihm tatsächlich gewährt, lässt sich der daraufhin stark verwirrte Clavigo von seinem Freund Carlos ‚von sich selbst retten' (HA 4, S. 293) und zu einem Treue- bzw. Wortbruch mehr oder weniger überreden, an diesem und an dem brachial-verbalen Rachedurst ihres Bruders Marie letztlich – Clavigos Namen noch einmal ausrufend – stirbt. Ihrem Bruder wird vordem in einem amtlichen Brief Gefängnisstrafe angedroht, wenn dieser – der die Schuld-Erklärung von Clavigo bei dessen Vergebungsauftritt vor Marie (vorzeitig) vernichtet hatte – das Königreich Spanien nicht umgehend verlasse. Entgegen der berechnenden Klugheit des Carlos' folgt Clavigo am Ende des Dramas seinen innigen Gefühlen und begibt sich an den Sarg von Marie, wo er durch den tödlichen Degenstoß von Beaumarchais getroffen im Sterben sich mit Marie vermählt fühlt, wofür er sich dahinscheidend bei seinem Mörder, der ihm schließlich vergibt, bedankt und Carlos noch Anweisungen erteilt, den Bruder Beaumarchais an die ihn rettende Landesgrenze zu geleiten.

Zentral ist an dieser Stelle das Gespräch zwischen Clavigo und Beaumarchais zu beachten, da das Drama in diesem mit Clavigos stummen Spiel seinen pantomimischen Höhepunkt erreicht; Sträßner spricht sogar diese Szene charakterisierend von einer „Schule dramatischer Bewegung"[116]. Daneben werden die Sprachgebärden[117] von

---

[116] Sträßner, Matthias: Tanzmeister und Dichter. Literaturgeschichte(n) im Umkreis von Jean Georges Noverre. Lessing – Wieland – Goethe – Schiller. Berlin 1994, S. 178. (künftig zitiert: Sträßner)

[117] Die gebärdenhafte Rede bzw. Sprachgebärden sind das in und durch Worte gefaßte leiblich-psychische Geschehen. In seinem Buch „Einfache Formen" prägt Jolles den Begriff der Sprachgebärde, den er für das „in Begriffe gefaßte Geschehen, die geladenen Einheiten" benutzt. Jolles spricht von sprachlichen Gebärden, „in denen sich einerseits Lebensvorgänge unter der Herrschaft einer Geistesbeschäftigung in einer bestimmten Weise verdichtet haben und die andererseits von dieser Geistesbeschäftigung aus Lebensvorgänge erzeugen, schaffen, bedeuten." Vgl. und zitiert: Jolles, André: Einfache Formen. Legende, Sage, Mythe, Rätsel, Spruch, Kasus, Memorabile, Märchen, Witz. Tübingen ²1958, S. 45, 47.
Kommerell seinerseits ordnet die Sprache „zum System der Körpergebärden, die ebensosehr Seelengebärden sind," wobei die Sprache „durch ihre Teilhabe am Geist, der sie seinerseits umbildet zum Mittel seiner äußersten Wirkung", die Körper- und Seelengebärden überragt. Vgl. und zitiert: Kommerell 1985, S. 36. In seinen Aussagen nimmt Kommerell keine direkte Definition des Begriffs der Sprachgebärde vor, doch „wird er in seiner Verwendung als gestalthaft-physiognomische Bewegung der

Beaumarchais und Clavigo und die Funktion der Musik am Ende des fünften Aktes angeleuchtet.

Beaumarchais' inszenierte Intrige, die Clavigo unter einem Vorwand in die Enge treiben soll im Rahmen der Geschichte über einen fremden französischen Kaufmann, die aber realiter Clavigo selbst meint, erscheint als Spiel-im-Spiel, bei dem Beaumarchais und Saint George als Schauspieler in eigener Sache auftreten. Um so die Unschuld seiner Schwester herauszufinden, beabsichtigt Beaumarchais eine „reine, unparteiische Erzählung", die er unter der Parole der Mäßigung und mit Klugheit (vgl. und zitiert: HA 4, S. 267) im Hause von Clavigo vorbringen will zu dessen Marterung, wozu er seinen Begleiter genau instruiert:

> Sein Sie ruhig! Spielen Sie *Ihre Rolle* gut, er soll nicht wissen, mit welchem von uns beiden er's zu tun hat. Ich will ihn martern. O, ich bin guten Humors genug, um den Kerl an einem langsamen Feuer zu braten. (HA 4, S. 268; Herv. d. Verf.)

Clavigo empfängt die beiden Herren sehr freundlich zumal Beaumarchais ihn – gemäß seines erfundenen Anliegens – einlädt, korrespondierendes Mitglied einer gelehrten Gesellschaft zu werden:

> Eine Gesellschaft gelehrter würdiger Männer hat mir den Auftrag gegeben, an jedem Orte, wo ich durchreiste und Gelegenheit fände, eine Briefwechsel zwischen ihnen und den besten Köpfen des Königreichs zu stiften. Wie nun kein Spanier besser schreibt als der Verfasser der Blätter, die unter dem Namen „Der Denker"[118] so bekannt sind [...] – (HA 4, S. 269)

Sprache deutlich". Vgl. und zitiert: Pickerodt, Gerhart: Gebärdensprache, Sprachgebärde, musikalische Gebärde in der Oper „Elektra" (Strauss - Hofmannsthal). In: Geste und Gebärde. Beiträge zu Text und Kultur der klassischen Moderne. Hrsg. von Isolde Schiffermüller. Innsbruck/Wien/München 2001 (= Essay & Poesie; Bd. 12), S. 135-157; hier: S. 137. Pickerodt bezieht sich ebenfalls – an gleicher Stelle – auf die Autoren Jolles und Kommerell in begriffsgeschichtlicher Hinsicht und leitet daraus eine Definition der Sprachgebärde ab: „Sprachgebärden sind demnach affektgeladene Sprachbewegungen, deren Ausdrucksgehalt ihren semantischen Gehalt bisweilen weit übertrifft."

[118] Clavigo ist nicht nur Archivarius, sondern auch Schriftsteller und Herausgeber der Wochenschrift „Der Denker" (die vom historischen Clavijo veröffentlichte Zeitschrift hieß „El Pensador"). Vgl. HA 4, S. 593 und Reiß, S. 110ff. Gleich in der Eingangsszene des Dramas erfährt der Leser Clavigo als Literat, wenn dieser sich mit seinen ersten und eitlen Worten in einer Art Selbstanalyse offenbart: „CLAVIGO *vom Schreibtisch aufstehend* Das Blatt wird eine gute Wirkung tun, es muß alle Weiber bezaubern. Sag mir, Carlos, glaubst du nicht, daß meine Wochenschrift jetzt eine der ersten in Europa ist?" HA 4, S. 260.

Das Angebot von Beaumarchais knüpft an Clavigos Persönlichkeitsbild aus der Eingangsszene des Dramas an; es ist offensichtlich, dass der Literat Clavigo sich geschmeichelt fühlt, wenn er wortlos daraufhin zunächst eine „*verbindliche Bewegung*" (HA 4, S. 269) und durch weitere Komplimente umgarnt die Äußerung macht:

> Kein Vorschlag in der Welt konnte mir erwünschter sein, meine Herren: ich sehe dadurch die angenehmsten Hoffnungen erfüllt, mit denen sich mein Herz oft ohne Aussicht einer glücklichen Gewährung beschäftigte. (HA 4, S. 269)

Clavigo dergestalt durch seinen Kontrahenten als „besondere Zierde der Gelehrten" (HA 4, S. 269) bezeichnen zu lassen, hat Goethe aus den Memoire von Beaumarchais fast wörtlich übernommen, wie er auch gerade weite Teile der Auseinandersetzung zwischen Clavigo und Beaumarchais im zweiten Akt des Dramas aus der historischen Vorlage entlehnte und nahtlos in die Struktur seines Stücks montierte.[119] Derart hofiert und arglos gemacht ist der Boden bereitet, auf dem Beaumarchais seine marternde Geschichte pflanzt und sein Opfer Clavigo verbal in größte Bedrängnis bringt, was sich vornehmlich und signifikant in dessen Gebärdensprache niederschlägt; und dies geschieht nicht ohne vom stummen Teilnehmer Saint George (in der für Clavigo klaustrophobisch-pantomimischen Auswirkung beobachtet und) bezeugt zu werden, worin seine ‚Rolle' des Spiel-im-Spiels besteht.

> Vor Clavigo, der wie ein vom Anblick der Schlange gelähmter Vogel das scheinbar so ungefähre Urteil immer zielstrebiger auf sich selbst zukommen sieht, rekapituliert Beaumarchais zunächst die Vorgeschichte des Pariser Kaufmanns[120],

der zwei seiner Töchter zur Ausbildung zu einem reichen spanischen Korrespondenten nach Madrid schickt, wo sie sich trotz Widerständen recht gut einleben (vgl. HA 4,S. 270). Während dieser Einleitung von Beaumarchais wird Clavigo „*immer aufmerksamer*" (HA 4, S. 270) und mit

---

[119] Vgl. Reiß, S. 112; Leppmann S. 81; HA 4, S. 592 und Otto, S. 33 sowie Sträßner, S. 177. Sträßner sieht die Pantomime bereits in den Memoire von Beaumarchais angelegt, wenn er sogar dessen „dramatische[...] Räume" mit „dem Maschinen-Raum der Uhren [...], die der gelernte Uhrmacher [Beaumarchais] zu bauen verstand" vergleicht. „Hier bewegen sich Menschen in laborartig aufgebauten Räumen, und ihre Körper-Reaktion interessieren mehr als ihre verbalen Reaktionen." Sträßner, S. 177.
[120] Leppmann, S. 81. In Leppmanns Zitat wird bereits die Körpersprache von Clavigo in einem Bild höchster Bedrohung mit tierhafter Gestik in Verbindung gebracht.

dem erzählerischen Detail, das sich alsbald ein „junger Mensch, von den Kanarischen Inseln bürtig" (HA 4, S. 271) im Hause der Schwestern vorstellte, welches Clavigo wohl schon auf sich selbst beziehen muss, *„verliert [er] alle Munterkeit aus seinem Gesicht, und sein Ernst geht nach und nach in eine Verlegenheit über, die immer sichtbarer wird"* (HA 4, S. 271). In Clavigos körpersprachlicher Reaktion wird innerhalb Goethes Regieanmerkungen bereits glaubhaft, dass Clavigo sich – an dieser Stelle vermutlich noch rein zufällig – ertappt fühlt, indem er seine eigene Geschichte hinter der anfänglichen Erzählung zu erkennen beginnt und einen unguten Ausgang derselben ahnt. Dass Beaumarchais allerdings ganz bewusst und absichtsvoll diese Geschichte lanciert, wird Clavigo erst später klar und zwar als die Analogien der vermeintlichen Kaufmanns-Geschichte und Clavigos eigener Biographie immer drastischer zutage treten:

> BEAUMARCHAIS. Voll von Begierde, sich einen Namen zu machen, fällt er [= der Mann von den Kanarischen Inseln, der Clavigo selbst meint; Anm. d. Verf.] auf den Gedanken, der Stadt Madrid das seiner Nation noch unbekannte Vergnügen einer Wochenschrift [...] zu geben. Seine Freundinnen lassen es nicht ermangeln, ihm auf alle Art beizustehn; [...] genug, ermuntert durch die Hoffnung, nun bald ein Mensch von einiger Bedeutung werden zu können, wagt er es, der jüngsten [Schwester] einen Heiratsvorschlag zu tun. Man gibt ihm Hoffnung. „Sucht Euer Glück zu machen", sagt die älteste, „und wenn Euch ein Amt, die Gunst des Hofes, oder irgend sonst ein Mittel ein Recht wird gegeben haben, an meine Schwester zu denken, wenn sie Euch denn andern Freiern vorzieht, kann ich Euch meine Einwilligung nicht versagen." (HA 4, S. 271)

Die jüngste Schwester – so ist Beaumarchais' Erzählung weiter zu entnehmen – hilft diesem jungen Mann, das erste Blatt seiner Wochenschrift herauszugeben, entwickelt liebevolle Gefühle für diesen und wartet dann zwecks Heirat bald nur noch auf das ansehnliche Amt, wofür sich der Mann mit seinem Werk beim König verdient gemacht hat (vgl. HA 4, S. 271). Dann endlich

> nach sechs Jahren Harrens, ununterbrochener Freundschaft, Beistands und Liebe von seiten des Mädchens, nach sechs Jahren Ergebenheit, Dankbarkeit, Bemühungen, heiliger Versicherungen von seiten des Mannes, erscheint das Amt – und er verschwindet. (HA 4, S. 272)

In Clavigos Gebärdensprache, die mittels Goethes Regiebemerkungen illustrativ strukturiert ist, wird derweil seine Drangsal immer fasslicher:

Clavigo „*bewegt sich in höchster Verwirrung auf seinem Sessel*" und ist dann gar „*in der entsetzlichsten Verlegenheit*" (HA 4, S. 271), während der Vortrag von Beaumarchais, dem die sichtbare Regung seines Kontrahenten wohl kaum verborgen bleibt, sich immer mehr zuspitzt und Beaumarchais „*ganz kalt*" (HA 4, S. 271) und souverän Clavigo verbal weiter peinigt. Die erste lautliche Reaktion seitens Clavigo ist eine Interjektion, die sein aufgewühltes Innere gegen seinen Willen nach außen offenbart, unmittelbar nach dem erwähnten Treue- und Wortbruch des jungen Mannes: „CLAVIGO. *Es entfährt ihm ein tiefer Seufzer, den er zu verbergen sucht, und ganz außer sich ist.*" (HA 4, S. 272) Nur schwerlich kann Clavigo noch den Anschein wahren, dass ihn diese Geschichte nicht persönlich tangiere.[121] Wenn in diesem Sinne also von einer pantomimischen Aufdeckung der wahren, kaum zu unterdrückenden Empfindung gesprochen werden kann, dann geht mit Sträßner die

> Wirksamkeit dieser Szenen [...] von der Voraussetzung aus, daß die körperliche Reaktion wahrhaftiger ist als die verbale Reaktion [...] sein kann. Ausdruckskunst und Auslegekunst gehen in den pantomimischen Aufdeckungsszenen eine Verbindung ein.[122]

Dabei verdanken diese ‚natürlichen' Reaktionen ihre Intensität vorrangig dem „dramatischen Mittel der Überraschung".[123] Es ist des Weiteren davon auszugehen, dass der spontan sich körperlich verhaltende Clavigo ehrlich-unverfälscht auf die bewegende Geschichte reagiert, da es keinen Sinn ergeben würde, wenn man annehme, dass der ‚Überraschte' mit seiner Gebärdensprache eine Finte vollziehe; zu unmittelbar erscheint sein Verhalten und zu sehr ist Clavigo darum bemüht, es trotz steigender, erregter Sichtbarkeit nach außen vor seinem Kontrahenten zu verbergen.[124] Außerdem ist beiden schließlich Clavigos Vergangenheit bekannt, die die Geschichte bemäntelnd behandelt, sie muss nicht erst

---

[121] Clavigo ist in die Falle getappt, er sitzt im Käfig, den sein Widersacher sprachlich geschickt um ihn gelegt hat und nun zieht Beaumarchais die Schlinge zu. So zeigt sich Clavigos Pantomime „im Kontext fast physischer Pression, einer Erpressung im doppelten Sinne" – verbal und gestisch. Körperliche Reaktionen werden so auf eine neue Weise sezierend als Ergebnis von geistigen Reaktionen dargestellt. Vgl. und zitiert: Sträßner, S. 178f.
[122] Sträßner, S. 179.
[123] Vgl. und zitiert: Sträßner, S. 179.
[124] Vgl. auch Sträßner, S. 179.

erforscht und kann durch (Körper-)Reaktionen nicht verdeckt werden; dies wird auch Clavigo spätestens im folgenden Moment der Demaskierung von Beaumarchais deutlich. Clavigo gibt sich damit gebärdensprachlich bereits als schuldig zu erkennen, noch bevor er seinen sozialen Verstoß auch verbal gesteht; seine Reaktion ist entsprechend „die Reaktion eines ehrlich-naiven, wenn auch rücksichtslosen Verführers" [...], und „Clavigos Äußere ist mithin tatsächlich Spiegel seiner Seele".[125] Denn wäre Clavigo der gewissenlose und abgebrüht-kalte Verführer, hätte er sicherlich nicht derart (innerlich und sinnlich-körperlich) bewegt auf die Geschichte von Beaumarchais reagiert.

Wie bei Kari aus Hofmannsthals Lustspiel „Der Schwierige" übernehmen in Goethes „Clavigo" an dieser Stelle nonverbale, körpersprachliche Elemente, welche das Innere der Figuren (glaubwürdig) nach außen bringen, die Funktionen wörtlicher Rede und gehen auch darüber hinaus, so dass das Gespräch zwischen Clavigo und Beaumarchais aufgrund von Clavigos bloß stummer Teilnahme zunächst monologartigen Charakter trägt. Dabei werden Clavigos Gebärden gleich Karis ‚Schubladenspiel' zu einer veritablen Äußerung aufgewertet, was ebenfalls durch das Schriftbild des Dramas unterstützt wird, wenn der zwischengeschobene Text von Goethes Regieanmerkung den Anschein einer ‚Wechselrede' zwischen Clavigo und Beaumarchais beim Leser zu evozieren vermag.

Doch Beaumarchais' Erzählung ist damit nicht beendet, die Klimax steht noch aus, welche erst mit der aufdeckenden Demaskierung und seiner direkten Konfrontation erreicht ist:

> BEAUMARCHAIS. Das arme Mädchen fiel auf die Nachricht in Konvulsionen, die ihr den Tod drohten. In der Tiefe ihres Jammers schreibt die Älteste nach Frankreich die offenbare Beschimpfung, die ihnen angetan worden. Die Nachricht bewegt ihren Bruder aufs schrecklichste, er verlangt seinen Abschied, um in so einer verwirrten Sache selbst Rat und Hülfe zu schaffen, er ist im Fluge von Paris zu Madrid, und der Bruder – bin ich! der alles verlassen hat, [...] um in Spanien eine unschuldige, unglückliche Schwester zu rächen. Ich komme, bewaffnet mit der besten Sache und aller Entschlossenheit, einen Verräter zu entlarven, mit blutigen Zügen seine Seele auf sein Gesicht zu zeichnen, und der Verräter – bist du! (HA 4, S. 272)

Mit den Äußerungen, die jeweils mittels einer kleinen Pause, eines

---
[125] Sträßner, S. 179.

Innehaltens als Moment größter Spannung vor der nahen sprachlichen Entladung markiert sind, „der Bruder – bin ich" und „der Verräter – bist du", ist der Höhepunkt der Exposition erreicht, den Goethe nur leicht abgewandelt der Vorlage entnommen hat, wobei mit dem plötzlichen Wechsel der Anrede von „Sie" zu „Du", welcher in der damaligen Zeit das Ende der konventionellen Sprache bedeutet, harte Feindlichkeit ausgedrückt ist.[126] Auch die Bildhaftigkeit und die Physiognomie der Sprache sind hier gesteigert, mit ‚blutigen Zügen' will Beaumarchais die ‚Seele des Verräters auf dessen Gesicht zeichnen', nahezu tierhafte Rache dabei ausdrückend. Clavigo kann derart angegriffen und ob der so geschickt und überraschend vorgenommenen Demaskierung nur höchst entsetzt stammeln: „Hören Sie mich, mein Herr – Ich bin – Ich habe – Ich zweifle nicht –" (HA 4, S. 273) Die Wortsprache vermag kaum in diesem Moment der entsetzlichsten Verlegenheit, Clavigos Gedanken klar auszudrücken; seine Erregung bestimmt vielmehr die abgehackte, ruckartige Form seiner ersten verbalen Äußerung während Beaumarchais' ‚Kaufmanns-Geschichte'. Und Beaumarchais will sich auch gar nicht unterbrechen lassen, sondern reagiert recht ungehalten auf Clavigos ‚Gestammel', von dem er nach langer, sensibilisierender sowie marternder Vorrede nun endlich ein Erklärung für Clavigos Treue- und Wortbruch seiner Schwester gegenüber verlangt. Sein französischer Begleiter Saint George fungiert wie erwähnt dabei einzig – aber das mit Bedacht – als stummer Zuhörer, der die zwischen Clavigo und Beaumarchais stattfindende Auseinandersetzung bezeugt, ohne auch nur mit einem Wort daran direkt teilzuhaben und verläßt ebenfalls wortlos die Szenerie, als Clavigo schließlich die gänzliche Unschuld von Marie an dem aufgelösten, betrügerischen Eheversprechen gegenüber den beiden Franzosen beteuert hat.

> BEAUMARCHAIS. Genug! *Zu Saint George* Sie haben die Rechtfertigung meiner Schwester gehört; gehn Sie und breiten Sie es aus! Was ich dem Herrn weiter zu sagen habe, braucht keine Zeugen.
>
> *Clavigo steht auf. Saint George geht.* (HA 4, S. 273)

In der anschließenden Unterredung, die weniger von Gebärdensprache geprägt ist, kommt es zur Niederschrift der erzwungenen und Clavigo

---
[126] Vgl. HA 4, S. 594.

bloßstellenden Erklärung, auch weil Clavigo durch die gestalthafte und plastische Exposition des Beaumarchais' sein begangenes Unrecht wieder sehr lebhaft empfinden gemacht wurde, er auf einmal eine „Begierde [...], eine Kraft spürt, alles wieder gutzumachen" und sich reuig zu den Füßen seines Kontrahenten werfen will (vgl. und zitiert: HA 4, S. 275).

Es ist in der Forschung des Öfteren darauf hingewiesen worden, dass die „souverän entworfene und durch in den Text verflochtene Regieanweisungen dramatisch bereits vorgeformte Exposition"[127] des von Goethe adaptierten Rohmaterials schon also theatralische Züge aufweist, und Goethe selbst hat ja in „Dichtung und Wahrheit" der Vorlage von Beaumarchais – wie oben erwähnt – dramatischen Zuschnitt konstatiert, welchen Goethe weiter herausfiltert – und dies geschieht desgleichen auch körpersprachlich vor dem Hintergrund der praktischen Notwendigkeiten des Theaters und der (potenziellen) Inszenierung.

Der physiognomische, pantomimische Gehalt von Goethes Drama erschöpft sich jedoch nicht nur im skizzierten stummen Spiel des Clavigo innerhalb des Konflikts mit Beaumarchais, sondern es gibt zahlreiche weitere Stellen, wo sinnlich-körperliche Elemente und auch Musik eine entscheidende Rolle übernehmen. Im Dialog mit Carlos etwa, bei dem von Clavigos „gedoppelte[m] Meineid" (HA 4, S. 292) die Rede ist, finden sich ähnlich pantomimische Verhaltensweisen Clavigos: Von einem *tiefen Seufzer „Ach!"*, über ein stummes In-sich-selbst-Versunkensein, bis hin zu einem *tränenreichen Ausbruch der heftigsten Beängstigung* und schließlich der auch symbolischen, wieder aufrichtenden, heftigen Handreichung durch seinen Freund Carlos, sind ebenfalls im vierten Akt gebärdensprachliche Aussagen Clavigos an exponierter Stelle inhaltsreich gegeben (vgl. HA 4, S. 290-293). Bei seiner Entscheidung, das Eheversprechen abermals zu brechen, sind nicht zuletzt physiognomische Gesichtspunkte und körperliche Symptome (wie Krankheiten) ausschlaggebend, wenn Carlos den rein erscheinungsmäßigen ‚Sexappeal' einer vermeintlich typischen Spanierin mit der Französin Marie physisch überspitzt – und sicherlich nicht unvoreingenommen und absichtslos – miteinander vergleicht:

---
[127] Leppmann, S. 82.

> [...] eine stattliche, herrliche hochäugige Spanierin im Triumph aufzuführen, deren volle Brust, ihre blühenden Wangen, ihre heißen Augen die Welt ringsumher zu fragen schienen: bin ich nicht meines Begleiters wert? und die in ihrem Übermut den seidnen Schlepprock so weit hinten aus im Winde segeln ließ als möglich, um ihre Erscheinung ansehnlicher und würdiger zu machen. – Und nun erscheint der Herr – und allen Leuten versagt das Wort im Munde – kommt angezogen mit seiner trippelnden, kleinen, hohläugigen Französin, der die Auszehrung aus allen Gliedern spricht, wenn sie gleich ihre Totenfarbe mit Weiß und Rot überpinselt hat. (HA 4, S. 291)[128]

Die physischen ‚Qualitäten' von der (toten)bleichen Marie, bei der auch kosmetische Kaschierung hilflos scheint, können kaum drastischer gegenüber der lustvoll-feurigen, spanischen Weiblichkeit abfallen, zudem sind in ihrer kränkelnden Physiognomie die körperlichen Symptome der Schwindsucht derb eingeschrieben, die Clavigo – so Carlos – gar die „Pest" und damit das klägliche Ableben unter seine Nachkommenschaft einbringen würde (vgl. und zitiert: HA 4, S. 291).

Abgesehen von solchen stellenweise sexuell aufgeladenen und physiognomisch-körperlichen Äußerungen, taucht allein das Wort ‚sprachlos' mehrfach in den Regieanweisungen auf, zumeist in Verbindung mit Beaumarchais. Oftmals und auf diversen Wegen wird im „Clavigo" folgerecht die Wahrheit des körperlichen, gebärdensprachlichen Ausdrucks gegenüber der verbalen Rede thematisiert: So ist den dramatis personae eigen, in den Gesichtern und der menschlichen Physiognomie überhaupt zu lesen und hierin glauben sie, die ‚Wahrheit' erkennen zu können. Sträßner konstatiert zurecht, dass der „Schluß von Außen auf das Innen" im „Clavigo" fast schon „zur Dialog-Routine" gehört.[129] Die Affekte erscheinen den Figuren als entzifferbar:

> BEAUMARCHAIS. Deine Zunge lügt. Ha! Die Blässe deiner Wangen, das Zittern deiner Glieder, alles spricht und zeugt, dass du das nicht abwarten kannst. Liebe Schwester! (HA 4, S. 298)

---

[128] Dabei verstört Carlos Clavigo noch weiter, indem er ihm das schadenfrohe Bild der Hofjunker plastisch ausmalt, wenn Clavigo die Französin Marie ehelichen sollte: „Pah!, ruft einer und rückt den Hut in die Augen, der Franzos hätte mir kommen sollen! und patscht sich auf den Bauch, ein Kerl, der vielleicht nicht wert wäre, dein Reitknecht zu sein." (HA 4, S. 292) Diese bildhafte Äußerung funktioniert gleichzeitig als „unterschwellige Bühnenanweisung" innerhalb der Figurenrede, die sinnlich-„psychologische Treffsicherheit" ausstrahlt. Vgl. und zitiert: Leppmann, S. 87.

[129] Sträßner, S. 177. So verifiziere Goethes Trauerspiel den lavaterschen Schluss vom Äußeren auf das Innere, den Lavater in seinen ‚Physiognomischen Fragmenten' unternimmt, gehe aber auch darüber hinaus. Vgl. Sträßner, S. 177f.

Beaumarchais spielt im obigen Zitat darauf an, dass der Körpersprache, der Physiognomie mehr und eigentlichere Mitteilungen zu entnehmen sind als Worten. So ahnt er den untreuen Rückfall Clavigos voraus und erkennt auch Maries Zweifel an ihrer ängstlichen, nervösen Gestik. Ebenso kann Marie ihrem Bruder das Misstrauen, dass dieser bezüglich Clavigos längerem Schweigen – zurecht – entwickelt, an seinem Gesicht geradewegs ablesen:

> MARIE. Nein, nein. Ach, ich sehe dein Angesicht nur wenige Zeit; aber schon drückt es mir alle deine Empfindungen aus, ich lese jedes Gefühl dieser unverstellten unverdorbenen Seele auf deiner Stirne. (HA 4, S. 298)

Ihre Worte lassen sich – mit Sträßner – begreifen als das „Zitat einschlägiger Affekt-Abhandlungen von Descartes bis Lebrun, denen zufolge die Affekte einem Menschen ‚auf die Stirn' geschrieben sind."[130]

Weiterhin existieren in Goethes Drama sprachliche Elemente mit hohem sinnlichen Potenzial, so ist die Rache von Beaumarchais etwa durch physisch tierhafte Züge ausgezeichnet. Ein plötzlich im Hause von Maries Schwester Sophie Guilbert eintreffender Brief bringt das zur grausamen Gewissheit, was Marie und insbesondere ihr Bruder schon befürchtet haben: Clavigo streitet alle gegenüber Beaumarchais gemachten Erklärungen wieder ab. Dessen Wut über den abermaligen und für ihn frevelhaften Wortbruch Clavigos äußert sich fast autosuggestiv bei seiner Darstellung recht eindrucksvoll; Beaumarchais wird sprachgebärdenhaft tatsächlich zum Tier:

> [...] Ach! Der grimmige, entsetzliche Durst nach seinem Blute füllt mich ganz. [...] Wie ich die dürstende Rache in meinem Busen fühle! Wie aus der Vernichtung meiner selbst [...] mich das herrliche Gefühl, die Begier nach seinem Blute herausreißt, mich über mich selbst reißt! Rache! (HA 4, S. 300)

> Ich habe dich nicht retten können, so sollst du gerächet werden. Ich schnaube nach seiner Spur, meine Zähne gelüstet's nach seinem Fleisch, meinen Gaumen nach seinem Blut. Bin ich ein rasendes Tier geworden? Mir glüht in jeder Ader, mir zuckt in jeder Nerve die Begier nach ihm! – (HA 4, S. 301)[131]

---

[130] Sträßner, S. 177.
[131] Sträßner merkt dazu ergänzend an, dass das hier „beschriebene Affekt-Crescendo sozusagen mit den Körperteilen [beginnt], die in der historischen Physiognomie zentral waren: bei der Stirn und beim Auge. Und sie endet beim tierisch bewegten Körper". Sträßner, S. 178. Die szenische Vorführung auch solcher Affekte zeigt zudem, „für wie normierbar der Mensch in seinen Reaktionen gilt". Sträßner, S. 178.

In der Erstdruckfassung des Trauerspiels folgte in der gleichen Szene nach den Worten Maries „Fliehe, mein Bruder!" (HA 4, S. 301) die von Goethe später getilgte Aussage von Beaumarchais, welche eine wütende kannibalische Rachevorstellung sprachgebärdenhaft vergegenwärtigt:

> Nein, hab ich ihn, ich muß ihn haben! O hätt ich ihn drüben über dem Meere! Fangen wollt ich ihn lebendig, und an einen Pfahl gebunden stückweise seine Glieder ablösen, vor seinem Angesicht braten und mir's schmecken lassen, und euch auftischen, Weiber! (HA 4, S. 595)

Beaumarchais als die „in Sprache und Gestik radikalste Figur, deren Radikalität sich notabene im Affektiven, gewissermaßen im Hormonspiegel des Cholerikers"[132] erschöpfe, ist darüber hinaus allerdings – und das übersieht Leppmann hier – sehr wohl in der Lage, seinen Rachedurst (kurzzeitig) zu mäßigen und seine Vernunft odysseusartig zu instrumentalisieren, indem er bei seiner Geschichte auf streng kalkulierte Wirkungen und rhetorisches Geschick setzt, um Clavigo zu bedrängen: Beaumarchais „arbeitet da mit dem forensischen Trick der anscheinend interessenlosen Erzählung einer weit hergeholten Geschichte, die keine andere ist als die des Clavigo und der Marie".[133]

Es bleibt jedoch tragische Ironie, dass Beaumarchais' dennoch tierhafte Rache, sein schließlich unmäßiger und egoistischer Rachedurst, der zum Selbstzweck zu verkommen scheint, seiner Schwester letzten Endes das Mittel liefert, von dem Marie spricht und den Freitod meint, ihr Bruder aber darunter die Rache versteht, die er ihr aus seiner Hand zu geben hofft (vgl. HA 4, S. 301), welches dann zu ihrem Tode beiträgt.[134]

Zwei interessante Analogien ergeben sich an dieser Stelle zu Hofmannsthals „Elektra"[135]; einmal hinsichtlich der gezeigten Rache und zum anderen die erwähnte Sprachgebärde betreffend: Für Elektra, die

---

[132] Leppmann, S. 84. Leppmann spricht von unglaublich anmutender „Kraftmeierei" und davon, dass Beaumarchais' Handlungen nie von den „Erfordernissen des praktischen Lebens" bestimmt seien, was indessen für sein berechnendes Gespräch mit Clavigo nicht (uneingeschränkt) zutrifft. Vgl. dagegen: Leppmann, S. 84.
[133] Rischbieter, Henning: Kortners Clavigo. Wie aus Goethes Machwerk ein Kunstwerk wurde. In: Theater heute. 1(1970), S. 16-19. (künftig zitiert: Rischbieter)
[134] Vgl. auch HA 4, S. 595.
[135] Am 30. Oktober 1903 findet die Uraufführung der Tragödie „Elektra", die Hofmannsthal als sehr freie Bearbeitung der ‚Elektra' des Sophokles begreift, unter der Leitung von Max Reinhardt im Kleinen Theater in Berlin statt, die zum ersten großen Bühnenerfolg Hofmannsthals wird (vgl. VII, S. 309).

den Mord Klytämnestras an Agamemnon nicht verzeihen kann, wird die Rache zu etwas Seelisch-Körperlichem. Elektra hat sich so sehr der Erinnerung und der Rache verschrieben, dass ihr dadurch ihre eigene Weiblichkeit, ihr eigentliches Menschsein entfremdet ist. Ihr erster Auftritt vollzieht sich pantomimisch, wie Hofmannsthals Regieanweisung ankündigt:

> *Elektra kommt aus der schon dunkelnden Hausflur gelaufen. Alle drehen sich nach ihr um. Elektra springt zurück wie ein Tier in seinen Schlupfwinkel, den einen Arm vor dem Gesicht.* (VII, S. 63)

Mit Elektras Sprung zurück ‚wie ein Tier in seinen Schlupfwinkel' ist ein Hauptmotiv des Stückes gleich zu Beginn benannt: das des Tieres. In dem anfänglichen Gespräch der Dienerinnen, die Elektras Rede wörtlich zitieren, erscheint eine ganze Reihe von Metaphern, die alle aus dem Bereich des Animalischen hervorgehen: giftig, wild, pfauchend, schlagend, kratzend, scharrend etc. (vgl. VII, S. 63ff). Diese indirekte sprachliche Charakterisierung von Elektras Verhalten als tierhaft deckt sich dabei mit ihren aus dem Tierreich stammenden Gebärden; in ihnen zeigt sich das Hysterische und tierhaft Entstellende ihrer Rache, wie es auch – ähnlich animalisch – bei Beaumarchais auftritt.

Im Zwiegespräch mit der Mutter findet dann Elektras Sprachgebärde ihren Höhepunkt, sie steigert sich geradezu in eine Sprachbessenheit; Elektra selbst wird zur Inkarnation des suggestiv-visionären Wortes, das den Tod von Klytämnestra imaginiert. Ihre Sprachgebärden sowie ihre Gebärdensprache als auch Elektras Blicke machen dabei Klytämnestra zum schuldigen Opfer. Mit Elektras symbolischem ‚Sprung aus dem Dunkel' und der anschließenden rauschhaften Rede vergegenwärtigt sie körpersprachlich und sprachgebärdenhaft das, was die Mutter ins Dunkel des (Unter-)Bewußtseins verdrängt zu haben glaubte: das Entsetzen vor der Rückkehr Orests und dem an ihr selbst zu vollstreckenden Sühnemord durch ihren Sohn (vgl. VII, S. 85-86). Suggestiv führt Elektra ihrer Mutter die brutalen Details des Todes, den diese zu erwarten hat, sprachlich vor Augen, wodurch Klytämnestra „von sprachlosem Grauen" (VII, S. 85) geschüttelt wird. In den Versen der Texterweiterung aus dem Opernbuch zu „Elektra" macht sich die Protagonistin kraft ihrer sprachlichen Gebärden zum Jagdhund, der dem

Jagdopfer Klytämnestra jede Möglichkeit der Flucht nimmt, um sie in einer wilden Hetze zusammen mit dem Jäger Orest bis an eine Mauer zu treiben, wo das Schattenbild des toten Vaters sich befindet. Dort, zu dessen Füßen soll der Rachemord begangen werden.

> Hinab die Treppe durch Gewölbe hin,
> Gewölbe nach Gewölbe geht die Jagd –
> Und ich! ich! ich, die ihn dir geschickt,
> ich bin wie ein Hund an deiner Ferse,
> willst du in eine Höhle, spring' ich dich
> von seitwärts an, so treiben wir dich fort –
> bis eine Mauer alles sperrt und dort
> im tiefsten Dunkel, doch ich seh' ihn wohl,
> ein Schatten und doch Glieder und das Weiße
> von einem Auge doch, da sitzt der Vater:
> er achtet's nicht und doch muß es geschehn:
> zu seinen Füßen drücken wir dich hin – (VII, S. 130)

Schon in der Sprache durch den häufigen, oft wiederholten Rekurs auf das eigene Ich verfolgt Elektra die Mutter. Sie visioniert eine Jagd durch den Palast, führt diese in der Rede aber gleichzeitig aus. Elektra selbst ist die Aktive und von ihr gehen die Sätze aus. Sie wirkt mit ihren Sprachgebärden auf die Mutter, die immer weiter in Angst versinkt, aber auch auf sich selbst ein, indem sie sich in eine Ekstase spricht. Ihre Rede ist Ausdruck ihres Inneren, doch beeinflußt sie sich im Fortgang ihrer verbalisierten Imagination selbst und treibt sich so in einem gegenseitigen Prozess weiter an und die Mutter in eine ausweglose Situation vor der Mauer. Elektras imaginative Sprachgebärden als Reaktion auf das Trauma dienen dabei als Surrogat für die Tat, doch verbleiben sie im ‚Schattenbereich' der Worte; nur von dort aus entwickeln sie kraft ihres affektiven Ausdrucks das sinnlich-physische Potential. Doch die wortmächtige Elektra, die sich zunächst wie Beaumarchais sprachgebärdenhaft zum (Rache-)Tier macht, ist letztlich faktisch tatlos, was sie dann wiederum deutlich von Beaumarchais unterscheidet, der seine Rache nicht nur suggestiv imaginiert, sondern durch seine Tötung von Clavigo wahrhaftig einlöst und ihm schließlich auch noch verzeiht.

Auch die Sprachgebärden stellen also einen erweiternden Aspekt des (suggestiv) Sinnlich-Gestischem innerhalb der (Wort-)Sprache dar, welcher ebenfalls in der Handlung Clavigos zu finden ist, der vor Marie den

‚Glücklichen' in einem abermaligen Spiel-im-Spiel nur mimt:

> CLAVIGO. [...] Als ich sie wieder sah, im ersten Taumel flog ihr mein Herz entgegen – und ach! – da der vorüber war – Mitleiden – innige tiefe Erbarmung flößte sie mir ein: Aber Liebe – sieh! Es war, als wenn mir in der warmen Fülle der Freuden die kalte Hand des Todes über'n Nacken führe. Ich strebte, munter zu sein, wieder vor denen Menschen, die mich umgaben, den Glücklichen zu spielen – es war alles vorbei, alles so steif, so ängstlich. Wären sie weniger außer sich gewesen, sie müßten's gemerkt haben. (HA 4, S. 291)

In dieser Äußerung seinem Freund Carlos gegenüber wird die Inszeniertheit seines Auftritts deutlich; Clavigo relativiert rückblickend seine Brautwerbung und „nimmt die Echtheit der Gefühle zurück".[136] Nach einer sehr kurzen Anfangsphase des emotionalen, eventuell lustvollen Taumelns, überwiegt bei Clavigo schnell das Gefühl des Mitleids, das sich sogar in seiner reflektierenden Rückschau zu einer wiederum sinnlich erfahrbaren Todesvision steigert, die all' seine anfänglichen Freuden mit grausiger Kälte erstickt, was sein zurückliegendes ‚Spiel' als unauthentisch entlarvt. Nur mittels der Ergriffenheit der dermaßen gerührten ‚Zuschauenden' ist es für Clavigo zu erklären, dass sein ‚Spiel' nicht aufgeflogen ist. Denn während des Dialogs mit Marie ist Clavigo die raue Ernüchterung ganz und gar nicht anzumerken – es wird eher sowohl bei Marie als auch beim Leser das Gegenteil erweckt.

Die Szene entfesselt Clavigos – gleich zu Beginn des Dramas bereits genannte – „Sprachmächtigkeit" in „einem ‚Sturzbad' von Rede" und demonstriert, „wie er mit ‚überströmenden Phrasen sich selbst betäubt' und Marie so sehr überwältigt, daß ‚ihre Sinne vergehn'".[137] Clavigo affiziert sich selbst durch seine erneute verbale Verführung, indessen Marie unter seiner Schuld- und Liebeserklärung fast zu Boden geht.

Analog zu Hofmannsthals „Elektra" wird die Kraft des Wortes in Form von suggestiven Sprachgebärden, die sowohl auf Clavigo selbst als auch auf Marie wirken, (körperlich) sinnfällig. Marie erleidet eine Beinahe-Ohnmacht, in der (als Zeichen) gleich der Ohnmacht Helenes im „Schwierigen" weniger Momente von Inszenierung und Konventionalisierung eingeschrieben sind, als vielmehr die Auswirkungen der gebär-

---

[136] Reiß, S. 115. Ob aber diese Inszeniertheit des Auftritts als „Indiz einer prinzipiellen Distanz des Autors gegenüber seinem Titelhelden wie auch gegenüber dem Familienmilieu" zu deuten ist, soll hier ausgeklammert bleiben. Reiß, S. 115.
[137] Reiß, S. 110.

denhaften Rede ihres geliebten Clavigo sich freizusetzen vermögen. Clavigo selbst gerät durch seine Sprachgebärden derart in Rage, dass er seine neuerliche Brautwerbung auch nach dem Abfallen der ersten Taumel auslösenden Begeisterung für Marie überzieht und aufgrund der ihn diesbezüglich weiter anspornenden Reaktionen der Familie Beaumarchais sein Inneres letztlich verfehlt. Trotzdem den „Glücklichen zu spielen", gerät zu einem unlenksamen Selbstläufer, wie er es später im Gespräch mit Carlos offenbart (vgl. und zitiert: HA 4, S. 291). Auch sein Gebärdenspiel unterstreicht die Heftigkeit, mit der Clavigo sein überzogenes Anliegen suggestiv-verbal vorbringt: er *„wirft sich nieder"* vor Marie, *„springt auf und faßt ihre Hand mit entzückten Küssen"*, fliegt sogar ihrem Bruder entgegen und als Marie ihm vergibt – allerdings nicht direkt, sondern Sophie tut anstelle ihrer Schwester deren Entscheidung kund – küsst Clavigo (in einer Ersatz-Geste) vermeintlich überglücklich die Hand der Stellvertreterin (vgl. und zitiert: HA 4, S. 285). Wobei Clavigos Worte, die in seinem Dialog das stumme, mimische Verständnis sowie zugleich auch sein Verhältnis zu Marie beschwören und hier von „hermetischer Qualität"[138] sind, welche im Drama so nur in seinem Spiel-im-Spiel auftreten, seine (gestischen) Handlungen begleiten und somit einen performativen Sprechakt veranschaulichen:

> CLAVIGO *springt auf und fasst ihre Hand mit entzückten Küssen.*
> [...] Ich hätte mich zu deinen Füßen werfen, stumm meinen Schmerz, meine Reue ausweinen wollen; du hättest mich ohne Worte verstanden, wie ich ohne Worte meine Vergebung erhalte. Nein, diese innige Verwandtschaft unserer Seelen ist nicht aufgehoben; nein, sie vernehmen einander noch wie ehemals, wo kein Laut, kein Wink nötig war, um die innersten Bewegungen sich mitzuteilen. Marie – Marie – Marie! – (HA 4,S. 285)

Die imaginierte ‚innige Verwandschaft', die ein wortloses Verständnis proklamiert, gründet dabei jedoch nicht auf dem realen Boden ihres Verhältnisses. Fühlbar wird dies bereits, wenn Clavigo von den „unbezwingliche[n] Leidenschaften" (HA 4, S. 284) zwischen Marie und ihm spricht, da doch gerade ihre Beziehung von einer ganz extremen Leidenschaftslosigkeit gekennzeichnet und seine Wertschätzung – wie bereits genannt – auf bloßes Mitleid beschränkt ist.[139]

---

[138] Sträßner, S. 179.
[139] Vgl. dazu auch: Burgard, Peter J.: „Emilia Galotti" und „Clavigo". Werthers

Um so anschaulicher und offenkundiger sind aber vor diesem Hintergrund die Besonderheiten von Clavigos Schweigen bzw. seiner körpersprachlichen Reaktionen während der ‚Kaufmanns-Geschichte' von Beaumarchais im Kontrast zum wortgewandten und sprachgebärdenhaften Dialog zwischen Marie und ihm im Drama herausgestellt.

Abschließend ist mit der Hinzunahme von Musik bzw. melodramatischen Elementen im fünften Akt von „Clavigo" die umfängliche Bandbreite der dichterischen Bezüge zu erweiternden Kennzeichen des Nonverbalen und Sinnlichen erfasst. Wie später im „Egmont" (1788), wo eine opernhafte Musikalisierung den Schluss des Dramas beherrscht, taucht (an drei Stellen) Musik am Ende von „Clavigo" auf und verleiht der Szene ein komplett neues, verklärendes Ambiente, das ins Melodramatisch-Balladeske anschwillt, was nicht ohne Kritik geblieben ist. Im Schlussakt hat Goethe zudem die stärksten Änderungen bzw. Neudichtungen vorgenommen, wo aus der eher zufälligen Begegnung von Clavigo mit dem Leichenzug der Zweikampf am Sarg von Marie erwächst, bei dem Clavigo seine ‚Läuterung' erfährt durch eine gefühlte Vermählung mit Marie im Tode, der für Clavigo einen Weg zur Vereinigung mit ihr verheißt.

Der kurze fünfte Akt ist (allerdings nicht nur durch den Einsatz von Musik) augenfällig aus der Struktur des Stücks herausgehoben: Während die übrigen Akte allesamt in Häusern spielen, wechselt im letzten äußerlich der Schauplatz auf die „Straße vor dem Hause Guilberts", zudem ist es „Nacht", drei Fackelträger beleuchten die Szenerie und bald setzt eine „traurige Musik" ein (vgl. und zitiert: HA 4, S. 302f) – „wie im ‚Egmont' ein Sprung in die Opernwelt oder doch ins Melodrama" (HA 4, S. 591).

Goethe selbst erwähnt in „Dichtung und Wahrheit" die englische Ballade „Lucy and Colin", die er neben Motiven aus Hamlet und dem von ihm selbst aufgezeichneten Volkslied „Vom Herrn und der Magd" als Anregung für „Clavigo" benutzt.[140] Dass es sich bei „Clavigo" nicht um eine bloße Nachdichtung des vorgegebenen Materials handelt, wird

---

Pflichtlektüre und unsere. In: Zeitschrift für deutsche Philologie. 104(1985), S. 481-494; hier: S. 490.

[140] Vgl. HA 10, S. 72; HA 4, S. 591; Leppmann, S. 83 und Otto, S. 34.

gerade im – von den Memoiren weit entfernten – musikalisch-opernhaften Schlussakt erkennbar.

> Goethe schuf eine völlig neue Lösung und trat damit in eine innerhalb des Stückes gleichfalls völlig neue Stillage ein. Der Umschwung wirkte bis ins sprachliche Detail. [...] Jetzt nun setzte der Dichter plötzlich melodramatisch-balladeske Elemente ein. Der äußere Vorgang, die Seelenlage der Akteure und ihre Sprache gewannen eine [...] veränderte, dynamische Intensität.[141]

Auch wenn mit der Sprachgebärde und den pantomimischen Gebärdensprachen bereits eine dynamische Intensität im „Clavigo" weit vor dem fünften Akt erreicht wird, die Otto im obigen Zitat nicht beachtet, ist der Schluss dennoch mit seiner äußerst bilderreichen Sprache und der Musik sicherlich zurecht herauszustellen.

Clavigo, der zu Beginn des Schlussaktes erst durch seinen ihn begleitenden Bedienten erfährt, dass es Marie Beaumarchais ist, die in dem nächtlichen Leichenzug zu Grabe getragen wird, verfällt daraufhin vorerst in die Gebärde des Melancholikers: CLAVIGO *setzt sich auf einen Stein und verhüllt sich.* (HA 4, S. 302) „Ein Zauberspiegel, ein Nachtgesicht" bewirkt dann, dass sich Clavigo innerhalb eines längeren, leidenschaftlichen Monologs mit einem erinnernden Blick dem Ende seiner „Verrätereien" und den Bildern der gemeinsamen Vergangenheit mit Marie zuwendet, welche er in seiner ahnungsvollen Vision mit lautlichen Gegebenheiten und stimmungsmäßig stark wechselhafter Musik assoziiert (vgl. und zitiert: HA 4, S. 303):

> [...] Verbergt euch, Sterne, schaut nicht hernieder, ihr, die ihr so oft den Missetäter saht in dem Gefühl des innigsten Glückes diese Schwelle verlassen, durch eben diese Straße mit Saitenspiel und Gesang in goldnen Phantasien hinschweben und sein am heimlichen Gegitter lauschendes Mädchen mit wonnevollen Erwartungen entzünden! – und du füllst nun das Haus mit Wehklagen und Jammer! und diesen Schauplatz deines Glückes mit Grabgesang! – (HA 4, S. 303)

‚Saitenspiel und Gesang' freudiger Tage ist nun unabänderlich durch Clavigos Missetat ‚Wehklagen und Jammer' gewichen, wobei Clavigo sich im reflektierenden (Fremd-)Blick auf sich selbst als Quelle und Auslöser des ‚Grabgesangs' an der Stätte seines einstigen Glücks und jetziger Trauer imaginiert.[142] Unmittelbar mit Clavigos darauffolgendem

---

[141] Otto, S. 34.
[142] Das Bild hat sich verkehrt: denn jetzt liegt Marie, „die Blume" – wie er sie nennt –, zu Clavigos Füßen (vgl. und zitiert: HA 4, S. 303).

direkten Anruf an die tote Marie, ihn mitzunehmen auf ihrem letzten Weg, setzt „*traurige Musik*" ein, die „*einige Laute von innen [tönt]*; damit bricht auch der Leichenzug auf und Clavigo geht nun entschlossen „*aufs Haus los*", wo sich der Sarg noch befindet, um seine Geliebte noch einmal zu sehen. Bei den Gedanken an den Bruder von Marie, dem „wütender Jammer den Busen füllt", „*[geht] [d]ie Musik wieder an*", die Clavigo scheinbar direkt wahrnimmt und mit der imaginierten Stimme von Marie überblendet: „Sie ruft mir! Sie ruft mir! Ich komme! – Welche Angst umgibt mich! Welches Beben hält mich zurück!" Ein drittes und letztes Mal setzt daraufhin Musik ein, die nun bis zum Ende des Stückes anhält: „*Die Musik fängt zum dritten Male an und fährt fort*" während der Leichenzug just in diesem Moment das Haus der Guilberts verlässt. Endlich aus dem Dunkel hervortretend, fordert Clavigo dann den Leichenzug zum Halten auf und wirft sich – nachdem er das Leichentuch von Marie abgeworfen und sich selbst kurz das Gesicht verborgen hat – „*vor dem Sarge nieder*". Dies ist die Situation und der Zeitpunkt, an dem Beaumarchais seinen Schlussauftritt hat, der ebenfalls „*wie ohnmächtig*" und „*sprachlos*" über den Sarg seiner Schwester hinstürzt. In diesem derart fast filmisch inszenierten „Schlußtableau"[143], das beide Kontrahenten annähernd geometrisch exakt und spiegelbildlich vor dem ‚Stein ihres Anstoßes' zusammenführt, indem Clavigo und Beaumarchais auf genau gegenüberliegenden Seiten von Maries Sarg erst zusammensinken und dann – noch ohne voneinander Kenntnis zu nehmen – sich von dort erheben, findet auch die abschließende ‚Versöhnung' der beiden statt. Durch Clavigos Worte „Marie! Marie!" wild auffahrend, eröffnet Beaumarchais das kurze Duell und stößt dabei Clavigo den „*Degen in die Brust*". Tödlich verwundet dankt Clavigo seinem Rächer: „Ich danke dir, Bruder! Du vermählst uns. *Er sinkt auf den Sarg.*" Für Beaumarchais, der Clavigo von der „Ruhestätte" zunächst wegreißt, ist mit dieser Tat sein viehischer Rachedurst gestillt; er ist jetzt bereit, Clavigo zu vergeben: „Wie sein fließendes Blut alle die glühende Rache meines Herzens auslöscht! Wie mit seinem wegfliehenden Leben

---

[143] Reiß, S. 118. Für Reiß begegnet hier das typische „Schlußtableau des empfindsamen Trauerspieltypus". Vgl. und zitiert: Reiß, S. 117f. Zu erinnern sei an dieser Stelle an Goethes generelles Interesse an ‚lebenden Bildern', das sich prägnant auch in den „Wahlverwandtschaften" äußert.

meine Wut verschwindet! *Auf ihn losgehend.* Stirb, ich vergebe dir!" Es folgt ein letztes Niederfallen Clavigos am Sarg. (Den vorigen Absatz betreffend vgl. und zitiert: HA 4, S. 303-306)
Mit dieser Wiederkehr von Clavigos (auch symbolischem) ‚Kniefall' diesmal vor der toten Marie wird die Vergangenheit in die nicht mehr wandelbare Gegenwart vor dem Sarg hineingeholt; er drückt zudem

> die Hoffnung auf höhere Vereinigung aus, sein Tod sühnt die Schuld, die er auf sich genommen hat. Die durch Clavigo verletzten Regeln bürgerlicher Ordnung und familiärer Moral werden wieder in Kraft gesetzt.[144]

Im Ableben Clavigos entfaltet sich melodramatisch, mit trauriger Musik unterlegt die tiefe Empfindsamkeit des Dramas; sinkend fasst er noch ihre Hand und vollführt auf diese Weise am Ende des Trauerspiels eine irreale Hochzeitszeremonie: „CLAVIGO *sich dem Sarg nähernd, auf den sie ihn niederlassen.* Marie! Deine Hand! *Er entfaltet ihre Hände und faßt die rechte.*" (HA 4, S. 306) Der ‚Bräutigamskuß' besiegelt gestisch ihre verklärt-unwirkliche Vermählung – eine (allenfalls) ‚magische Bindung übersinnlicher Liebe' begründend.
Wenn man folglich den letzten Akt von Goethes „Clavigo", der mittels Musik ein außersprachliches Medium dramaturgisch einsetzt und die Sinnlichkeit dadurch noch sprachlos-musikalisch steigert, „als bewußt inszeniertes Schlußtableau [nimmt]", so kann er „in seiner Funktion als gewollter Stilbruch erkennbar"[145] werden, der sich eben gerade auch in der ‚Veroperung' manifestiert. Musik, die wohl abstrakteste der Künste, ist in ihrer (auch bühnengerechten) Wirkung dennoch stofflicher als die der anderen Künste und greift hier als Symbol und als sinnlich-tragische Lösungsmöglichkeit etwas grundsätzlich und metasprachlich Neues auf. Um aber die musikdramatische und höchst bühnenwirksame Schlusswendung[146] im „Clavigo" vollends zu begreifen, muss man sich in

---

[144] Reiß, S. 117.
[145] Reiß, S. 118; auch Strohschneider-Kohrs, S. 41ff. Dabei spielt auch die Beschäftigung mit der Dramaturgie des bürgerlichen Trauerspiels eine nicht unerhebliche Rolle. Vgl. Reiß, S. 118. Dass es sich um einen gelungenen Stilbruch handelt, ist allerdings keine einhellige Meinung in der Forschung: Goethe sei stattdessen etwa in der sprachlichen Gestaltung gehemmt sowie „durch die Anlage des Ganzen, das als Tragödie des halb großen, halb kleinen, des gar nicht ungewöhnlichen Menschen eine schwache Grundlage für das Gewicht einer Verklärung bot." HA 4, S. 592.
[146] So hat beispielsweise der Regisseur Kortner, der ohnehin Gestisches und Non-

Anbetracht der heute alltäglichen, grausam bunten und dumpfen Allgegenwärtigkeit banal-musikalischer Berieselung der Besonderheit und Einmaligkeit erinnern, die Musik zu Goethes Lebzeiten noch hatte und die ferner die körperlich-sinnliche Präsenz des Musizierenden erforderte – eingedenk der damals nicht vorhandenen Möglichkeiten der technischen Reproduzierbarkeit und Konservierung von Musik.

Im Trauerspiel tritt Musik wie geschildert an drei Stellen auf: Das erste Mal ertönen nur einige Laute einer traurigen Musik *von innen*, wobei die Richtungsangabe unklar bleibt: Handelt es sich um das Haus der Guilberts, schallt es aus dem Sarg von Marie oder ist gar Clavigos Innere als Quelle der Musik gemeint? Beim Film würde man wohl am Ehesten von einem Off-Ton sprechen, indem die hörbare Geräuschquelle nicht im Bild sichtbar ist, wobei die grobe Lokalisierung in der Szene meist durch den Kontext gesichert wird. In Goethes „Clavigo" begegnet in dieser Hinsicht eine vergeistigte, synthetisierende, opernhafte Variante einer solchen Off-Musik, indem ein aktueller Ton, der mit der Szene verbunden, gleichzeitig kommentierend und asynchron ist, da seine Quelle nicht ersichtlich wird. Durch Goethes knappe Charakterisierung in der Regieanweisung (*traurige Musik*) ist zumindest feststellbar, dass es sich hier im dramatischen Rahmen der Beerdigung Maries um keine kontrapunktische, sondern um eine eher paraphrasierende Verwendung[147] von Musik handelt, da der Charakter der Darstellung in der Musik gespiegelt wird bzw. die elementare Wesensart der Musik sich (direkt) aus dem Charakter der Szenerie ableiten lässt.

Jedenfalls scheinen die Laute wenn auch nicht eigen-absichtsvoll den Aufbruch des Leichenzugs zu motivieren, da Clavigo direkt nach dem Erklingen der Musik feststellt: „Sie beginnen den Weg zum Grabe!" (HA

---

verbales betont, den melodramatischen Schluss des „Clavigo" als Oper inszeniert, „mit ein paar Takten spanisch-folkloristischer Musik aus größerer Entfernung". Vgl. und zitiert: Rischbieter, S. 16.

[147] Vgl. auch zur analogen Beziehung beim Film zwischen Filmmusik und Filmbild: Bullerjahn, Claudia: Grundlagen der Wirkung von Filmmusik. Augsburg 2001. (= Reihe Wißner-Lehrbuch; Bd. 5), S. 37ff. (künftig zitiert: Bullerjahn)
Generell können inszeniertes Drama und Film durch die Ähnlichkeit der („dramatischen") Mittel als verwandt angesehen werden, Wirkungen beim Rezipienten zu erzielen durch die Nachahmung von menschlichen Aktionen mittels ihrer Verkörperung durch Schauspieler.

4, S. 303) – als sei es die Leichenzug-Musik bzw. der von Clavigo angesprochene, wohl imaginierte Grabgesang. Zudem wirken die Laute wie eine Art (außersprachliche) Antwort auf Clavigos Wunsch, von der toten Marie mitgenommen zu werden, welche ihm den Weg (zum Grab) weisen. Dann *geht* die Musik das zweite Mal *wieder an* und wiederum bleibt es u.a. durch die Position der Regieanmerkung und der geschickten Überlagerung von Maries imaginierter Stimme und der Musik mehrdeutig, ob Clavigo die Klänge unmittelbar vernimmt, ob es sich bei dem „Sie" um die Ton-Vision der Geliebten handelt oder ob er nichts dergleichen hört und nur seiner eigenen ‚inneren Stimme gehorcht'. Diesmal ist allerdings nicht näher charakterisiert, aus welcher Richtung sie kommt und wie geartet die Klänge sind; nur, dass sie bloß kurz dauern, ist gewiss, da sofort nach Clavigos (durch die Musik provoziertem) Ausspruch, „Sie ruft mir! Sie ruft mir! Ich komme! –" (HA 4, S. 304), zum dritten Male Musik *anfängt* und *fortfährt*. Der von Fackelträgern eingefasste Leichenzug verlässt nun wirklich das Innere des Hauses und auch Clavigo tritt erstmals ins Fackellicht, wobei die musikalische Ordnung der Töne, die ihrerseits von einer präzisen Kontrolle der Zeit abhängt, mit der arrangierten Aufstellung der Figuren des Leichenzugs parallelisiert wird – den Zusammenhang bestärkend:

> *Die Fackeln bewegen sich vor der Tür, es treten noch drei andere zu ihnen, die sich in Ordnung reihen, um den Leichenzug einzufassen, der aus dem Hause kommt. Sechs tragen die Bahre, darauf der bedeckte Sarg steht.* (HA 4, S. 304)

Unter dem Fortklang der Musik, die – so scheint es durch ihre Positionierung angedeutet – im „Clavigo" Handlungen heraufzubeschwören vermag, findet dann das erwähnte Duell zwischen Beaumarchais und Clavigo sowie ihre Aussöhnung und das unwirkliche Verlöbnis statt, was der z.T. sonderlichen Szenerie des Schlussaktes einen zudem opernhaften Gestus verleiht. Der gesamte abschließende Dialog (ob nun singend oder sprechend aufgeführt) findet somit vor musikalisch inszeniertem Hintergrund im Stile eines Melodramas[148] statt, wozu auch das ebenfalls bühnenwirksame Gebärdenspiel der Hauptfiguren beiträgt – Oper und Drama einander angleichend.

---

[148] Vgl. dazu etwa auch die melodramatische Kerkerszene im „Egmont" und Goethes eigentliches Melodrama „Proserpina" (1778).

Mittels dieser Schlussakt-Musik, deren Quelle zwar unbekannt ist und den Rezipienten insofern eher verwirren könnte, wird hingegen das Bühnenerlebnis – kunstwahr und ‚lebensfern'[149] – opern-musikalisch gesteigert und der Zuschauer bzw. -hörer durch eine gleichfalls damit zusammenhängende Emotionalisierung affiziert sowie in eine suggerierte, sinnliche Nähe zum Geschehen gezogen, was die Absicht Goethes, ein ‚Drama fürs Aufführen' zu machen, einmal mehr als erreichte bestätigt.

In ihrer gesellschaftlichen Funktionalität stellt Goethe hier Musik in den Dienst der Dichtung und übergibt ihr somit auch dramaturgische Aufgaben, indem sie u.a. die Stimmung und seelisch-psychische Verfasstheit der Figur(en) abbildet, gleichermaßen den Ausdruck verstärkt und die (emotionale) Spannung vorantreibt.[150] Dies und noch mehr tut sie, auch wenn die Rezeptionssituation der Musik im „Clavigo" auf der Fiktionsebene des Stücks ungeklärt ist, weil es offen bleiben muss, ob und wer von den dramatis personae die (traurige) Musik zu hören vermag und dann in welcher Form, oder ob sie nicht nur für den Rezipienten des Trauerspiels hörbar sein soll, obwohl es zuweilen so erscheint, dass speziell Clavigo mit den Lauten in eine musikalische Interaktion eintrete. Die Musik fungiert dabei (für Clavigo) allerdings nicht als bloße Fluchtmöglichkeit aus der Realität.[151]

Wie später (und ausgeprägter) im „Egmont" erfüllt die Musik indes im „Clavigo" eine sozusagen z.T. dialektische Funktion, das Schicksal und die Tragik des Protagonisten einerseits zwar akzentuierend, andererseits aber auch in einer Form abmildernd und aussöhnend zu wirken[152], so dass in der ihr eigenen Harmonie am Ende die Synthese aus Bestrafung und Belohnung erwächst, welche Clavigo erst im Gefecht und – sterbend – dann im verklärten Verlöbnis mit der bereits toten Marie widerfährt.

---

[149] Das Drama entfernt sich mittels der Musik vom ‚naturalistischen' Anschein und gleichzeitig affiziert es den Zuschauer durch eine geistreiche, kunstvolle, höchst unwahrscheinliche Zusammenstellung (vgl. Goethes theoretische Beschäftigung mit der Oper: HA 12 Kunst, S. 67ff.)

[150] Vgl. erweiternd hierzu auch Filmmusik als funktionale Musik und ihre verwandten, dramaturgischen u.a. Funktionen: Bullerjahn, S. 69ff.

[151] Vgl. dazu: Holtbernd, S. 219.

[152] Vgl. auch „Aussöhnung" aus „Trilogie der Leidenschaft" (HA 1, S. 385f) sowie den ersten Aufsatz dieses Bandes dazu.

Die Geste, mit der das Drama schließt soll als ‚begriffliche Geste' auch diesen Aufsatz beenden; Sophie *umarmt* ihren – an die Landesgrenze zu bringenden – Bruder, *„indem sie zugleich eine Bewegung macht, ihn zu entfernen"* (HA 4, S. 306). In der Dialektik der Körperbewegung drückt sich die sorgenvolle Liebe und das Bewusstsein der Schwester aus, nun schnell scheiden zu müssen. – Die Reflexion kehrt sich (paradoxal) gegen sich selbst und bespiegelt bei der Analyse ihre eigenen Grundlagen. – Zusammenfassend – den Blick von „Clavigo" abwendend – bleibt am Ende dieser Ausführungen festzuhalten, dass bei Goethe und gewiss auch bei Hofmannsthal ein nachhaltiges Interesse an nonverbalen, pantomimischen, gebärdensprachlichen Künsten sowie der Oper bzw. Musik als Form der Metasprache zu konstatieren ist und beide Autoren musikhafte und physiognomisch-körperliche Gebärdensprachen in ihre vielgestaltigen Werke einfließen lassen, dramatisch-mimisches Wort und (versprachlichte) Musik miteinander verbindend.

Literatur

Primärliteratur

Hofmannsthal und Goethe
Hofmannsthal, Hugo von: Sämtliche Werke. Kritische Ausgabe. Veranstaltet vom Freien Deutschen Hochstift. Hrsg. von Rudolf Hirsch, Clemens Köttelwesch, Heinz Rölleke, Ernst Zinn. Bd. I: Gedichte 1. Hrsg. von Eugene Weber. Frankfurt a. M. 1984. *(I)*
Hofmannsthal, Hugo von: Sämtliche Werke. Kritische Ausgabe. Veranstaltet vom Freien Deutschen Hochstift. Hrsg. von Rudolf Hirsch, Christoph Perels, Edward Reichel, Heinz Rölleke. Bd. VII: Dramen 5. Hrsg. von Klaus E. Bohnenkamp und Mathias Mayer. Frankfurt a. M. 1997. *(VII)*
Hofmannsthal, Hugo von: Sämtliche Werke. Kritische Ausgabe. Veranstaltet vom Freien Deutschen Hochstift. Hrsg. von Rudolf Hirsch, Christoph Perels, Edward Reichel, Heinz Rölleke. Bd. XII: Dramen 10. Hrsg. von Martin Stern. Frankfurt a. M. 1993. *(XII)*
Hofmannsthal, Hugo von: Sämtliche Werke. Kritische Ausgabe. Veranstaltet vom Freien Deutschen Hochstift. Hrsg. von Heinz Otto Burger, Rudolf Hirsch, Detlev Lüders, Heinz Rölleke, Ernst Zinn. Bd. XXVIII: Erzählungen 1. Hrsg. von Ellen Ritter. Frankfurt a. M. 1975. *(XXVIII)*
Hofmannsthal, Hugo von: Sämtliche Werke. Kritische Ausgabe. Veranstaltet vom Freien Deutschen Hochstift. Hrsg. von Rudolf Hirsch, Christoph Perels, Heinz Rölleke. Bd. XXXI: Erfundene Gespräche und Briefe. Hrsg. von Ellen Ritter. Frankfurt a. M. 1991. *(XXXI)*
Hofmannsthal, Hugo von: Gesammelte Werke. Hrsg. von Bernd Schoeller. Dramen III (1893-1927). Frankfurt a. M. 1979. *(D III)*
Hofmannsthal, Hugo von: Gesammelte Werke. Hrsg. von Bernd Schoeller. Erzählungen. Erfundene Gespräche und Briefe. Reisen. Frankfurt a. M. 1979. *(E)*
Hofmannsthal, Hugo von: Vorrede des Herausgebers zur ersten Auflage. In: Deutsches Lesebuch. Eine Auswahl deutscher Prosa aus dem Jahrhundert 1750-1850. Hrsg. von Hugo von Hofmannsthal. Frankfurt a. M., zweite vermehrte Auflage 1952, S. VI-XIV. *(Lesebuch)*
Hofmannsthal, Hugo von: Gesammelte Werke. Hrsg. von Bernd Schoeller. Reden und Aufsätze I (1891-1913). Frankfurt a. M. 1979. *(RA I)*
Hofmannsthal, Hugo von: Gesammelte Werke. Hrsg. von Bernd Schoeller. Reden und Aufsätze II (1914-1924). Frankfurt a. M. 1980. *(RA II)*
Hofmannsthal, Hugo von: Gesammelte Werke. Hrsg. von Bernd Schoeller. Reden und Aufsätze III (1925-1929), Aufzeichnungen. Frankfurt a. M. 1980. *(RA III)*
Strauss, Richard/Hugo von Hofmannsthal: Briefwechsel. Gesamtausgabe. Hrsg. von Franz und Alice Strauss. Zürich 1952.
Wildgans, Anton/Hugo von Hofmannsthal: Briefwechsel. Hrsg. von Norbert Altenhofer. Heidelberg 1971.

Goethe, Johann Wolfgang: Clavigo. Ein Schauspiel. In: Johann Wolfgang von Goethe. Werke. Hamburger Ausgabe in 14 Bänden. Band 4, Dramatische Dichtungen II.

München 1998, S. 260-306. *(HA 4)*
Goethe, Johann Wolfgang: Aus meinem Leben. Dichtung und Wahrheit. Buch 13. In: Johann Wolfgang von Goethe. Werke. Hamburger Ausgabe in 14 Bänden. Band 9, Autobiographische Schriften I. München 1998, S. 556-598. *(HA 9)*
Goethe, Johann Wolfgang: Aus meinem Leben. Dichtung und Wahrheit. Buch 15. In: Johann Wolfgang von Goethe. Werke. Hamburger Ausgabe in 14 Bänden. Band 10, Autobiographische Schriften II. München 1998, S. 41-74. *(HA 10)*
Goethe, Johann Wolfgang: Über Wahrheit und Wahrscheinlichkeit der Kunstwerke. In: Johann Wolfgang von Goethe. Werke. Hamburger Ausgabe in 14 Bänden. Band 12, Schriften zur Kunst und Literatur, Maximen und Reflexionen. München 1998, S. 67-73. *(HA 12 Kunst)*
Goethe, Johann Wolfgang: Brief an Carl Friedrich Zelter vom 24. April 1831. In: Johann Wolfgang Goethe. Sämtliche Werke nach Epochen seines Schaffens. Münchner Ausgabe. Hrsg. von Karl Richter. Bd. 20.2: Briefwechsel in den Goethe und Zelter in den Jahren 1799 bis 1832. Hrsg. von Edith Zehm und Sabine Schäfer. München/Wien 1998, S. 1467-1468. *(MA 20.2)*
Goethe, Johann Wolfgang: Brief an Kestner vom 15. September 1773. In: Goethes Werke. Hrsg. Von Großherzogin Sophie von Sachsen. IV. Abteilung, 2. Band: Goethes Briefe 1771-1775. Weimar 1887, S. 103-106. *(WA IV.2)*

Andere Autoren
Adorno, Theodor W.: Minima Moralia. Reflexionen aus dem beschädigten Leben. In: Theodor W. Adorno. Gesammelte Schriften. Hrsg. von Rolf Tiedemann. Band 4. Frankfurt a. M. 1997.
Aue, Hartmann von: Der arme Heinrich. Mittelhochdeutscher Text und Übertragung. Auf der Grundlage der Textedition von Helmut de Boor. Frankfurt a.M. 1991.
Brecht, Bertolt: Baal. Drei Fassungen. Kritisch ediert und kommentiert von Dieter Schmidt. Frankfurt a.M. 1966.
Horkheimer, Max und Theodor W. Adorno: Dialektik der Aufklärung. Philosophische Fragmente. In: Theodor W. Adorno. Gesammelte Schriften. Hrsg. von Rolf Tiedemann. Band 3. Frankfurt a. M. 1997.

Sekundärliteratur

Björkman, Stig: Trier über von Trier. Gespräche mit Stig Björkman. Hamburg 2001.
Braungart, Georg: Leibhafter Sinn. Der andere Diskurs der Moderne. Tübingen 1995. (zugl.: Habil.-Schr. Univ. Tübingen 1992/93).
Brinkmann, Richard: Hofmannsthal und die Sprache. In: Deutsche Vierteljahresschrift für Literaturwissenschaft und Geistesgeschichte, 35(1961), Nr. 1, S. 67-95.
Bullerjahn, Claudia: Grundlagen der Wirkung von Filmmusik. Augsburg 2001. (= Reihe Wißner-Lehrbuch; Bd. 5).
Burgard, Peter J.: „Emilia Galotti" und „Clavigo". Werthers Pflichtlektüre und unsere. In: Zeitschrift für deutsche Philologie. 104(1985), S. 481-494.

Chelius-Göbbels, Annemarie: Formen mittelbarer Darstellung im dramatischen Werk Hugo von Hofmannsthals. Eine Untersuchung zur dramatischen Technik und ihrer Entwicklung unter besonderer Berücksichtigung des Lustspieles „Der Schwierige". Meisenheim am Glan 1968 (= Deutsche Studien; Bd. 6).
Frantzke, Thomas: Goethes Schauspiele mit Gesang und Singspiele 1773-1782. Frankfurt a.M. u.a. 1998 (= Europäische Hochschulschriften, Reihe 1: Deutsche Sprache und Literatur; Bd. 1671; zugl. Diss. Univ. Leipzig 1997).
Hartmann, Tina: Goethes Musiktheater. Singspiele, Opern, Festspiele, ‚Faust'. Tübingen 2004.
Hiebler, Heinz: Hugo von Hofmannsthal und die Medienkultur der Moderne. Diss. Univ. Graz 2001.
Holtbernd, Benedikt: Die dramaturgischen Funktionen der Musik in den Schauspielen Goethes. ‚Alles aufs Bedürfnis der lyrischen Bühne gerechnet'. Frankfurt a.M./Berlin/New York/Paris/Wien 1992 (= Bochumer Schriften zur deutschen Literatur; Bd. 34; zugl. Diss. Univ. Bochum 1992).
Jolles, André: Einfache Formen. Legende, Sage, Mythe, Rätsel, Spruch, Kasus, Memorabile, Märchen, Witz. Tübingen ²1958.
Kayser, Wolfgang: Das sprachliche Kunstwerk. Eine Einführung in die Literaturwissenschaft. 19. Aufl. Bern 1956.
Kluge, Friedrich: Etymologisches Wörterbuch der deutschen Sprache. 23. erw. Aufl. Berlin/New York 1999.
Kofler, Peter: Der „Schwierige" von Hugo von Hofmannsthal. Die Geburt der Komödie aus der Gebärde der Melancholie. In: Geste und Gebärde. Beiträge zu Text und Kultur der Klassischen Moderne. Hrsg. von Isolde Schiffermüller. Innsbruck/Wien/München 2001 (= Essay & Poesie; Bd. 12), S. 158-188.
Kohler, Stephan: Das Singspiel als dramatischer Formtypus. Goethe – Strauss – Hofmannsthal. In: Goethe im Kontext. Kunst und Humanität, Naturwissenschaft und Politik von der Aufklärung bis zur Restauration. Ein Symposium. Hrsg. von Wolfgang Wittkowski. Tübingen 1984, S. 181-193.
Kommerell, Max: Gedanken über Gedichte. 4. Aufl., Frankfurt a.M. 1985.
- Hugo von Hofmannsthal. In: Hofmannsthal im Urteil seiner Kritiker. Dokumente zur Wirkungsgeschichte Hugo von Hofmannsthals in Deutschland. Hrsg. von Gotthart Wunberg. Frankfurt a. M. 1972 (= Wirkung der Literatur. Deutsche Autoren im Urteil ihrer Kritiker; Bd. 4), S. 392-402.
Krabiel, Klaus-Dieter: Sprachskepsis im Konversationsstück? Hugo von Hofmannsthals Lustspiel „Der Schwierige". In: Verbergendes Enthüllen. Zu Theorie und Kunst dichterischen Verkleidens. Festschrift für Martin Stern. Hrsg. von Wolfram Malte Fues und Wolfram Mauser. Würzburg 1995, S. 311-328.
Leppmann, Wolfgang: Clavigo. In: Goethes Dramen. Neue Interpretationen. Hrsg. von Walter Hinderer. Stuttgart 1980, S. 78-88.
„Leuchtendes Zauberschloß aus unvergänglichem Material." Hofmannsthal und Goethe. Ausstellung im Freien Deutschen Hochstift. Frankfurter Goethe-Museum 12. November 2001 bis 13. Januar 2002. Eggingen 2001.
Mayer, Mathias: Hugo von Hofmannsthal. Stuttgart, Weimar 1993 (= Sammlung Metzler; Bd. 273).
Neumann, Gerhard: „Die Wege und die Begegnungen". Hofmannsthals Poetik des

Visionären. In: Hugo von Hofmannsthal: Dichtung als Vermittlung der Künste, in: Freiburger Universitätsblätter, 30(1991), Nr. 112, S. 61-75.

Osterkamp, Ernst: Die Sprache des Schweigens bei Hofmannsthal. In: Hofmannsthal Jahrbuch, 2(1994), S. 111-137.

Otto, Regina: Clavigo. In: Goethe-Jahrbuch. 90(1973), S. 22-36.

Pickerodt, Gerhart: Gebärdensprache, Sprachgebärde, musikalische Gebärde in der Oper „Elektra" (Strauss - Hofmannsthal). In: Geste und Gebärde. Beiträge zu Text und Kultur der klassischen Moderne. Hrsg. von Isolde Schiffermüller. Innsbruck/Wien/München 2001 (= Essay & Poesie; Bd. 12), S. 135-157.

- Hofmannsthals Dramen. Kritik ihres historischen Gehalts. Stuttgart 1968 (= Studien zur allgemeinen und vergleichenden Literaturwissenschaft; Bd. 3).

Polheim, Karl Konrad: Die dramatische Konfiguration (mit Goethes „Iphigenie" und Hofmannsthals „Rosenkavalier" als Beispielen). In: Die dramatische Konfiguration. Hrsg. von Karl Konrad Polheim. Paderborn/München/Wien/Zürich 1997, S. 9-32.

Politzer, Heinz: Die letzten Tage der Schwierigen. Hofmannsthal, Karl Kraus und Schnitzler. In: Merkur, 28(1974), Nr. 3, S. 214-238.

Rech, Benno: Hofmannsthals Komödie. Verwirklichte Konfiguration. Bonn 1971 (= Abhandlungen zur Kunst-, Musik- und Literaturwissenschaft; Bd. 112).

Reiß, Gunter: Clavigo. In: Goethe-Handbuch. Bd. 2, Dramen. 1997, S. 106-122.

Renner, Ursula: „Sprechen ist ein ungeheurer Kompromiß". Hugo von Hofmannsthals Lustspiel „Der Schwierige" (Nachwort). In: Hofmannsthal, Hugo von: Der Schwierige. Lustspiel in drei Akten. Hrsg. von Ursula Renner. Stuttgart 2000. S. 173-198.

Requadt, Paul: Sprachverleugnung und Mantelsymbolik im Werke Hofmannsthals. In: Deutsche Vierteljahresschrift für Literaturwissenschaft und Geistesgeschichte, 29(1955), Nr. 2, S. 255-283.

Rischbieter, Henning: Kortners Clavigo. Wie aus Goethes Machwerk ein Kunstwerk wurde. In: Theater heute. 1(1970), S. 16-19.

Rothenberg, Jürgen: „Durchs Reden kommt ja alles auf der Welt zustande". Zum Aspekt des Komischen in Hugo von Hofmannsthals Lustspiel „Der Schwierige". In: Jahrbuch der deutschen Schillergesellschaft, 21(1977), S. 393-417.

Rutsch, Bettina: Leiblichkeit der Sprache. Sprachlichkeit des Leibes. Wort, Gebärde, Tanz bei Hugo von Hofmannsthal. Frankfurt a. M. u.a. 1998 (= Europäische Hochschulschriften, Reihe 1: Deutsche Sprache und Literatur; Bd. 1675; zugl. Diss. Univ. Duisburg 1998).

Schwalbe, Jürgen: Sprache und Gebärde im Werk Hugo von Hofmannsthals. Freiburg i. Br. 1971 (= Studien zur deutschen Sprache und Literatur; Bd. 2).

Steiner, Jacob: Die Bühnenanweisung bei Hofmannsthal. In: Wissenschaft als Dialog. Studien zur Literatur und Kunst seit der Jahrhundertwende. Hrsg. von Renate von Heydebrand und Klaus Günther Just. Stuttgart 1969, S. 224-246.

Sträßner, Matthias: Tanzmeister und Dichter. Literaturgeschichte(n) im Umkreis von Jean Georges Noverre. Lessing – Wieland – Goethe – Schiller. Berlin 1994.

Strohschneider-Kohrs, Ingrid: Goethes „Clavigo". In: Goethe-Jahrbuch. 90(1973), S. 37-56.

Szondi, Peter: Theorie des modernen Dramas. 4. Aufl. Frankfurt a.M. 1967.

Tekolf, Oliver: „zurückzukehren – das ist die Kunst." Hugo von Hofmannsthals publizistisches und dramatisches Werk 1914-1929. Nordhausen 2004.
Urban, Bernd: Hofmannsthal, Freud und die Psychoanalyse: quellenkundliche Untersuchung. Frankfurt a.M./Bern/Las Vegas 1978 (=Literatur und Psychologie; Bd. 1)
van Ingen, Ferdinand: Goethes Singspiele. Literarischer Anspruch und Autonomie der Musik. In: Revolution und Autonomie. Deutsche Autonomieästhetik im Zeitalter der Französischen Revolution. Hrsg. von Wolfgang Wittkowski. Tübingen 1990, S. 102-131.
Vogel, Juliane: Commedia con sordino. Das Verschwinden des Lachens aus den Lustspielen Hugo von Hofmannsthals. In: Komik in der österreichischen Literatur. Hrsg. von Wendelin Schmidt-Dengler. Berlin 1996 (= Philologische Studien und Quellen; H. 142).
Waldura, Markus: Die Singspiele. Goethes Stellung zur Gattung „Singspiel". Versuch der Durchsetzung einer deutschen Oper. In: Goethe-Handbuch. Bd. 2, Dramen. 1997, S. 173-194.
Wittmann, Lothar: Sprachthematik und dramatische Form im Werke Hofmannsthals. Stuttgart u.a. 1966 (= Studien zur Poetik und Geschichte der Literatur; Bd. 2).
Worbs, Michael: Nervenkunst. Literatur und Psychoanalyse im Wien der Jahrhundertwende. Frankfurt a. M. 1983.

Internet

http://www.goethezeitportal.de/db/wiss/goethe/birus_singspiele.pdf (zuletzt besucht am: 15.03.2005)
http://www.goethezeitportal.de/db/wiss/goethe/borchmeyer_strauss.pdf (zuletzt besucht am: 15.03.2005)
http://www.landestheater-tuebingen.de/download/SZHeft_0304.pdf. (zuletzt besucht am: 29.03.05)

Siglen

Zu dem Aufsatz »Goethes Gedicht „An Werther" aus der „Trilogie der Leidenschaft" als Auseinandersetzung mit dem eigenen dichterischen Werk und dessen leidheilender Funktion im Angesicht des Scheidens«:
„An Werther" wird nur mit Versangaben gemäß abgedruckter Fassung am Beginn des Aufsatzes zitiert, die mit der Verszählung der Hamburger Ausgabe korrespondiert; die beiden anderen Gedichte der Trilogie werden mit Seitenangabe – der Hamburger Ausgabe – und Verszählung im laufenden Text zitiert.

      Goethe, Johann Wolfgang: Trilogie der Leidenschaft. In: Johann Wolfgang von Goethe. Werke. Hamburger Ausgabe in 14 Bänden. Band 1, Gedichte und Epen I. München 1998, S. 380-386.

I	Hofmannsthal, Hugo von: Sämtliche Werke. Kritische Ausgabe. Veranstaltet vom Freien Deutschen Hochstift. Hrsg. von Rudolf Hirsch, Clemens Köttelwesch, Heinz Rölleke, Ernst Zinn. Bd. I: Gedichte 1. Hrsg. von Eugene Weber. Frankfurt a. M. 1984.
VII	Hofmannsthal, Hugo von: Sämtliche Werke. Kritische Ausgabe. Veranstaltet vom Freien Deutschen Hochstift. Hrsg. von Rudolf Hirsch, Christoph Perels, Edward Reichel, Heinz Rölleke. Bd. VII: Dramen 5. Hrsg. von Klaus E. Bohnenkamp und Mathias Mayer. Frankfurt a. M. 1997.
XII	Hofmannsthal, Hugo von: Sämtliche Werke. Kritische Ausgabe. Veranstaltet vom Freien Deutschen Hochstift. Hrsg. von Rudolf Hirsch, Christoph Perels, Edward Reichel, Heinz Rölleke. Bd. XII: Dramen 10. Hrsg. von Martin Stern. Frankfurt a. M. 1993.
XXVIII	Hofmannsthal, Hugo von: Sämtliche Werke. Kritische Ausgabe. Veranstaltet vom Freien Deutschen Hochstift. Hrsg. von Heinz Otto Burger, Rudolf Hirsch, Detlev Lüders, Heinz Rölleke, Ernst Zinn. Bd. XXVIII: Erzählungen 1. Hrsg. von Ellen Ritter. Frankfurt a. M. 1975
XXX	Hofmannsthal, Hugo von: Sämtliche Werke. Kritische Ausgabe. Veranstaltet vom Freien Deutschen Hochstift. Hrsg. von Heinz Otto Burger, Rudolf Hirsch, Detlev Lüders, Heinz Rölleke, Ernst Zinn. Bd. XXX: Andreas, Der Herzog von der Reichstadt, Philipp II. und Don Juan d'Austria. Hrsg. von Manfred Pape. Frankfurt a. M. 1982.
XXXI	Hofmannsthal, Hugo von: Sämtliche Werke. Kritische Ausgabe. Veranstaltet vom Freien Deutschen Hochstift. Hrsg. von

	Rudolf Hirsch, Christoph Perels, Heinz Rölleke. Bd. XXXI: Erfundene Gespräche und Briefe. Hrsg. von Ellen Ritter. Frankfurt a. M. 1991.
Bassompierre	Bassompierre – Goethe – Hofmannsthal. Erlebnis des Marschalls v. Bassompierre. Eine Erinnerung aus dem Jahre 1606. The Bear Press. Bayreuth 1986, S. 7-10.
DIII	Hofmannsthal, Hugo von: Gesammelte Werke. Hrsg. von Bernd Schoeller. Dramen III (1893-1927). Frankfurt a. M. 1979.
E	Hofmannsthal, Hugo von: Gesammelte Werke. Hrsg. von Bernd Schoeller. Erzählungen. Erfundene Gespräche und Briefe. Reisen. Frankfurt a. M. 1979.
Lesebuch	Hofmannsthal, Hugo von: Vorrede des Herausgebers zur ersten Auflage. In: Deutsches Lesebuch. Eine Auswahl deutscher Prosa aus dem Jahrhundert 1750-1850. Hrsg. von Hugo von Hofmannsthal. Frankfurt a. M., zweite vermehrte Auflage 1952, S. VI-XIV.
RA I	Hofmannsthal, Hugo von: Gesammelte Werke. Hrsg. von Bernd Schoeller. Reden und Aufsätze I (1891-1913). Frankfurt a. M. 1979.
RA II	Hofmannsthal, Hugo von: Gesammelte Werke. Hrsg. von Bernd Schoeller. Reden und Aufsätze II (1914-1924). Frankfurt a. M. 1980.
RA III	Hofmannsthal, Hugo von: Gesammelte Werke. Hrsg. von Bernd Schoeller. Reden und Aufsätze III (1925-1929), Aufzeichnungen. Frankfurt a. M. 1980.
FA 9	Goethe, Johann Wolfgang: Unterhaltungen deutscher Ausgewanderten. In: Johann Wolfgang Goethe. Sämtliche Werke, Briefe, Tagebücher und Gespräche. Hrsg. von Friedmar Apel u.a. I. Abteilung: Sämtliche Werke, Bd. 9. Hrsg. von Wilhelm Voßkamp und Herbert Jaumann. Frankfurt am Main 1992, S. 993-1114 u. 1503-1579.
HA 3	Goethe, Johann Wolfgang: Faust. Eine Tragödie. In: Johann Wolfgang von Goethe. Werke. Hamburger Ausgabe in 14 Bänden. Band 3, Dramatische Dichtungen I. München 1998, S. 9- 364.
HA 4	Goethe, Johann Wolfgang: Clavigo. Ein Schauspiel. In: Johann Wolfgang von Goethe. Werke. Hamburger Ausgabe in 14 Bänden. Band 4, Dramatische Dichtungen II. München 1998, S. 260-306.
HA 5	Goethe, Johann Wolfgang: Torquato Tasso. Ein Schauspiel. In: Johann Wolfgang von Goethe. Werke. Hamburger Ausgabe in 14 Bänden. Band 5, Dramatische Dichtungen III. München 1998, S. 73-167.
HA 6	Goethe, Johann Wolfgang: Die Leiden des jungen Werther. In: Johann Wolfgang von Goethe. Werke. Hamburger Ausgabe in 14 Bänden. Band 6, Romane und Novellen I. München 1998, S. 7-124.
HA 7	Goethe, Johann Wolfgang: Wilhelm Meisters Lehrjahre. In: Johann Wolfgang von Goethe. Werke. Hamburger Ausgabe in 14 Bänden. Band 7, Romane und Novellen II. München 1998, S. 9-610.

HA 9	Goethe, Johann Wolfgang: Aus meinem Leben. Dichtung und Wahrheit. Buch 13. In: Johann Wolfgang von Goethe. Werke. Hamburger Ausgabe in 14 Bänden. Band 9, Autobiographische Schriften I. München 1998, S. 556-598.
HA 10	Goethe, Johann Wolfgang: Aus meinem Leben. Dichtung und Wahrheit. Buch 15. In: Johann Wolfgang von Goethe. Werke. Hamburger Ausgabe in 14 Bänden. Band 10, Autobiographische Schriften II. München 1998, S. 41-74.
HA 11	Goethe, Johann Wolfgang: Italienische Reise. In: Johann Wolfgang von Goethe. Werke. Hamburger Ausgabe in 14 Bänden. Band 11, Autobiographische Schriften III. München 1998, S. 9-349.
HA 12	Goethe, Johann Wolfgang: Nachlese zu Aristoteles' Poetik. In: Johann Wolfgang von Goethe. Werke. Hamburger Ausgabe in 14 Bänden. Band 12, Schriften zur Kunst und Literatur, Maximen und Reflexionen. München 1998, S. 342-345.
HA 12 Kunst	Goethe, Johann Wolfgang: Über Wahrheit und Wahrscheinlichkeit der Kunstwerke. In: Johann Wolfgang von Goethe. Werke. Hamburger Ausgabe in 14 Bänden. Band 12, Schriften zur Kunst und Literatur, Maximen und Reflexionen. München 1998, S. 67-73.
MA 19	Eckermann, Johann Peter: Gespräche mit Goethe in den letzten Jahren seines Lebens. In: Johann Wolfgang Goethe. Sämtliche Werke nach Epochen seines Schaffens. Münchner Ausgabe. Hrsg. von Karl Richter. Bd. 19. Hrsg. von Heinz Schlaffer. München/Wien 1986.
MA 20.2	Goethe, Johann Wolfgang: Brief an Carl Friedrich Zelter vom 24. April 1831. In: Johann Wolfgang Goethe. Sämtliche Werke nach Epochen seines Schaffens. Münchner Ausgabe. Hrsg. von Karl Richter. Bd. 20.2: Briefwechsel in den Goethe und Zelter in den Jahren 1799 bis 1832. Hrsg. von Edith Zehm und Sabine Schäfer. München/Wien 1998, S. 1467-1468.
WA IV. 2	Goethe, Johann Wolfgang: Brief an Kestner vom 15. September 1773. In: Goethes Werke. Hrsg. Von Großherzogin Sophie von Sachsen. IV. Abteilung, 2. Band: Goethes Briefe 1771-1775. Weimar 1887, S. 103-106.
SN 1993	Sartre, Jean-Paul: Das Sein und das Nichts. Versuch einer phänomenologischen Ontologie. In: Jean-Paul Sartre. Gesammelte Werke in Einzelausgaben. Philosophische Schriften. Bd. 3. Hrsg. von Traugott König. Reinbek bei Hamburg 1993.

www.ingramcontent.com/pod-product-compliance
Lightning Source LLC
Chambersburg PA
CBHW020110020526
44112CB00033B/1125